여론 디버블링

DEBUBBLING
여론 디버블링;

정위용 지음

라의눈

서문

통제 불능의 가짜뉴스, 그래도 방법은 있다!

이 책의 제목인 '여론 디버블링'Debubbling을 설명하면 이 책을 쓰게 된 동기가 자연스럽게 밝혀질 것이다. 필자의 주요 탐구 대상은 '가짜뉴스에 대한 효과적인 대응 방안'인데, 책 제목은 조금은 낯설고 추상적인 말이다. 이런 제목을 선택한 것은 통제 불능 상태에 이른 가짜뉴스와 실패를 거듭하고 있는 가짜뉴스 대응에 경각심을 불러일으키기 위한 압축적이고 강렬한 표현을 원했기 때문이다.

이 책의 목적은 '여론 정상화'이고, 수단은 '디버블링'이다. 디버블링은 '거품 해체' '거품 완화하기' 등으로 직역할 수 있지만 다른 나라에서 사용하는 맥락을 고려할 때 적절한 한국어로 표현하기 어려웠다. 이 단어에는 즉각적이고 단발적 방식이 아니라 구조적 관점에서 총체적으로 대응해야 오염된 여론이 점차 정상으로 회복된다는 필자의 생각이 담겨 있다는 점을 밝혀둔다.

전문가들이 지금까지 관찰한 바로는 세계 각국의 담론을 좌우하는 가짜뉴스는 풍선 터뜨리기처럼 한 번의 충격으로 사라지지 않는다. 또한 그런 일회성 요법에 따른 이득은 대부분 가짜뉴스를 이용하는 세력이 가져갔다. 한 번에 일망타진되는 가짜뉴스라면 '거품 터뜨리기'Bubble-bursting와 같은 제목을 사용했을 것이다.

'디버블링'이란 용어는 최근 인공지능AI과 인터넷 플랫폼의 속성을 연구하는 사람들 사이에서 회자되기 시작했다. 이들은 플랫폼 이용자들에게 AI가 추천하는 알고리즘을 바꾸는 방식을 알려주면 가짜뉴스나 그에 오염된 정보 편식을 줄일 수 있다고 주장한다. 이럴 때 알고리즘을 바꾸는 방법이나 알고리즘의 지배에서 벗어나는 과정을 '디버블링'이라고 표현한다. 한국에서는 쉽지 않은 접근법이지만 외국에서는 연구와 응용 사례를 쌓아가고 있다.

가짜뉴스는 그 생태계 차원에서 보호받고 있다. 가짜뉴스 내용을 즐겨 찾는 사람들, 알고리즘으로 그 내용을 퍼뜨리는 단체, 즐겨 찾는 사람들의 성향을 이용하여 가짜뉴스를 주문하는 세력들이 생태계의 일원이다. 이들은 이 생태계 속에서 이해관계를 끈끈하게 다지면서 여론을 주도할 정도로 세력을 확대하고 있다. 이러한 환경에서는 특정한 가짜뉴스 콘텐츠만 차단한다고 해서 광범위하게 오염된 여론이 정상화되지 않는다. 그 생태계나 사람들의 뉴스 편식도 크게 바뀌지 않을 것이다.

알고리즘처럼 특정 정보를 즐겨 찾게 만드는 기법을 필터Filter라고 부른다. 이는 다양한 의견이나 뉴스 중 사람들이 선호하는 것만 골라내는 장치다. 이것이 작동되면 뉴스 정보에 거품(Bubble, 버블)이 생겨 다른 정보의 진입을 막는다. 유튜브의 추천 알고리즘이 이런 현상을 대변한다. 이용자의 성향에 맞는 콘텐츠만 골라서 추천하고 다른 유용한 정보는 보여주지 않는다. 가짜뉴스 연구자들은 이 현상에 '필터 버블'이라고 이름 붙였다.

이 버블은 편향된 사고에 길들여졌거나 비슷한 의견을 가진 사람들을 단체 카카오톡방(단톡방) 같은 곳으로 자연스럽게 유도한다. 이용자끼리 서로 비슷한 의견을 교환하는 곳에서는 다른 사람들의 합리적 의견도 받아들이지 않고 공격하는 경향이 심해진다. 이러한 곳이 반향실Echo chambers이다.

미국 하버드대 로스쿨에서 법학 강의를 하면서 사회심리학과 언론학 분야에서도 풍부한 연구 성과를 올렸던 캐스 선스타인C. Sunstein은 2001년부터 이 용어를 널리 알렸다. 반향실은 필터 버블의 결과라 할 수 있다. 많은 사람이 필터 버블을 따라간 결과 정치적 견해는 물론 사회적 관계까지 비슷해진 반향실에 이르렀다. 이 과정에서 가짜뉴스는 교묘한 메커니즘을 활용해서 건전한 여론을 흔들어 자신의 지분율을 높여왔다.

가짜뉴스는 반향실에 먹이를 던져주거나 더 많은 사람을 끌어들이는 매개체 역할을 한다. 선스타인은 반향실을 민주주의의 위험 요소로 본다. 다른 사람의 의견을 배척하는 방에 갇혀 있다 보니 사회 양극화로 이해관계가 충돌할 때 진영 밖에서 이뤄져야 할 대화가 단절되고 상호 신뢰 회복은 더욱 어려워진다고 경고했다. 음모론에 기생하는 극단적인 가짜뉴스와 그것을 따르는 집단행동은 이제 여론의 힘으로 통제할 수 없는 단계까지 왔다.

민주주의 국가에서 개방적 의사소통, 대화를 통한 사회적 합의와 여론 형성을 중시하는 전문가들은 이런 현실에서 민주주의 붕괴의 전조 현상을 본다. '비판이론'으로 유명한 독일 철학자 위르겐 하버마스 J. Habermas가 그런 전문가다. 그는 필터 버블을 출현시킨 플랫폼의 소통 방식이 공론장의 구조를 변동시켰다고 말한다. 그에 따르면 공론장은 개인의 사적인 대화뿐만 아니라 국가의 중대사와 같은 공적인 토론이 이뤄지며 합리적인 여론이 형성되는 곳이다. 이는 민주주의를 떠받치는 기둥과 같다.

이 공론장이 잘못된 방향으로 변동되면 민주주의 제도가 직접 위협을 받는다. 하버마스는 가짜뉴스가 선거판을 주도했던 미국의 여론을 보고 "공론장이 반쪽으로 조각났다"라고 분석했다. 필터 버블 현상에 따라 편향된 정보가 넘쳐나고 반향실에서 유권자의 정보 왜곡과 비정상적 소통이 더욱 심해진 결과다. 공론장이 반쪽 단계를 넘어 여러 조각으로 쪼개지면 민주주의 대부분의 제도가 기능을 잃게 되고 회복 불능 상태로 간다.

이 책은 가짜뉴스의 파괴적 영향과 발생 원인에 대해서도 구체적 사건과 이론 분석을 통해 자세하게 설명했다. 이제는 가짜뉴스에 대해 능동적으로 대응해야 하며. 그 방식도 전체 여론 구조에 맞춰 효과적이고 정밀한 방향으로 나아가야 한다. 이 점을 부각시키기 위해서 디버블링이라는 용어를 썼다.

디버블링은 가짜뉴스로 오염된 여론 광장에서 정보의 버블 상태를 점진적으로 완화하는 대응 방식을 의미한다. 이는 가짜뉴스 콘텐츠에 대한 단기적 차단뿐 아니라 그 진원지와 생태계에서 드러나는 구조적인 문제도 해결하는 과정이다. 가짜뉴스의 비중을 줄이기 위해 필터 버블과 같은 유인 요소를 기술적으로 제한하는 방식이 그와 같은 사례다. 이 방식에 따르면 가짜뉴스 대응 대상이 뉴스 콘텐츠에만 한정되지 않고 가짜뉴스를 둘러싼 전체 구조 차원으로 접근한다. 이 책도 이와 같은 방식으로 진행해야 가짜뉴스 대응에서 효과를 얻을 수 있다고 서술했다.

디버블링은 여론 정상화로 가는 수단이자 중간 단계이며, 가짜뉴스에 대한 효과적인 대응은 디버블링 활동의 핵심 수단이다. 다양한 가상공간과 사회 집단에서 왜곡된 소통을 주도하는 가짜뉴스를 효과적으로 막아내지 못하면 여론 정상화로 가는 길목이 막혀 버린다. 그렇지만 디버블링은 민주주의 사회에서 그 자체가 목적이 될 수 없다.

가짜뉴스를 퇴치하기 위해 정상 뉴스까지 해치는 수단을 사용하면 목적의 정당성을 인정받기 어려울 때가 많다.

이 책을 쓰게 된 직접적인 동기는 수많은 가짜뉴스의 피해를 목격하고 이를 예방할 방법을 알아보던 중에 발동했다. 서점에 들러 국내에서 출판된 단행본을 살펴봤더니 대부분 가짜뉴스 대응 책임이 개인에게 있는 것처럼 서술되어 있었다. 이는 현실과 괴리가 있어 보였다. 가짜뉴스를 유포하는 곳은 거대 포털이나 플랫폼인 것 같은데 개인이 대응해봐야 얼마나 할 수 있을까, 하는 의문이 생겼다. 그래서 외국에서 나오는 연구 자료를 살펴봤다. 외국 자료는 이론의 깊이가 깊고 방대했다. 몇 개의 자료를 갖고 씨름하다 보니 가짜뉴스 세계에서 벌어지는 희한한 현상과 분석 이론이 보였다. 그때 국내에는 잘 알려지지 않은 자료를 모아 책으로 엮어보자는 생각이 처음 들었다.

그런데 가짜뉴스에 대한 자료 조사와 수집은 웬만한 이론 무장과 현장 지식으로는 감당하기 어려웠다. 그때 사기꾼 범죄를 취재하는 기자들의 심경이 떠올랐다. 사기꾼들은 남을 속여서 돈을 벌던가 다른 사기꾼의 하수인으로 일하며 그 대가를 받으려 한다. 그런데 기자들이 그들 세계에 파고들어 실상을 밝혀내는 동안 그들의 말에 동화되어 어느 순간 범죄 행위에 관대해지고 범죄 동기에 무감각해질 수 있다.

무엇이든 취재해야 한다는 생각이 앞서면 사기꾼들이 금방 알아

차린다. 사기꾼의 경계심이 발동하면 더 이상 사실 확인이 불가능해지는 순간을 맞는다. 그렇게 되면 그 바닥에서 사기꾼들이 더 날뛰게 되고 그들의 범죄와 수법이 알려지기까지 피해자가 늘어난다. 그런 사정을 알면서도 더 이상 취재도 보도도 못 하는 안타까움이 가짜뉴스 조사 단계에서 번뜩 다가왔다.

가짜뉴스를 만들어 퍼뜨리는 과정을 탐색하는 작업은 보통의 언론 보도를 분석하는 것과는 차원이 달랐다. 전문 사기꾼들처럼 가짜뉴스 역시 모두가 진짜인 것처럼 행세하면서 피해 대상자를 늘려간다. 자신의 출처를 감추고 대리자를 내세우는 일에 능란하다. 진원지를 좀처럼 드러내지 않고 내용을 교묘하게 짜맞추기에 그 목적도 알아내기 어려워진다.

그것을 쫓다 보면 합리적인 방식만으로 숨겨진 의도와 뒤틀린 수법에 접근하기 어렵다는 점도 금방 알게 된다. 일반인들은 그냥 가짜뉴스에 속아 넘어가거나 항복하는 것이 차라리 속 편할 수도 있다. 하지만 그렇게 되도록 방치하는 순간 가짜뉴스가 지배하는 세상이 될 것이다.

한국에서 가짜뉴스에 대한 법률적 단죄는 '지칠 만큼 지연되거나 좀처럼 실현되지 않는 정의'일 뿐이다. 그러다 보니 거짓말을 일삼고 허위 사실로 사회를 혼탁하게 만드는 정치인들이 그렇게 하지 않는 사람보다 더 큰 보상을 받는 구조가 뿌리를 내렸다. 선거 운동 내내 흑색선전을 일삼았던 이들은 대부분 대리인을 통해 법망을 빠져나간다. 어쩌다 심판대에 올랐던 국회의원들도 다시 사면으로 풀려나 면책 파티를 연 다음 더 많은 이득을 보장받는다. 이러한 세계에서 정의正義란 무엇일까. 이 물음도 책을 쓰게 만든 동기였다.

가짜뉴스 양산자라는 비판을 받았던 도널드 트럼프 미국 대통령 후보는 2024년에도 가짜뉴스 전략을 또다시 활용해 재선에 성공했다. 트럼프는 언론으로부터 비판을 받을 때마다 그 언론에 대해 "가짜뉴스"라고 되받아친다. 가짜뉴스 세력들이 이 세상 정의正義에 대해 새롭게 정의定義내리는 형국이다.

미국에서나 한국에서나 가짜뉴스를 막지 않으면 민주주의가 붕괴된다는 경고를 심각하게 받아들이는 사람은 그리 많지 않다. 평상시에는 여론의 수면 아래 가라앉아 있다가 사회적 이목을 끄는 이벤트가 일어날 때 상기되곤 한다. 2025년 9월 미국의 젊은 정치 활동가 찰스 커크 암살 사건이 발생했을 때도 그랬다. 스펜서 콕스 유타 주지사는 "암이라는 표현조차 부족하다. 알고리즘이 얼마나 악독한지 깨닫는 데 수십 년이 걸렸다"라고 말했다.

앞에서 밝힌 물음과 경고에 응답하고자 이 책을 쓰게 됐다. 이 책 전반부에서는 가짜뉴스의 전형적인 수법과 메커니즘, 심층 분석 이론에 대해 소개했고, 효과적인 대응 방안과 실질적인 대책은 후반부에 서술했다. 시간이 부족한 독자는 결론부터 읽으면 이 책의 요지를 빠르게 이해할 수 있고, 보다 깊은 이론을 보려면 목차를 보고 찾아갈 수 있다.

이 책을 읽고 가짜뉴스에 대한 명확한 식별법과 효과적인 대응 방안을 익혀 사회적 피해가 줄고 자유로운 여론이 형성될 조짐이 일어난다면 더 이상 바랄 것이 없겠다. 가짜뉴스의 최신 수법에 대해 구체적으로 소개해 뜻하지 않은 부작용도 발생할 수 있겠지만 그 책임은 필자가 짊어질 몫이다. 이 책에서 문맥적 오류나 오타가 확인되면 바로 잡겠다.

1년간 집필을 진행하는 동안 조언과 격려를 아끼지 않았던 한양대 김정기 교수, 출판의 기본 틀을 알려준 라의눈출판그룹 설응도 대표에게 감사의 뜻을 전한다. 또한 주말 휴식을 반납하고 자료 정리를 도와준 아내, 책 제목 선정에 도움을 준 서현과 멀리서 응원해 준 가현에게 고맙다는 말을 지면에 남긴다.

2025년 10월 20일

정위용

차례

서문 | 통제 불능의 가짜뉴스, 그래도 방법은 있다!   4

Chapter 01
가짜뉴스가 기상이변보다 심각하다

AI와 함께 더 커진 위험   20
최적 대응법 탐색하는 접근방식   24
가짜뉴스라는 용어와 정의   27
맥락에 따른 용어 사용   39

Chapter 02
가짜뉴스는 어떻게 진화했는가

마녀사냥 시대, 인쇄술에 희생자 확산   46
황색저널 출몰기   51
객관주의에 포위된 가짜뉴스   56
냉전시대, 국가가 이용한 가짜뉴스   61
정보화시대, 생활로 파고든 가짜뉴스   70
인터넷 대중화, 가짜뉴스 고조기   75
가짜뉴스 고도화 시기   82

Chapter 03
지배력 높이는 가짜뉴스

두 차례 미국 대선을 지배한 가짜뉴스	89
타국에 대한 여론 압박과 간섭	99
개인도 운영하는 가짜뉴스 공장, '선순환' 구조	107
소비자 판단 흐려놓는 고도의 기만술	115
고도의 탐지 회피 기술 "좀처럼 안 걸려"	124

Chapter 04
가짜뉴스 분석 이론과 그 한계

이론에 대한 배경 설명	133
"내 카드만 믿을래" 확증 편향	144
"내 통밥이 맞다" 휴리스틱	148
"원하는 방향만 고수한다" 동기화 추론	160
"아는 만큼 속지 않는다" 무지無知 이론	175
"비공유의 대가가 두렵다" 집단동조 이론	181
"우리 편이면 가짜도 믿는다" 사회정체성 이론	187
"허브를 찾는다" 네트워크 이론	193

Chapter 05
가짜뉴스 대응법, 이론부터 조건까지

선입견 변경 방법 제시한 설득 심리 이론	199
분석적 사고에 주목한 정교화 가능성 모델	201
주변 경로에서도 메시지 단서로 설득	204
사람마다 다른 인지 욕구	206
인지 유도 장치로 가짜뉴스 대응	209
직접 규제 대신 자연스러운 변화 유도하는 넛지 이론	216
긍정 부정이 교차하는 넛지 효과	220
외골수 탈피 방법 제시한 사회정체성 복합화 이론	222
다중 정체 인식만으로 음모론 신뢰 하락	223
당파성 뛰어넘는 효과	225
약발은 잠시, 원점 회귀 경향	227
면역 효과 입증한 인지 백신 이론	231
백신에 의해 정치선전 신뢰도 절반 추락	233
부스터 샷도 맞아야 효과 기대	237
음모론 막는 동기화 추론 억제 이론	238
정확성 동기로 '차가운 인지' 유도, 효과는 20%	239
역효과 속출하는 미디어 리터러시 교육	241
중립적 교육일 때 가짜뉴스 공유 17% 감소	243
다양한 이론, 효과의 차이	245
양극화 환경에서는 내집단 효과〉정확성 동기	246
언론 불신 환경에서도 내집단 효과 우세	250

Chapter 06
대한민국의 특수성과 가짜뉴스 대응 방안

양극화 사회에서의 가짜뉴스 대응법   256
    동기화 억제로 공유 20% 감소   258
    인지백신, 가짜뉴스 신뢰도 20% 하락   260
    내집단 설득, 수용률 50%에 역효과도 35%   262

특이한 뉴스 생태계, 효과적인 대응 방법   264
    허브 차단으로 도달률 60% 감소, 편향 논란도 야기   267
    10초 생각으로 가짜뉴스 신뢰도 19%포인트 저하   268

음모론 돌출 조건에서 대응 방안   270
    수단과 방법 다중 동원, 사안별로 대응   271

지역갈등 상황에서 가짜뉴스 대응하기   274
    법률적 대응은 역효과, 다중정체성은 긍정 효과   275
    감정 조절 개입으로 가짜뉴스 신뢰도 30% 추락   280

Chapter 07
비대칭 대응에 따라 파괴력 높인 가짜뉴스

사회 범죄 관여와 조장	284
과학도 부정하며 공중 보건 위협	291
일자리까지 없애는 가짜뉴스 피해	296
여론 왜곡과 피해의 연쇄 고리	302
비대칭적 대응력에 따른 반복된 폐해	309
효과적인 대응의 필요성	315

Chapter 08
지금 당장 디버블링

주목할 만한 가짜뉴스 메커니즘	319
사전 대응 vs. 사후 대응	323
현실에서 사용 가능한 죄적 방안	332
대응 주체별 역할과 책임	337

참고문헌	347

Chapter
01

가짜뉴스가
기상이변보다
심각하다

AI와 함께
더 커진
위험

가짜뉴스가 기상이변보다 더 심각해질 수 있을까. 2024년 세계경제포럼(WEF, 일명 다보스포럼)의 전문가들은 "그렇다"라고 대답했다. 포럼이 열리기 전 실시된 '글로벌 리스크 인식 조사'에서 2024년부터 2년간 세계를 위협할 최대 리스크로 가짜뉴스를 지목했다. 가짜뉴스로 인한 피해가 기상이변이나 인플레이션보다 더 심각하다고 본 것이다. WEF는 2025년 같은 조사에서 가짜뉴스의 위험성을 또다시 알렸다. 그러한 위험은 최근 백번 강조해도 지나치지 않다. 인공지능 AI을 이용한 허위정보는 다른 나라 국민들의 의사 결정을 왜곡하고, 회사 대표의 목소리와 얼굴을 그대로 재현해서 수천 억원 규모의 송금 피해를 낳고 있다. 가짜뉴스 진화 수준이 고도화 단계에 들어서 피해 예방 대책도 통제 불능에 가까운 상황으로 가고 있다.

그런데 한국 언론 주변에서 가짜뉴스에 대한 심각성 체감도는 낮아 보인다. 그 원인은 다양한 곳에서 찾을 수 있겠지만 가짜뉴스가 심각해져도 현실이 변하지 않는다는 무기력증이 한몫을 차지한다. 이러한 무기력증은 항거할 수 없는 장애물처럼 다가왔다.

하지만 가짜뉴스는 기상이변처럼 불가항력적 요소를 안고 있는 위험이 아니다. 수많은 가짜뉴스와 싸운 경험을 데이터로 축적해온 다른 국가들이 이점을 알려준다. 이들 국가는 가짜뉴스 생산부터 확산에 이르기까지 요소, 요소의 메커니즘과 대응 노하우를 마련해 놓고 가짜뉴스를 하나둘씩 없애거나 차단해 나가고 있다. 반면 한국에서는 언론을 둘러싼 생태계가 가짜뉴스에 유리한 환경으로, 그것도 별다른 반작용 없이 이행했다. 가짜뉴스 차단용 제도를 무능력한 정치권의 결정에 맡기는 현실, 딥페이크 음란물처럼 구체적인 피해가 확인된 이후에야 사후 대응에 나서는 현실, 중립적인 팩트체크 단체 하나 육성하지 못하는 현실이 그러한 환경의 단면들을 보여준다. 국민 대다수는 각종 인식 조사에서 "가짜뉴스가 위험하다"라고 응답하고 있다. 그렇지만 지금의 언론 단체들은 국민들의 요청에 비례한 대책을 내놓지 못하고 정치권에 매달리고 있다. 그러는 사이 한국은 OECD 가입국 중 가짜뉴스에 취약한 국가로 분류되는 현실을 맞았다. 이는 가짜뉴스 이용자들이 한국의 언론 환경을 그만큼 유리하게 이용해서 현상을 유지하거나 세력을 확대해왔다는 말과 같다.

입법 만능주의나 단편적 대응으로는 백전백패

　가짜뉴스 세력들이 구축한 현실을 바꾸어 놓으려면 정밀하고 효과적인 대응 수단이 필요한데, 한국에서 나오는 대응책은 어떠한 이유에서인지는 몰라도 대체로 효과가 입증되지 않았고, 장기간 노력을 요구하는 대책 일색이다. 일부 단체들이 틈만 나면 강조하는 미디어 리터러시Media Literacy 교육도 그러한 대책이다. 시민들을 언론 문맹자로 여기고 심훈이 소설 '상록수'를 쓰던 시대처럼 교육을 받고 깨우치라고 한다. 그리고 언론 내부의 정보를 많이 알면 가짜뉴스도 걸러지는 것처럼 선전한다. 하지만 현실은 바뀌지 않았다. 어떤 사람들은 입법 만능주의에 빠져 있다. 법만 잘 만들면 가짜뉴스를 막을 수 있다는 발상이다. 정권이 바뀔 때마다 '때려잡을' 타깃 미디어를 미리 정해놓고 어떤 징벌을 내릴지를 두고 이리 쏠리고 저리 쏠리고 하는 사이 가짜뉴스는 이 장면을 관전하면서 늘 한발 앞서갔다. 정치권에서 입법 논란이 벌어지면 가짜뉴스 세력들은 그 취약점을 먼저 알고 방비防備한다. 법만으로는 가짜뉴스에 대응하지 못할 뿐더러 설사 그러한 만능 법이 만들어진다고 한들 가짜뉴스의 대량 생산과 유포 속도를 따라잡지 못한다. 그런 접근법은 패배를 목적으로 개발한 게임의 '치트키'Cheat Key로 부를 만하다.

　한국에서 나온 가짜뉴스 관련 단행본은 현상 관찰에서 일 단면을 강조하는 단편성을 보이고, 대응 방식 제시에서도 미디어 리터러시 수준에 머물러 있다. 가짜뉴스의 심각성에 비례하여 그 원인과 대책을 체계적으로 알려야 함에도 가짜뉴스의 가공할 확장세에 눌려있는 실정이다. 대부분의 단행본이 가짜뉴스를 대하는 태도도 관대한 편이다. 2016년 도널드 트럼프 미국 대통령 당선 이후 '탈진실Post-truth의 시대가 도래했다'라며 피할 수 없는 공존의 자세를 보인다. 이것 역시 가짜뉴스 세력에게는 발호跋扈의 찬스다. 가짜뉴스에 대한 단편적 접근은 자칫 가짜뉴스 유포 책임이 시청자나 독자에게 있는 것처럼 오해를 줄 수도 있다. "이용자들이 가짜뉴스에 잘 속기 때문에 많이 유포된다"라며 책임을 전가하는 것은 거대 플랫폼의 회피 전술이었다. 국내에서는 가짜뉴스 대응 전략도 미디어 이용자 중심으로 제시되고 있다. 후술하겠지만 전문적인 이론과 실전에서 검증된 방식은 이와 전혀 다른 방식으로 대응할 것을 권고하고 있다. 국내 연구 성과물이 제시하는 대응 방식도 체계성이 미약해서 혼란스러운 때가 많다.

최적 대응법
탐색하는
접근 방식

위와 같은 현실을 감안하여 이 책은 가짜뉴스의 본질을 심층적으로 알리고 효과적이고 현실적인 대응책 마련에 초점을 뒀다. 피상적인 접근을 피하기 위해 가짜뉴스의 메커니즘을 이론과 원리 속으로 들어가 자세하게 소개한다.

  독자와 시청자들이 가짜뉴스에 잘 속는 것은 일부 사실이다. 그런데 이것만으로 가짜뉴스의 파괴적 영향력을 설명할 수 없다. 이러한 발상에서 이 책은 최근의 가짜뉴스 생태계를 진단했다. 이 생태계는 생산-유통-소비-재확산의 순환고리에 걸쳐 있으며 그 주변에서는 가짜뉴스 이용 세력과 호흡을 함께하고 있다. 이 책에서는 신흥 가짜뉴스 생산자들이 무대에서 주역을 맡는 시기를 고도화 단계로 보고,

이들이 그런 생태계에서 어떤 과정을 거쳐 완벽한 수준으로 편입됐는지를 분석했다. 또한 거대 플랫폼은 어떤 식으로 생산 세력과 보조를 맞추거나 거래를 중단하는지를 살펴보면서 가짜뉴스 유통 책임이 누구에게 있는지도 살펴봤다.

  이 책은 최근의 국내외 연구 성과 중 가짜뉴스의 유통과 대응 방식을 체계적으로 설명하는 이론과 실증 사례를 소개했다. 이는 가짜뉴스 메커니즘에 대한 이해와 대응에서 체계성을 보완하고 입체적인 대응 방식에 대한 근거를 제시할 것이다. 가짜뉴스 메커니즘은 뉴스 생산자와 유통자가 어떠한 심리적 경제적 기제를 이용해서 소비자를 속이는지, 그 소비자가 어떤 조건에서 가짜뉴스를 신뢰하거나 불신하는지, 공유 또는 퇴치 동기는 무엇인지를 주로 밝히는 작업이다. 이 책에서는 그 메커니즘을 설명하는 이론 가운데 최근 외국에서 주목받는 이론과 함께 다양한 사례와 실험을 소개했다. 외국 이론을 주로 소개한 이유는 연구에 대한 관심과 성과가 국내보다 크다고 판단했기 때문이다.

  이 책의 후반부는 가짜뉴스에 대한 최적의 대응 방법을 모색하는 작업에 초점이 맞춰져 있다. 인공지능AI으로 무장한 가짜뉴스가 지구촌 여론을 뒤흔들고 다른 나라 내정과 민주주의 제도까지 훼손하는 현실에서 정교한 대응은 절실하다. 맹목적 대응은 가짜뉴스 세력들에게 "표현의 자유 침해"와 같은 논란으로 역공의 빌미를 준다. 정교한 대응 방법은 효과가 있어야 하고 검증된 것이어야 실전에 적용할 수 있다. 이러한 관점에서 이 책은 우선 가짜뉴스를 줄이는 효과를 입증한 이론에 기반하여 대응법을 제시한다.

    그런데 이론에 기반한 대응법이라도 국내 현실에 맞지 않으면 활용할 수 없다. 대응법을 적용하는 환경과 조건을 감안해야 한다. 주류 언론에 대한 신뢰도가 높은 유럽에서 검증된 이론은 언론 신뢰도가 상대적으로 낮은 한국에서 통용되기 어렵다. 가짜뉴스 감소 효과가 검증되고 적용 조건을 맞췄다고 할지라도 국내에서 대응 자원과 수단이 없거나 부족하면 최적의 대응법도 무기력해진다. 이 책은 이론 차원의 효과적인 대응 방식을 우선적으로 소개하면서 현실적인 대응 방식을 탐색하는 과정도 함께 제시하고 있다.

가짜뉴스라는 용어와 정의

'가짜뉴스'라는 용어는 여태껏 의미가 명확한 개념으로 인정받지 못했다. 이 용어를 쓰는 상황과 맥락에 따라 다르게 해석되기 때문이다. 학계와 법조계에서도 논란이 가라앉지 않았다. 가짜뉴스를 이용해 재선에 성공한 도널드 트럼프 미국 대통령은 뉴욕타임스나 CNN과 같은 미국 주류 언론의 보도로 비판을 받으면 "가짜뉴스"라고 되받아친다. '가짜뉴스 마스터'로 불릴 만한 인사가 진짜뉴스를 공격하기 위해 이 용어를 사용할 지경으로 쓰는 사람이나 맥락에 따라 그 의미가 확 달라진다.

의미 혼란을 줄여보기 위해 외국 학계에서는 가짜뉴스라는 용어 대신 정보의 유형을 Disinformation(허위 정보)과 Misinformation(잘못된 정보)으로 구분하고 각각의 세부 유형을 제시했다. 허위정보와 잘못된 정보를 가르는 기준은 기만이나 해악을 미칠 의도성이다. 타인을 속이거나 해악Harm을 미치기 위해 만들어진 정보는 허위 정보로 분류된다. 허구의 사실을 존재하는 것처럼 꾸미는 날조나 있는 사실을 왜곡하는 조작은 허위 정보의 전형적인 수법이다. 이에 비해 잘못된 정보는 그와 같은 의도가 없는 부정확한 정보 또는 오인 정보를 지칭한다.

Disinformation이라는 말의 기원은 소련 시절로 올라간다. 소련의 비밀경찰은 고의적인 정보 조작을 그렇게 불렀으며 1950년대 냉전 시절에는 국가정보기관인 KGB가 이 말과 같은 부서(영문식 표기는 Dezinformatzija)를 두고 미국과 유럽의 자유 진영 국가를 상대로 심리전을 벌이기 위해 사용했다. KGB는 에이즈AIDS 바이러스를 미국이 만들어 퍼뜨렸다는 가짜뉴스를 만들어 서방 국가에 뿌렸다. 에이즈를 미국이 만들었다는 정보는 완전히 날조된 내용으로 밝혀졌다. 소련의 의도는 냉전의 라이벌인 미국에게 타격을 주는 것이었다. 가짜뉴스는 그 의도를 실행에 옮겼다. 미군이 동맹국에 기지를 건설할 때마다 '에이즈 주의보' 등의 가짜뉴스로 지역 주민의 반대 시위를 유발했고 미국의 신뢰를 훼손했다. 이같이 날조되고 허무맹랑한 정보는 대중을 잘못된 방향으로 오도Misleading하는 등 해악을 미치기에 사회 구성원 모두가 경계하고 퇴치해야 할 대상이다. 하지만 이런 가짜뉴스도 냉전 시대 소련을 찬양하던 국가에서 그 기만성이 정당화됐다. 사실상의 전쟁 상태에서 상대국을 타격하기 위한 심리전 전술이라는 이유에서였다.

잘못된 정보는 그 범위가 넓어 Disinformation과 구분되지 않을 때도 있고, 사용하는 맥락에 따라 많은 논란을 낳고 있는 용어다. 잘못된 정보는 의도성과 관계없이 부정확한 정보를 모두 지칭한다. 여기에는 언론의 단순 오보도 포함된다. 보통의 언론 뉴스는 사회에 해악을 미치거나 독자를 오도하기 위해 제작되지 않는다. 취재 과정에서 사실을 잘못 파악했거나 기사 작성 과정상 실수로 부정확한 뉴스를 내보낼 때가 가끔 있다. 이런 경우 이 뉴스를 가짜라고 부르는 것보다 오보라고 부르는 것이 더 합당하다. 여기에서도 오해가 생길 수 있다. 오보의 발신지가 알려져 있지 않거나 불분명하다면 그 의도가 일반인에게 알려질 때까지 오보가 허위 정보인지 명확하지 않을 때가 있다. 가짜뉴스 생산자들은 이 지점도 파고들어 자신들이 언론사인 것처럼 행세하며 허위 정보를 오보로 둔갑시키며 책임을 덜어내기도 한다.

풍자의 순기능과
가짜뉴스의 역이용

잘못된 정보에는 허위 사실로 상대를 비판하거나 비꼬는 패러디와 풍자도 포함된다. 가짜뉴스라는 말은 한동안 '풍자적 가짜뉴스'Satirical

Fake News와 같은 의미로 사용되어 왔다. 풍자적 가짜뉴스는 진지함을 벗기고 사실을 유머와 함께 변형시킨 담론의 한 양식으로 주로 텔레비전 프로그램에서 방영됐다. 이 형식은 정치 비판이라는 순기능을 갖고 있기에 그 내용이 허위성을 갖고 있다고 해서 규제하게 되면 표현의 자유를 저해하는 역효과를 불러올 수 있다(2017, 황용석). 그런데 재미 또는 비판이라는 의도를 갖고 있는 패러디도 해악에 대한 부분에서 논란을 부를 때가 있다. 패러디 창작자는 재미로 만들었는데 그걸 보는 사람이 공격으로 받아들일 경우가 그렇다. 2016년 미국 대선 당시 풍자 매체인 오니언The Onion을 본뜬 사이트들이 "힐러리 클린턴이 이슬람 무장 단체 ISIS에 무기를 팔았다"라는 글을 올렸다가 힐러리를 지지하던 민주당으로부터 거센 반발을 샀다. 문제의 사이트들은 풍자라는 형식으로 위장돼 있어 한동안 플랫폼에서 걸러지지 않았다. 패러디로 법정 분쟁도 일어난다. 미국 법원은 대체로 '패러디에 대해 폭넓은 표현의 자유를 보장해야 하지만 일반인들이 사실로 이해할 가능성이 있다면 법적인 책임을 물을 수 있다'라고 판결을 내리고 있다. 상대방이 패러디를 사실로 받아들인다면 더 이상 패러디가 아니라는 판단이다. 하지만 언론의 자유, 특히 권력자에 대한 비판의 자유라는 측면에서 여전히 논란이 계속된다.

교묘한 루머 활용과
진실 탐사

사실로 확인되지 않는 소문이나 루머Rumor도 잘못된 정보에 포함시키는 학자들이 많다. 루머가 사실 검증을 거치지 않고 언론에 보도되면 유·무형의 해악을 끼친다. 특히 루머가 사실이 아닌 것으로 판명되면 그 루머를 언론에 뿌린 사람들은 독자나 시청자를 속였다는 비판도 받는다. 그런데 루머 역시 패러디와 비슷한 논란을 불러일으킨다. 루머를 뉴스로 만든 사람들은 '알 권리를 위해서 보도했다'라고 주장한다. 루머가 사실로 확인되지 않아도 언론의 자유가 우선이라는 것이다. 한국의 일부 언론학자들도 루머에 대해 관대한 편이다. 루머가 사실로 판명 날 가능성도 배제할 수 없기에 폭넓은 표현의 자유를 보장해야 한다는 것이 루머를 두둔하는 이유이다. 하지만 외국의 가짜뉴스 전문가들은 이보다 훨씬 엄격하다. 독재나 권위주의 체제가 아닌 사회라면 보도되는 시점에서 루머의 전파 의도를 명확히 따져 악의惡意가 발견되면 즉시 허위 정보로 분류해야 한다고 주문한다. 외국 전문가들은 특히 루머가 확산되기 쉬운 선거와 같은 시기에는 훨씬 더 엄하게 대응해야 한다고 경고한다. 2016년 미국 대선에서 그런 필요성이 대두됐다. 그해 7월 중순 트럼프 지지자들은 '교황이 트럼프를 지지했다는 소문이 확산되고 있다'는 가짜뉴스를 퍼뜨렸다. 같은 달 말일경 기독교 언론과 팩트체킹 기관들이 "교황의 지지는 허위 정보"라고 확인했지만, 이 루머는 그해 11월 대선 직전까지 3개월 이상 페이스북과 같은 소셜미디어에 떠돌며 트럼프 지지 여론에 영향을 미쳤다. 이 사례는 교묘한 '루머' 전술을 보여준다. 숨 가쁜 선거 기간에는 루머의 진위 확인이 어렵고, 사실로 확인이 된다고 해도 대중들의 인식에서 처음의 루머를 지우기 어렵다. 이론 편에서 설명하겠지만 이는 첫머리(초두 · 初頭) 효과와 인지 속성 때문이다. 또한 이 가짜뉴스는 교황의 지지 여부와 관계없이 "소문 확산은 사실"이라고 주장했다. 루머를 사실로 꾸며내기 좋은 환경을 이용해 유권자들을 우롱한 것이다. 루머 확산자들이 책임도 지지 않았으니 이득이 넘치는 작전을 벌인 셈이다.

정부나 권력을 비판하는 정보가 유포 단계에서 사실로 확인되지 않은 루머라면 이 정보를 어떻게 봐야 할까. 이 문제에 대해서는 관점이 엇갈리고 다양한 견해가 제시되고 있으며, 나라마다 다르다. 미국에서는 루머에 기반한 가짜뉴스라도 처벌을 면할 가능성이 높다. 미국 헌법에 따라 그만큼 언론의 자유를 폭넓게 인정하기 때문이다. 특히 가짜뉴스가 권력자를 비판할 때 소송이 걸린다면 거기에 담긴 현실적 악의Actual malice를 입증할 책임이 권력자에게 있다. 권력자가 언론의 악의를 입증하는 것은 쉽지 않다. 그래서 가짜뉴스 생산자에 대해 무죄가 선고될 가능성이 크고 가짜뉴스도 양산되기 쉬운 환경이다. 반면 유럽 대다수 국가와 한국의 형사 법정 경우 검사가 뉴스 생산자의 의도와 사실 여부를 입증한다. 미국에 비해서는 가짜뉴스가 처벌받기 쉬운 환경이다. 그럼에도 루머에 기반한 가짜뉴스는 법망을 넘어 고도화 단계에 이르렀다. 이는 법정 밖에서 가짜뉴스의 폭주를 막을 제동 장치가 부족하기 때문이다. 한국의 가짜뉴스는 다른 여과 장치 없이 법원에서만 가려지기 때문에 그때까지 시간을 벌어 '치고 빠지기' 작전을 벌일 수 있다.

한국에서 사실로 확인되지 않는 루머가 권력을 비판할 때 '진실 탐사형' 보도라는 미명으로 여론을 흔들어놓기도 한다. 이럴 때 루머가 사실로 확인될 가능성에 무게를 두고 그때까지 면책도 무방하다는 의견이 나온다. 과연 이렇게 해도 좋을까. 외국에서는 권력 비판용 루머가 공동체의 공익적 목적이 아닌 특정 정치 세력의 무기가 된다면 가짜뉴스로 분류하는 것이 합당하다는 의견이 다수설이다. 예를 들어 선거 때처럼 사실 여부를 가릴 시간이 없고 어느 한쪽에 유리한 루머가 상대에게 직접적인 피해를 주는 경우 그 루머는 무기로 쓰이기 때문에 가짜뉴스로 취급해야 한다는 게 다수 전문가들의 견해다.

외국 전문가들이 최근 주시하는 것은 가짜뉴스 세력의 환경 적응력과 유연성이다. 사실 검증이 불가능하다는 점을 이용해 루머를 마구 퍼뜨리며 피해를 키우고 있기 때문이다. 한국 법원은 표현의 자유보다 사회적 피해야 예방을 더 중시하는 편이어서 이에 대해서 엄격하다는 평가를 받고 있다. 그런 반면 법원 판례가 소송마다 달라 일관성을 알기 어려운 경우도 있다. 2009년 유명 연예인과 정치인의 사생활을 알린 루머 유포자가 "진실을 밝혀내려는 목적이었다"라고 주장했지만 법원은 구체적 근거가 없다는 이유로 유죄를 선고했다. 표현의 동기보다는 허위성을 더 중시한 판결이었다. 반면 2020년 코로나19 바이러스가 확산될 당시 '정부가 중국의 눈치를 보느라 중국인 입국 금지를 막았다'고 주장한 루머 유포자는 무죄를 선고받았다. "일부 왜곡이 있었지만 전부 허위라고 보기도 어려운 데다 정부 정책에 대한 비판 의견으로도 볼 수 있다"는 판결이었다. 루머에 담긴 비판이 사실보다는 의견으로 볼 수 있기 때문에 처벌할 수 없다는 것이다. 최근의 판결은 루머에 근거한 허위사실 보도의 면책 범위를 좁게 잡는 추세로 가는 것으로 관측된다. 루머 유포자가 허위라는 것을 알고 있었다는 점이 입증되면 대부분 고의성 인정으로 판단하고, 루머 유포 시 허위로 인식하기 어려웠다는 주장이 채택되면 진실 탐사 의도가 참작 사유로 판결에 일부 반영되고 있다.

외국의 가짜뉴스 전문가들은 공익성이 인정되는 루머에서 조금이라도 허위가 드러나면 즉각 가짜뉴스로 분류하고 유포를 막아야 한다고 강조한다. 이는 허위성 인식과 관계없는 조치다. 루머가 허위라는 것을 알고 있었든, 그렇지 않든 일정 기준만 일탈해도 대규모 확산 이전에 분리해서 차단해야 한다는 것이다. 여기에 항변하는 방법은 표현의 자유를 침해당했다는 객관적 근거를 제시하는 것뿐이다. 외국 전문가들이 이렇게 강경한 이유 중 하나로 가짜뉴스의 콘텐츠 혼합 수법이 꼽힌다. 이는 부분적인 사실에다 거짓 내용이나 의견을 섞어 쓰는 수법이다. 가짜뉴스는 완전한 허위보다는 부분적인 사실과 부분적이 허위가 혼합됐을 때 수용자를 더욱 잘 속일 수 있다. 이런 정보를 '하이브리드형 가짜뉴스' 또는 '잘못된 정보 혼합'Misinformation blend이라고 부르기도 한다. 하이브리드형은 교묘한 방식이다. 예를 들어 '코로나 백신이 RNA(리보 핵산)를 이용한다'와 같은 사실에다 '그러므로 백신이 DNA(디옥시리보핵산)도 변형시킨다'와 같은 허위 정보를 섞어서 대중을 속인다. 미국과 유럽에서 코로나가 확산될 때 이와 같은 하이브리드형 가짜뉴스가 백신 거부를 주도했다. 이에 따른 피해는 완전히 날조된 가짜뉴스보다 피해 규모가 더 컸다고 외국의 보건당국이 분석했다. 하버드대 연구진이 실험한 결과 사실 정보 70%에다 허위 정보 30%를 혼합했을 때 100% 허위 뉴스보다 신뢰도나 공유 의향이 훨씬 더 크게 나타났다. 2019년 유럽연합EU 각국에서 실시된 선거에서는 정당의 정책을 소개하는 사실 정보에다 이민자 범죄에 관한 허위 정보가 더해진 가짜뉴스가 100% 허구 뉴스보다 공유 비율이 1.5배 더 높았다는 분석도 나왔다. 이 같은 콘텐츠 혼합은 루머 유포자들에게 새로운 활로를 터주기 때문에 아무리 공익을 위한 보도라도 허위 부분은 싹부터 제거해야 한다는 것이 전문가들의 견해다. 이는 가짜뉴스 유포의 폐해와 예방의 중요성을 지적하는 관점으로, 권력 비판에 충실한 언론인들의 시각과는 상치할 수 있다. 언론인들은 진실 탐사형 보도를 처음부터 가짜뉴스로 분류해버리면 언론의 자유가 제한된다고 주장한다.

광고도 가짜뉴스라면

　　공산 국가나 동유럽 출신의 학자들은 광고 콘텐츠도 허위정보로 분류해야 한다고 말한다. 대부분의 광고가 상품을 판매하기 위한 목적에서 소비자를 속인다는 이유에서다. 반면 자유주의 국가에서는 현실적으로 사회에 해악을 미치는 과장 광고를 제외한 대부분의 광고가 허위정보로 인식되지 않는다. 그런데 자유주의 국가에서 활동하는 가짜뉴스 이용 세력들은 이러한 환경도 역이용한다. 효과가 불분명한 기능식품을 진짜처럼 선전하거나 과학적으로 검증되지 않는 정보를 진짜처럼 둔갑시킨다. 그리고 대중을 속인 책임은 회피한다.

　　가짜뉴스는 그 형식에서도 논란이 정리되지 않았다. 언론의 자유, 표현의 자유를 옹호하는 전문가들은 다양한 허위 정보 유형 가운데 언론 보도의 형식을 갖춘 가짜뉴스를 제외하고 나머지 허위정보는 그 진위성이 드러나기 전에 규제의 칼을 함부로 들이대서는 곤란하다는 견해를 피력하고 있다. 언론 보도의 형식을 갖춘 가짜뉴스는 앞에서 말한 허위정보Disinformation 중 일간지나 방송사 등 언론사를 사칭하거나 허위 매체를 이용하는 콘텐츠를 말한다. 통상 다른 콘텐츠에 비해 뉴스라는 외양을 띠기 때문에 일반 독자나 시청자를 속이기 더 쉽다. 한국에서도 이같은 견해를 밝히는 언론학자들이 상당히 많다. 이들 중 일부는 '가짜뉴스가 반드시 뉴스라는 외양을 갖춰어야 하는가' 하는 반론에 대해 "그렇지 않으면 인터넷에 올리는 개인 의견도 자칫 언론 관계법의 규제를 받을 수 있다"라고 되받아친다.

뉴스 형식의 한계도
돌파한 가짜뉴스

그런데 최근 정보 유통 추세를 보면 뉴스의 형식을 갖추지 않더라도 국가와 사회를 흔들어놓는 허위 정보를 얼마든지 찾아볼 수 있다. 2017년 미얀마 군부가 이슬람교도인 로힝야족을 탄압할 때 소셜네트워크에 뿌린 콘텐츠는 불에 탄 불교도 시신 사진이었는데, 이 사진은 아프리카에서 찍은 가짜 콘텐츠로 판명됐다. 당시 페이스북에는 로힝야족에 대한 근거 없는 비난의 메시지가 쏟아졌는데, 대부분 '무슬림이 불교도를 죽이고 있다'와 같은 단문 형태로 뉴스 형식도 갖추지 않았다. 2018년 수십 명의 무고한 사망자가 발생한 인도 유괴범 사건에서도 범죄를 교사한 콘텐츠는 뉴스가 아니라 소셜미디어 왓츠앱WhatsApp에서 퍼진 단문 메시지였다. 인도 시골 마을에서 '유괴범이 여기 있다'라는 메시지를 읽은 사람들은 다수의 거동 수상자를 유괴범으로 몰아 무차별로 폭행한 뒤 사망에 이르게 했다.

가짜뉴스가 기사 형식을 빌려 불특정 다수에게 확산되기 시작한 것은 인터넷 시대의 주요 특징이었다. 인터넷 기사로 위장했을 때 많은 사람이 잘 속아 넘어갔다. 그런데 요즘 가짜뉴스는 그럴 필요도 없다. 뉴스 기사처럼 텍스트가 없더라도 진짜보다 더 진짜처럼 보이게 하는 딥페이크 영상과 이미지로 이용자를 속이는가 하면 실존 인물의 음성을 상황에 맞게 감쪽같이 복제한다. 후술하겠지만 고도화 시기의 가짜뉴스는 텍스트와 영상, 음성 정보까지 날조해서 사실적 몰입감을 더욱 끌어올렸다. 이 같은 환경은 뉴스 형식을 갖춘 허위정보만을 가짜뉴스로 분류하는 이유 하나를 제거하게 만든다.

맥락에 따른 용어 사용

이 책에서는 단문이나 장문이든, 사진 1장이든 뉴스 형식과 관계없이 기만적 의도와 오도가 포함된 허위정보는 모두 '가짜뉴스'로 통칭했다. 인공지능 고도화 시대를 맞아 뉴스의 형식과 외양을 띠지 않는 허위정보가 넘쳐나기 때문이다. 이 책에서는 상황에 다르게 해석할 수 있는 '가짜뉴스'라는 용어를 광의의 허위정보로 지칭하는 단어로 사용하기로 한다. 이는 용어에 대한 학술적 접근보다는 일반인의 이해를 돕기 위한 것이다. 이럴 경우 잘못된 정보 중 근거가 없거나 빈약한 루머, 선거 때 이용되는 공격용 풍자, 사이비 과학을 과장하는 광고 등 잘못된 정보로 분류됐던 콘텐츠도 맥락에 따라 가짜뉴스로 분류할 수 있다.

이 책에서는 '가짜뉴스 이용 세력' 등 학술적으로 명확하게 정립되지 않는 용어도 사용됐다. 이 또한 가짜뉴스의 수법과 대응 방식에 대한 이해를 돕기 위한 목적이다. 가짜뉴스 이용 세력은 정치적 경제적 사회적 이익을 취하기 위해 가짜뉴스의 생산과 유포를 직접 돕거나 비호하고, 그렇지 않은 상대방을 배제하는 집단을 통칭하기로 한다. 가짜뉴스는 생산-유포-소비-재확산이라는 순환 구조 속에서 생태계를 형성하는데, 가짜뉴스 이용 세력은 순환 구조 내부에서도 존재하고, 생태계 외곽에서 그 정체를 숨기고 외부 지원 집단으로도 존속하기도 한다. 이러한 이유에서 가짜뉴스 이용 세력은 그 주도자가 누구든 상관없이 '가짜뉴스 생태계와 직접적인 또는 간접적인 연결고리를 맺는 집단'으로 규정하기로 했다. 순환 구조 속에 있는 가짜뉴스 생산자와 유포자는 물론, 이들에게 도움을 주는 정치인이나 기업인, 가짜뉴스 유포자와 짜고 그 확산을 직접 돕는 언론 종사자도 이 범주에 포함됐다고 보면 된다. 이 책에서 사용한 '가짜뉴스 세력'은 이용 세력과 큰 차이는 없다. 하지만 '가짜뉴스 세력'은 순환 구조와 밀접할 때 사용했다. 예를 들어 가짜뉴스로 이득을 챙기지 않는데도 확산을 주도하는 집단은 '가짜뉴스 이용 세력'으로 분류하기 어려울 때가 있다. 이 집단은 가짜뉴스 유포 단계에서 생산자들과 같은 세력권에 있기 때문에 '가짜뉴스 세력'으로 지칭했다.

Chapter
02

가짜뉴스는
어떻게
진화했는가

DEBUBBLING

가짜뉴스의 폐해와 역사적 맥락을 살펴보는 데 빠질 수 없는 전형적 사례가 간토 대학살關東 大虐殺 사건이다. 100년의 역사와 시대에 따른 가짜뉴스의 속성과 변천을 드러내 주기 때문이다. 1923년 9월1일 일본 도쿄 등 간토 지역에서 지진이 일어나 10만여 명이 숨지거나 실종되자 일본에 체류하던 조선인들을 음해하는 유언비어가 나돌았다. '조선인이 우물에 독을 풀었다', '조선인들이 폭동을 조장한다'와 같은 터무니 없는 루머였다. 이러한 유언비어가 일본 전역에 확산한 이후 일본인들은 자경단을 조직하고 일본에 거주하던 조선인을 테러 대상자로 겨냥한다. 일본인들은 의상이나 말투를 보고 그 대상자를 마음 내키는 대로 선별했다. 조선인 차림새나 행동거지를 보이는 사람을 만나면 조선인들이 발음하기 어려운 일본어를 말해보라고 하고 현지인 기준으로 이상하다 싶으면 즉석에서 몽둥이나 도끼 등으로 무참하게 살해했다. 당시 살해된 조선인은 6,000명 이상인 것으로 추정된다. 외관상 조선인 복장과 유사하고 발음이 어눌했던 일본인들이 희생되기도 했다.

이 황당하고 엄청난 참사 뒤에도 일본 극우 세력들은 아직도 정당방어라고 강변하고 있다. 과거로 종결됐을 사건을 현재 진행형으로 돌려놓은 것이다. 이 사건은 감정적 동요에 따른 집단적 피해, 유언비어의 출처 등 가짜뉴스의 속성을 그대로 보여준다.

먼저 유언비어의 진원지는 일본 내무성이었다. 루머에다 신뢰성을 더해준 것이 국가 기관으로 판명됐으며 그럴 경우 파괴력이 어느 정도인지 이 사건이 웅변하고 있다. 나중에 밝혀진 사료에 따르면 일본 내무성은 지진으로 민심이 요동치자 지방 경찰서에 조선인을 주의하라는 전문을 보냈다. '재난을 틈타 이득을 취하려는 무리들이 있다. 조선인들이 사회주의자들과 결탁하여 방화와 폭탄에 의한 테러, 강도 등을 획책하고 있다'라는 내용이었다. 국가기관이 생산한 루머의 힘은 이 정보를 접한 일본인에게 파괴적 영향력을 행사했다.

유언비어 확산 단계에서 주목할 점은 매체다. 조선인을 음해한 루머를 확산한 세력은 일본과 조선의 언론이었다. 당시 조선총독부의 기관지 역할을 했던 매일신보는 1923년 9월10일 자에 '간토 대지진 당시 조선인들이 폭동을 조장한다'라는 기사를 지면에 실었다. 악의적인 루머 확산은 일본 기자도 뒤늦게 인정했다. 일본 아사히신문 역사 전문기자로 일했던 와타나베 노부유키 씨는 이 사건이 일어난 지 100년이 지난 2023년 서울을 방문해 간담회를 열고 이 사건에 대한 아사히신문 보도가 '오보'였다고 밝혔다. 조선인들의 봉기 우려 사건을 일본 현지에서 먼저 보도한 1923년 9월 3, 4일자 아사히신문 기사는 고베의 무선 전신을 감청한 자료에 따라 유언비어를 사실로 단정하고 기사를 작성한 것으로 밝혀졌는데 노부유키 씨는 현장에 있던 기자가 사실 확인을 하지 않고 기사를 전송했으므로 오보라고 말했다. 보도 현장에서 사실 확인을 제대로 거치지 않으면 어떠한 결과를 초래할지는 일본 기자도 몰랐을 가능성이 있다. 그런데 오늘날의 가짜뉴스는 최소한의 사실 확인 과정도 거치지 않기 때문에 어느 정도의 피해를 초래할지는 누구도 예측하기 힘들다. 칸토 대학살에서 등장했던 유언비어로 인한 피해는 100년이 지나도 복구되지 않았다. 피해 복구 불가능성도 가짜뉴스 특성 중의 하나다.

    그런데 뉴스 전파 속도와 확산 방식이 급변한 시점에서 과거의 유언비어에 의존한 가짜뉴스가 일반인에게 얼마나 통용될 수 있을까. 2025년 현재 일본 우익 단체는 그 유언비어를 지금도 믿으면서 2차 가해를 저지르고 있지만 다수의 일본인은 그걸 믿지 않을 것이다. 이런 점에서 칸토 대학살 사건에서 드러난 가짜뉴스는 지금 시대와는 무엇인가 다른 특성을 보여준다. 그 시대에는 다수를 속일 수 있었지만 지금 시대에는 소수도 속이기 어려울 것이다. 이런 관점에서 가짜뉴스의 시대를 저자 임의로 구분해봤다.

    사실을 날조하여 정치적, 경제적 목적을 달성하려는 가짜뉴스의 본성은 시대가 지나도 크게 달라지지 않겠지만 시대에 따라 특이한 형태로 창궐했다가 소멸되기도 했고, 되살아나기도 했다. 역사의 전환기에는 가짜뉴스가 이따금 지배 세력에 저항하는 수단으로 이용되는 상황이 벌어지기도 했다. 아래에서는 가짜뉴스가 기승을 부린 역사적 사건을 통해 가짜뉴스의 생산 주체, 전달 수단, 확산 매커니즘 등 그 내재된 특징을 시대적으로 일별해 보기로 한다.

마녀사냥 시대, 인쇄술에 희생자 확산

"네 죄를 네가 알렷다!"

조선시대 원님은 행정권과 사법권을 동시에 쥐고 있었다. 두 권한을 쥐고 마음대로 처단하는 것이 원님 재판이다. 이 재판에서 원님은 포승줄에 묶인 피의자에게 위와 같이 다그쳤다. 피의자가 범죄를 자백하면 그대로 형벌을 내리고 죄를 부인하면 혹독한 고문이 이어진다. 억울한 모함에 의해 한번 원님 재판에 들어가면 빠져나갈 방법이 별로 없다. 이 장면은 서양의 중세 시대에 교회에서 자행됐던 마녀재판과 닮아 있다. 15세기 유럽에서 마녀로 의심받던 여성들은 무죄로 살아남을 가능성이 거의 없었다. 교회를 다니지 않는 여성들이 일단 마녀로 의심받아 재판에 회부되면 눈물과 혈액 테스트를 비롯해 불구덩이 테스트도 통과해야 하는

데, 모두가 마녀 용의자를 죽음의 길로 몰고가는 과정이었다. '마녀들은 사악하기 때문에 눈물이 없다'라는 터무니없는 믿음으로 용의자를 시험했는데, 용의자가 눈물을 보이면 다른 마녀의 도움을 받았다고 또 의심했다. 마녀 용의자를 묶어 물에 빠뜨려 가라앉으면 마녀가 아니고, 물 위에 뜨면 마녀라고 단정하고 화형에 처했다. 이렇게 처형당한 여성들은 지금의 독일과 체코, 오스트리아 지역인 신성로마제국에서만 2만 명이 넘는 것으로 역사학자들이 추정했다.

그런데 이 같은 대규모 마녀사냥이 가능했던 것은 역설적으로 인쇄술의 발전이라는 '문명의 이기' 때문이었다. 카톨릭 교황은 무신론자와 이교도가 늘어나자 1484년 '긴급 요청'이라는 회칙을 통해 '마녀가 있다'라고 발표했고 1487년 도미니코 수도회 성직자 2명은 '마녀의 망치'라는 마녀사냥 지침서를 냈다. 이 지침서가 발간된 시기는 서양 인쇄술의 창시자 구텐베르크가 인쇄기로 성서를 발행한 이후 40년이 지난 시점이다. 이 지침서는 인쇄술의 발달에 따라 유럽 전역에 널리 배포됐으며, 많은 성직자와 신도들은 대량으로 유포된 이 지침서를 읽고 마녀사냥에 가담했다. 1532년 신성로마제국에서 단지 의심만으로 마녀를 처벌하지 못하도록 한 법전이 공포됐지만 성직자들은 이를 지키지 않았고 이 광란은 18세기까지 이어졌다.

과학이 발전해도
멈추지 않았던 돌팔매질

　　마녀사냥에서 특이한 점은 비과학적 지침서와 가짜뉴스에 의한 인간 살해가 근세 계몽주의와 과학이 발전한 시기에도 근절되지 않았다는 것이다. 가해자들은 용의자를 지목하고 아무런 책임을 지지 않았고, 근세 과학의 등불이 커졌는데도 억울한 죽음은 멈추지 않았다. 당시의 과학으로 이해할 수 없었던 불가해한 사물이나 현상은 대부분 지배층에 의해 '악마'로 둔갑했다.

　결국 광기로 가득 찬 돌팔매질은 입증 책임을 명시한 죄형법정주의와 근세 사법 제도가 마을마다 뿌리내렸을 때 중단됐다. 사법 절차를 지키지 않으면 마녀사냥 가해자를 처벌하는 제도를 도입한 것이 광란을 멈추는 데 기여했다. 가짜뉴스를 견제할 제도적 장치가 없으면 대중과 관료들이 과학의 원리에 따라 사리를 판단하더라도 무구한 희생자를 막을 수 없다는 것이 마녀사냥 시대의 교훈이라 할 수 있다. 조선에서 터무니없는 모함에 의한 원님 재판이 일제 강점기 이후 사라졌다는 것은 추정할 수 있지만 정확하게 언제 그러한 재판이 중단됐는지는 지금도 법조계 안팎에서 논의되고 있다.

풍자와 저항에 등장한 가짜뉴스

마녀사냥 시대에 유행했던 허위 정보들은 문학 장르와 뒤섞여 스토리와 뉴스의 경계나 의도를 구분하기 어려운 콘텐츠도 많았다. 1654년 스페인에서 발행된 팸플릿에서는 머리가 일곱 개 달린 괴물 이야기가 실렸다. 1870년대 프랑스에서 인기 있던 팸플릿에는 괴물이 그려진 삽화도 실렸는데 미늘로 덮여있는 몸통에 박쥐처럼 뾰족한 날개를 지닌 괴물은 복수의 여신 푸리아의 얼굴로 그려졌다가 프랑스 혁명기에는 그 얼굴이 대중들의 증오의 대상이었던 왕비, 마리 앙투아네트로 바뀌기도 했다. 지배층에 대한 풍자와 비판의 물꼬는 가짜뉴스라는 수로를 통해 트이기 시작한 것이다.

이 시대에는 인쇄술의 발달로 다양한 책자가 나왔는데 개신교도들이 유포한 책자는 교회와 왕권을 위협하는 문서로 인식되기도 했다. 심지어 영어로 번역된 성서도 체제를 전복할 수 있다고 여겨지기도 했다.

마녀사냥이 역사의 무대에서 점차 사라지면서 아메리카 대륙에서는 가짜뉴스가 기존 체제 비판과 미국 독립을 향한 저항의 불쏘시개가 되기도 했다. 1689년 미국 보스턴에서 발행된 〈퍼블릭 어커런스〉Publick Occurrence는 루이 14세가 며느리와 잠자리를 같이 한다는 뉴스를 실었다. 미국 독립 이전 루이 14세는 타락한 가톨릭교도로 묘사됐다.

영국 정부는 1690년 기존 질서를 위협하던 이 신문을 강제로 폐간시켰다. 〈인디펜던트 크로니클〉Independent Chronicle 등 미국 신문들은 독립전쟁을 전후해서 영국 왕 조지 3세가 머리 가죽을 벗기는 인디언들과 결탁했다는 가짜뉴스를 만들어 영국 군대에 퍼뜨렸다. 인디언들이 산모의 배를 가르고 영아 26명을 꺼냈다는 가짜뉴스도 실렸다. 전쟁의 시기 가짜뉴스는 상대방을 속이는 심리전 전술의 하나로 이용됐다.

황색 저널
출몰기

19세기 말과 20세기 초반 신문 독자들은 가짜뉴스에 너무나 익숙한 언론 환경에서 살았다. 1페니짜리 신문에서 아무리 과장되거나 터무니없는 뉴스가 쏟아져도 그냥 흥미를 끄는 소재로 알고 지나쳤지, 그것을 가짜뉴스의 폐해로 인식하지 못했던 시절을 보낸 것으로 보인다. 그렇지만 가짜뉴스 확산에 따라 국가 간 전쟁이 일어나기도 했다. 또한 나치와 같은 괴물 정치집단의 선전에 속아 끔찍한 전쟁 범죄를 저지르거나 그것을 용인하는 폐단이 발생했다.

황당한 가짜뉴스가
독자를 유인하던 시대

1835년 미국의 신문 〈뉴욕 선〉New York Sun은 전 세계에서 가장 많은 판매 부수를 자랑하는 언론 매체가 됐다. 달나라 이야기The Great Moon Hoax와 같은 황당한 이야기를 지면에 실은 덕분이었다. 영국의 천문학자가 대형 망원경으로 인간 박쥐가 달에서 살고 있다는 것을 발견했다는 가짜뉴스가 달나라 이야기 중 하나이다. 당시 인간 박쥐를 진짜로 믿는 독자들도 많았다고 한다. 진위를 확인할 수단이 없던 시절의 한 단면이지만 지금 시대에도 적지 않은 힌트를 준다. 〈뉴욕 선〉처럼 가짜뉴스로 지면을 도배하는 매체를 황색 언론Yellow journalism이라고 부른다. 선정적인 저질 기사와 가짜뉴스를 싣는 신문에다 노란색을 칠한 풍자 만평을 실은 뒤부터 이 용어가 쓰이기 시작했다. 당시 황색 언론들은 신문을 팔기 위해 사실의 과장과 날조, 허위 사실을 아무런 거리낌 없이 게재했다. 사실 왜곡을 위해 가짜 인터뷰는 물론 엉터리 과학 지식도 시리즈로 게재했다. 유명한 작가로 알려진 애드가 앨런 포Poe는 이 신문에 날조된 이야기를 기고했고 편집자는 논픽션non-fiction이라는 문구를 넣었다. 1890년 뉴욕에서만 그 같은 황색 언론이 10곳을 넘었다. 주요 독자층은 뉴욕의 근로자들이었는데, 이들이 신문 구독에 지불한 돈은 1페니였다. 당시의 황색 언론에는 '페니 페이퍼'라는 별칭이 붙었다. 당시의 고속 인쇄기가 신문 가격을 그 정도로 낮출 정도로 생산성 혁신의 시대였다. 황색 저널들은 새로운 독자를 끌어들이기 위해 가짜뉴스를 실었는데, 선정적인 내용은 새로운 스타일의 비즈니스 수단이 됐다고 해석할 수 있다.

혼란에 책임지지 않고
베끼기에 몰두한 가짜뉴스

페니 페이퍼는 평상시에는 주로 사회 저명인사의 사생활과 같은 선정적인 뉴스를 게재했지만 가끔씩 시민 사회를 동요시키는 가짜뉴스로 존재감을 과시했다. 그 대표적인 기사가 1874년 〈뉴욕 헤럴드〉가 보도한 '센트럴 파크 동물원 탈출'이다. 동물원을 탈출한 야생 동물들이 뉴욕 도시를 휩쓸고 다닌다는 내용과 함께 교회 안에서 발견된 사자, 거리에서 싸우는 사자와 호랑이, 기린을 쫓아가는 아나콘다 등이 삽화로 실렸다. 이 기사에는 시민 사망자 49명 등 사상자 명단과 "야생 동물들이 포획되거나 사살될 때까지 집 안에서 나오지 말라"는 뉴욕 시장의 호소문도 게재됐다. 기사 아래에다 작은 글씨로 '위에 게재된 모든 이야기는 순전히 날조다'라는 글을 덧붙였지만, 많은 뉴욕 시민들은 기사를 그대로 믿고 무장한 상태로 집을 지켰고 경찰이 동원되는 등 도시가 공포와 혼란에 빠졌다. 이 신문은 혼란 이후에도 사과를 하지 않았으며 1870년대 세계에서 가장 영향력 있는 신문이라는 평판을 유지했다.

미국 지역 일부에서 운영되던 황색 언론이 쏟아낸 가짜뉴스는 다른 지역 언론에 의해 확대 재생산되거나 베끼기 경쟁을 불러일으켰다. 1899년 미국 미시시피의 한 농부가 원숭이들을 훈련시켜 농장에서 면화를 수확했다는 가짜뉴스는 몇 개월에 걸쳐 〈LA타임스〉와 〈네브라스카저널〉 등에 등장했으며, 대도시에서 발행되던 〈뉴욕타임스〉 등에 다시 실렸다. 지금 시대에서 보면 오보에 따른 책임을 면하기 어려운 조건을 갖췄지만, 그 당시에는 가짜뉴스 베끼기가 관행으로 유지됐다.

1800년대 말 황색 저널의 양대 산맥은 조셉 퓰리처Joseph Pulitser가 소유했던 〈뉴욕 월드〉와 윌리엄 허스트William R. Hearst가 소유한 〈뉴욕 저널〉이었다. 두 언론은 가짜뉴스로 많은 독자를 끌어모아 매출을 확장했는데, 국가 간 전쟁이 일어날 때도 가짜뉴스를 실어 발행 부수 늘리기 경쟁을 벌였다. 1898년 쿠바 하바나 항구에서 일어난 미 군함 메인호 폭발 사건에서도 그랬다. 〈뉴욕 저널〉은 사실관계가 밝혀지기도 전에 메인호 폭발이 쿠바를 지배하고 있던 스페인 군대의 어뢰 공격에 의한 것이라고 보도했다. 이 신문은 이런 보도로 발행 부수 100만 부를 기록했다. 이 신문은 메인호가 폭발되는 순간을 삽화로 생생하게 그려 넣고 '폭탄 또는 어뢰로 폭파되다'라는 기사를 실었다. 황색 저널들이 가짜뉴스로 애국주의와 보복 여론을 확산시키자 미국 정부는 스페인 정부에 선전포고를 하기에 이른다.

하지만 1974년 미국 해군이 메인호 침몰 원인을 조사한 결과 외부 공격에 의한 손상은 없고 함정 내부의 탄약고에서 발생한 화재로 인해 함정이 폭발한 것으로 밝혀졌다. 황색 언론의 가짜뉴스가 가짜로 확인되기까지 170년이 걸린 셈이다. 그 사이 가짜뉴스로 챙긴 경제적 이득은 당대 언론사가 거의 다 가져가고 전쟁으로 인한 스페인의 피해는 복구될 수 없었다. 이런 특성은 현재 가짜뉴스 생산 세력과 옹호 세력이 도모하는 바와 매우 유사하다.

객관주의에 포위된 가짜뉴스

19세기 말까지 기승을 부렸던 황색 언론은 20세기 초반 기세가 꺾이는 듯 보였다. 그 이유를 확실하게 규명한 자료는 없지만, 콘텐츠 경쟁 구도와 명예훼손 소송 때문이었던 것으로 추정된다. 1900년대 초반 미국의 신문 발행 부수는 세계 시장의 절반가량을 차지했으며 독자들은 지면에 실린 콘텐츠에 따라 신문을 고를 수 있는 단계에 이르렀다. 그런데 선택권을 쥐고 있던 미국 신문 독자들은 날마다 뿌려대는 거짓 뉴스에 더 이상 호응하지 않았다. 또한 황색 저널의 허위 사실 보도에 따른 법적 사회적 책임을 묻는 소송 제도도 활발하게 작동했다. 〈뉴욕 월드〉는 1915년까지 498건의 독자 불만을 접수했으며, 1910년부터 1930년까지 명예훼손으로 피소된 사건은 220건이었다.

가짜뉴스로 피해를 본 원고들이 요구한 손해배상금 총액은 1700만 달러에 달했다. 황색 언론은 판매가격이 저렴했기 때문에 손해배상금이 크면 적지 않은 경영 압박을 받았던 것으로 분석된다.

사실 날조자들의 변신, 공정보도국 신설

이러한 흐름 속에서 가짜뉴스 보도에서 선봉에 섰던 황색 저널들은 회사 안에 사실 확인fact checking과 공정 보도를 위한 부서를 따로 두고 보도 방향을 틀어 나갔다. 〈뉴욕 월드〉는 1913년 정확성 및 공정보도국Bureau of Accuracy and Fair Play을 1913년 신설했다. 〈뉴욕 월드〉의 변신은 극적인 요소를 담고 있다. 뉴욕 월드를 경영했던 조셉 퓰리처는 19세기 말까지 날조된 이야기를 뉴스 콘텐츠로 만들어 거금을 긁어모았다. 그랬던 그도 1911년 사망하기 전 '언론의 공적인 역할'을 지원하기 위해 콜롬비아대학교에 저널리즘 스쿨을 세웠다. 황색언론 선구자의 참회인지는 알 수 없었지만 그가 사망하자 그의 아들 랩프 퓰리처는 사실에 충실한 정확한 보도를 위해 정확성 및 공정부도국을 신문사에 설치했다. 그 후 '언론계의 노벨상'으로 불리는 퓰리처상이 제정됐다. 지금도 이 상은 그 권위와 신뢰도가 세계에서 가장 높은데, 이 상은 조셉 퓰리쳐가 남긴 유언에 따라 제정된 것으로 알려져 있다.

1920년 들어 황색 언론은 역사에서 완전히 자취를 감춘 것은 아니지만 객관적 보도를 표방하는 언론에 주도권을 넘길 수밖에 없었다. 1923년 창간된 〈타임〉은 기자들이 송고한 원고가 사실에 부합되는지 확인하기 위해 팩트체커Fact checker 인원을 별도로 고용했다.

심리전 수단으로 쓰이던
방송 매체

미국과 유럽 신문들이 객관주의 보도 모델로 구독자를 불려 나가는 사이 라디오가 신생 보도 매체로 새로 등장했다. 1920년 최초의 라디오 방송국 KDKA가 개국을 알리는 전파를 발신하고 1922년 영국에선 BBC가 라디오 방송을 시작했다. 라디오를 타고 전파되는 가짜뉴스는 인쇄술에 의존하는 콘텐츠와는 차원이 다른 결과를 낳았고, 세계 대전 시기 파시스트와 반反 파시즘 운동, 자유주의와 공산주의 세력 간 벌어졌던 전시 심리전과 겹치면서 거짓과 진실의 경계선을 흐리게 만들었다.

1933년 히틀러의 선전부 장관에 임명된 괴벨스는 반값 라디오를 시중에 풀어놓고 "히틀러는 세상을 구하는 영웅"이라는 가짜뉴스를 무차별로 전송했다. 그 결과 8000만 독일 국민의 이성이 마비됐다. 당시 괴벨스는 "커다란 뉴스를 말하고 반복하면 사람들은 결국 믿게 된다"라는 말을 남겼다. 그의 말은 가짜뉴스의 전략과 메커니즘을 분석할 때 대부분 통용되는 '진실'이다. 라디오를 이용한 여론 조작은 국가 간 전쟁에서도 널리 활용됐다. 1939년 독일군은 폴란드와 전쟁을 벌이기 위한 명분을 만들려고 폴란드군이 글라이비츠에 있는 독일 방송국을 습격하여 폴란드어 방송을 내보냈다는 가짜뉴스를 만들었다.

영국 국영 방송국 BBC는 2차 세계 대전 후반에 독일군의 사기를 떨어뜨릴 목적으로 가짜 라디오 방송국을 만들어 '독일이 패배하고 있다', '나치 고위 관리들이 망명을 계획하고 있다'와 같은 가짜뉴스를 송출했다. 2차 세계대전 당시 영국은 독일 출신 망명자에게 나치의 분열과 혼란을 야기하는 라디오 방송을 송출했다. 1941년 5월부터 진행된 이 방송에서 마이크를 잡은 페터 제켈만은 본인은 나치당의 충성스러운 일원이라고 소개하면서 히틀러의 비전을 예찬했다. 이어 나치 공직자들이 무능하고 겁쟁이인 데다 부도덕하기 때문에 독일이 패배하고 있다는 방송을 6분 동안 내보낸 뒤 비밀 암호를 말하며 사라졌다. 독일군들은 내부 불만자의 소행으로 여기고 이 방송의 진원지를 수색하느라 전력을 소비했다.

사실과 허위 정보를
혼용한 심리전

영국 측은 2년 동안 700회에 걸쳐 허위 정보를 담은 방송을 내보냈지만 독일군은 끝내 진원지를 찾지 못했다. 역정보 확산을 위한 전시 심리전은 전쟁이 끝나고 영국 정부의 비밀문서가 해제된 이후에야 진상이 밝혀졌다. 영국이 사용한 심리전에 동원된 정보는 독일군 포로의 증언과 영국 당국이 입수한 첩보를 토대로 독일군 내부에서도 믿을 수 있을 만큼 독일 현지의 실상을 반영하고 있었다. 여기에다 독일군 사기를 떨어뜨리기 위한 허위 정보를 뒤섞은 것이다. 현실의 맥락에 맞는 사실에다 허위 정보를 교묘한 방식으로 혼용하는 것은 현대의 가짜뉴스 이용자들의 수법과 유사하다.

전시 심리전은 국익을 위해 가짜뉴스를 동원한다. 그렇지만 국익을 위한 가짜뉴스를 어디까지 믿어줘야 할까. 이 같은 고민은 현대 전쟁 현장에서 나오는 뉴스와 현지인들의 반응에서도 종종 목격된다. 전시 심리전은 상대를 무력화시켜 격퇴하는 것을 우선으로 여긴다. 그래서 여기에 동원되는 매체와 내용의 진위는 중요하지 않다고 여겨진다. 그 내용이 적국에 퍼져 사기를 꺾거나 적군을 굴복시키면 그만이다. 최근 러시아와 우크라이나 전쟁, 중동 전쟁에서 등장한 수많은 가짜뉴스도 이런 맥락으로 분석할 수 있는데, 전쟁 당사국이 아닌 제3국에서 이런 맥락을 배제하고 보면 100% 가짜뉴스다.

냉전 시대, 국가가 이용한 가짜뉴스

제2차 세계 대전이 히틀러 정권의 패배로 끝났지만 국가 기관이 가짜뉴스를 만들어 체제 경쟁을 벌이거나 국내 여론을 조작하는 행태는 멈추지 않았을 뿐만 아니라, 더욱 광범위한 형태로 진화했다. 1950년대 전후 본격화한 미국과 소련의 냉전은 평시에도 국가 기관이 가짜뉴스로 국내외 여론을 조작하여 보다 많은 동맹국들을 진영에 끌어들이려는 환경을 조성했다.

1959년, 소련의 KGB는 정보조정과를 신설했다. 허위 정보로 서방을 교란하려는 목적을 두었던 조직이다. 나중에 KGB의 교란 전술이 드러나자 영어 사전에 Disinformation이라는 단어가 추가됐다. 이 단어는 정보조작에 능했던 기관이 이용했던 것처럼 처음부터 속이려는 의도를 깔고 있다. 트럼프 집권 이후 악의가 분명한 정보라는 의미를 내포하고 있는데, 가짜뉴스 대응에서도 가장 주목받는 대상이 됐다.

KGB가 서방을 대상으로 벌인 정보전 중의 하나가 후천성면역결핍증후군AIDS을 미국 정부가 전 세계에 확산시켰다는 허위 정보였다. 이른바 '감염 작전'이라고 불린 이 정보에 대한 기록은 동독이 무너진 뒤 독일 문서보관서에서 발견됐다. 문서보관서 기록에서는 KGB가 가짜정보의 신빙성을 높이기 위해 동독의 과학자 야코프 제갈J. Segal에게 AIDS를 미국이 확산시켰다는 보고서를 작성해달라고 의뢰했다. 과학자의 보고서를 무기로 삼아 KGB는 세계 각국 언론을 매수하며 가짜정보 확산을 의뢰했다. KGB의 자금을 지원받은 인도 언론 〈패트리어트〉는 1983년 '미국 메릴랜드주에 있는 육군의료기지의 실험실에서 생물학 무기를 개발하기 위한 실험 결과가 바로 에이즈'라고 주장했다.

언론 매수와 출처 은닉,
대리인 통해 확산

미국 CIA 분석가 신디 오티스에 따르면 KGB 정보 작전의 첫 번째 단계는 출처를 숨기는 작업이었다. 인도의 패트리어트는 KGB에 매수당해 출처를 숨겨주는 역할을 맡았고 소련발 가짜뉴스를 뿌리는 출구Outlet가 됐다. KGB 감염 작전 2단계는 대리인을 이용해서 역정보를 확산하는 작전이었는데 동독의 과학자 제갈이 KGB의 대리인 역할을 한 셈이다. 제갈의 보고서는 동독 첩보 기관에 의해 오스트리아 작가 요하네스 짐멜에게 소포로 보내졌는데, 짐멜은 1987년 제갈의 보고서를 토대로 소설을 간행해서 선풍적인 인기를 끌기도 했다. 제갈의 보고서를 토대로 한 허위정보는 세계 각국 미군 주둔지마다 확산됐는데, '미군과 접촉하면 에이즈에 걸린다'라는 소문 때문에 미군 주둔지 주민들은 물론 해당 국가에는 미군에 대한 공포가 1980년대 말까지 확산됐다.

오티스에 따르면 KGB가 감염 작전에서 손을 뗀 계기는 소련 내 AIDS환자 발생이었다. 자국에서 AIDS가 발생하여 방역에 한계를 느끼자 소련 당국은 미국에 치료를 도와달라고 요청했다. 미국 관리들은 이 작전의 중단을 조건으로 치료 지원을 약속했다고 한다. 감염 작전은 1983년부터 1987년까지 50개국 미디어에 영향을 미쳤고, 미군 주둔 반대 여론의 불씨를 제공했다. 감염 작전은 중단됐지만 허위 정보의 여파는 그것으로 끝난 것이 아니었다. 1992년 미국에서 진행된 여론조사에서 응답자의 15%는 'AIDS 바이러스가 미국 정부의 실험실에서 의도적으로 만들어졌다'고 믿고 있었으며, 2005년 조사에서도 응답자의 50%가 AIDS가 인공 바이러스라고 믿고 있었다.

무기 지원에 동반된 가짜뉴스, 쿠데타 지원

1947년 창설된 CIA는 초기에는 미국 정부가 외교나 군사적 방법으로 문제가 해결되지 않을 때 검증되지 않은 정보로 비밀 작전을 구사했다고 한다. 기밀이 해제된 미국 국립안보기록보관소 자료 등에 따르면 CIA는 1948년 실시된 이탈리아 총선에 개입해 기독교민주당(기민당)을 지원했다. 소련의 지원을 등에 업은 이탈리아 공산당의 집권을 막기 위한 작전이었다. 이 과정에서 CIA는 가짜 외교문서와 가짜 편지를 만들어 '소련이 이탈리아 선거에 개입했다', '공산당이 무장 봉기를 계획하고 있다'라는 등의 가짜뉴스를 유권자들에게 유포했다. CIA의 가짜뉴스는 직접 출판물로 배포되거나 이탈리아 현지 언론에 실리기도 했다. CIA의 전폭적인 지원에 힘입어 기민당은 총선에서 크게 이겼으며 이 승리로 기민당은 1983년까지 집권을 유지했다.

CIA는 남미에서 쿠데타 세력을 지원할 때도 독재자에 대한 유언비어 등 가짜뉴스를 확산하며 민심을 이반시키는 작전을 벌였다. 1973년 9월 칠레 쿠데타가 그 같은 사례에 속한다. 1970년 칠레 대선에서 CIA는 호르헤 알렉산드리 전 대통령을 지원했으나 사회당과 공산당의 연합 후보인 살바도르 아옌데가 당선됐다. CIA는 아옌데 정권을 전복시키기 위해 3년 동안 무기 지원과 함께 유언비어를 유포하는 작저을 진행했다. 아옌데 정권의 부패와 실정에 대한 유언비어는 칠레 정국을 흔들어 쿠데타 세력의 집권을 도왔다.

　1990년대 말 사회주의권 국가들의 붕괴로 냉전 시대 벌어졌던 국가 기관 간 가짜뉴스 전쟁은 전시 심리전으로서의 성격을 잃어갔다. 외국 선거에 개입하여 유언비어와 루머를 유포하는 일도 눈에 띄게 줄었다. CIA는 2005년 이라크 선거에서 친미 인사인 아야드 알라위 총리가 이란의 지원을 받는 이슬람 다와당의 이브라힘 알-자파리에 질 것이란 정보를 입수하고 부시 대통령에게 이를 보고하고 선거에 다시 개입할 것인지 여부를 놓고 국무부와 국방부 책임자들과 토론을 벌였다고 한다. 이 토론에서 외국 선거 개입은 정당성이 없을 뿐만 아니라, 자유 민주주의의 가치와 충돌하고, 정치·외교·도덕적 리스크도 커져서 미국의 국익을 오히려 해친다는 의견이 많았다. 결국 부시 대통령의 결단으로 CIA의 이라크 선거 개입 계획은 전면 취소됐으며 그해 선거에서 이란의 지원을 받던 이슬람 다와당이 승리했다. 냉전 이후 외국 선거 개입은 러시아가 재점화시켰다. 미 정보 당국은 2020~2022년 사이 러시아의 외국 선거 개입은 9개국 11건에 이른다고 분석했다.

주류 언론 공백 지대를
파고든 가짜뉴스

냉전 시기부터 인터넷이 활용되기 전까지 미국과 서방 각국에서 여론 형성을 주도한 매체는 신문과 TV 등 기존 언론이었다. 이런 환경에서 가짜뉴스는 '변방의 메아리' 수준으로 그 영향력이 미미했다. 그렇기는 했지만 어느 환경에서나 갖가지 유형의 가짜뉴스는 주류 언론이 보도하지 않는 영역에 집요하게 파고들었다.

1960년대와 1970년대에 걸쳐 대중적 인기를 끌던 엘비스 프레슬리나 폴 매카트니 같은 연예인들은 살아있을 때 '사망설'에 시달렸다. 가수이자 배우였던 프레슬리의 사망설은 1977년 8월 그가 진짜로 사망할 때까지 이어졌는데, 이를 보도한 언론은 19세기와 20세기 초반 황색 언론의 원조 격이던 타블로이드 신문이었다. 타블로이드 신문이 보도하면 라디오도 이따금 추종 보도로 가짜뉴스의 확산을 도왔다. 프레슬리가 사망하자 이번에는 타블로이드 신문이 똑같은 외모를 지닌 사람을 봤다는 증인을 내세워 생존설을 주장했다. 1970년대 한국에서는 김일성 사망설이 간간이 떠돌기도 했다. 냉전 시대 반공 이데올로기가 곳곳에 스며들어 있을 때 정보 접근과 검증이 불가능한 상황에서 믿지 않을 수도 없고, 믿을 만한 객관적 증거도 없는 현실에서 누가 퍼뜨렸는지도 알 수 없는 루머였다.

1970년대 미국 행정부가 워터게이트 사건 등으로 불신을 받는 틈을 타 '1960년대 성공했던 우주선의 달 착륙이 조작됐다'라는 가짜뉴스가 한때 유행했다. 우주선이 착륙한 곳은 달이 아니라 방송국 스튜디오라고 주장하던 이 가짜뉴스는 1960년 유포된 뒤 수면 아래로 내려갔다가 1970년대 또다시 고개를 들고나왔다. 달착륙 조작설은 라디오와 잡지에서 떠돌다가 책자로 발행되기도 했다. 당시에는 가짜뉴스가 타블로이드 신문이나 라디오 등에서 떠돌아도 언론 종사자나 전문가들이 검증의 필요성을 느끼지 않았다고 한다. 황색 저널리즘의 의례적인 선정성 보도로 여겼기에 사실이든 아니든 별로 관심을 두지 않았던 시절로 보인다.

대중 속에서 생존하는 가짜뉴스, 과학 불신 확산

그런데 대중 속으로 파고든 음모론은 과학에 정면으로 도전하는 단계까지 나아갔다. 이 시대 가짜뉴스는 끊임없이 대중 속에 파고들면 생명력을 보존할 수 있다는 '진실'을 상기시켜 준다. 외계인이나 UFO(미확인비행물체) 은폐설과 같은 음모론은 '진실 탐구' 본능을 자극했다. 음모론 생산자들은 주류 언론도 보도하기 힘들고, 일반인들도 정보에 접근하기 어렵다는 지점을 노렸다. 공식적으로나 과학적으로 당장 입증이 곤란한 음모론은 1970년대와 1980년대 대중의 관심을 끄는 데 성공했다. 미국 당국이 외계인이 날린 UFO를 갖고 있었으면서도 이 사실을 은폐했다는 가짜뉴스는 1970년대 책자와 다큐멘터리 영상으로 제작돼 많은 미국인에게 유포됐다. 냉전이 끝나지 않았던 시절이었기 때문에 미국 당국이 나서서 해명하거나 검증할 여건이 되지 않았다. 1980년대에도 미국 정부가 외계인을 납치해서 생체 연구를 했다는 가짜뉴스가 떠돌았다.

UFO 은폐설과 외계인 음모론의 기원은 1947년 로즈웰 사건으로 거슬러 올라간다. 로스웰이라는 마을에서 미상의 비행물체 잔해가 추락한 사건인데 미 공군은 이 물체를 UFO라고 발표했다가 실험용 기구라고 번복했다. 1970년대 가짜뉴스 생산자들은 이를 근거로 미국 당국이 UFO를 확보했으면서도 감추고 있다고 주장했다. 이 음모론은 1980년대에도 확대 재생산됐다. 1970년대 은퇴한 공군 중령이 "로스웰 마을에서 수거한 물체는 외계의 것이라 믿는다"라고 주장한 인터뷰가 잡지에 실리자 미국 정부가 외계인을 은폐했다는 가짜뉴스가 대중들 사이에서 인기를 얻었다. 미 공군은 소련 해체 이후 한참이 지난 1994년 당시 미상의 물체는 핵실험 감시용 풍선이라는 보고서를 공개했다. 소련의 핵실험을 감시하기 위한 비행기구였는데 냉전 당시에는 국가안보 문제 때문에 이 정보를 공개할 수 없었던 것으로 추정된다. UFO 음모론은 사람들에게 신비감을 자극하여 1990년대 이후 영화로 제작되어 한동안 인기를 끌기도 했다. 가짜뉴스에서 출발한 모티브가 예술 창작에까지 영향을 미친 것이다.

국가 기관이 불법과
가짜뉴스 자초

1970년대 CIA의 MK울트라 프로젝트Project MK Ultra는 수많은 과장 보도와 허위 정보를 낳았다. CIA는 1950년대부터 비밀리에 인간 실험을 했다. 사람을 취조하는 과정에서 강제로 자백을 받아내기 위한 방법으로 약물을 사용하고 심리적 고문을 자행한 것으로 알려져 있었다. 이 같은 불법 생체 실험에서 CIA는 마약과 전기 충격, 고문과 언어폭력 등 끔찍한 방법을 동원했다. 이 불법 행위가 1975년 미국 언론들에 의해 폭로되자 CIA가 초능력을 이용한다거나 대중을 세뇌하는 마인드 컨트롤 수법을 이용한다는 과장된 루머가 퍼져 나갔다. 그 후 CIA는 이 프로젝트와 관련된 문서를 파기하고 숨겼다. 1977년 미국 상원에서 이 프로젝트에 대한 청문회가 열렸고 관련 자료 2만 건도 공개됐다. 1995년 빌 클린턴 대통령은 과거 행정부를 대신하여 이 프로젝트에 대해 공식적으로 사과했다. CIA의 불법 행위는 비난을 받아 마땅했지만, 초능력과 마인드 컨트롤은 과학적 근거가 없는 허위 사실로 드러났다. 불법 행위와 가짜뉴스는 국가 기관이 자초했다고 볼 수 있다.

정보화 시대, 생활로 파고든 가짜뉴스

냉전 시대 거대 국가 기관이 심리전의 일환으로 퍼뜨리던 가짜뉴스의 관행은 주류 언론이 쌓아놓은 객관주의의 영역을 조금씩 갉아먹기 시작했다. CIA와 KGB의 가짜뉴스 대결은 검증 사각지대를 만들었다. 국가 기관이 앞장서서 가짜뉴스를 뿌려대고 주류 언론도 사실 검증을 감당할 수 없게 되자 가짜뉴스 세력은 자생력 기반을 점차 늘려갔다. 인터넷 시대가 열리기 전까지 가짜뉴스 세력은 나라마다 분포가 달랐지만 사회의 경계심이 무너진 곳에서 독버섯처럼 퍼져 나갔다. 1983년 미국 LA의 한 보육원에서는 망상 장애를 겪던 학부모의 말에 따라 보육원 교사들이 악마 숭배 집단으로 몰리는 사건이 일어났다. 이 학부모의 말에 따라 경찰이 억지 수사를 벌인 결과 보육원

생 300명이 흡혈 의식 등 악마숭배 의식을 거행했고 동성에 의한 성폭행까지 당했다는 가짜뉴스가 탄생했다. 7년간의 재판 끝에 사건 당사자들 대부분의 혐의가 무죄로 드러났지만 장기간 가짜뉴스에 따른 피해는 회복되지 못했다.

기업에 대한 악마화 시도도 가짜뉴스 이용 세력들의 주요 메뉴였다. 프록터앤드갬블P&G이라는 회사는 당시 로고가 악마를 상징한다는 누명을 썼다. 의혹을 제기한 교회 신도들이 이 같은 가짜뉴스를 담은 전단지를 가정마다 돌리자 소비자 선호도에 민감했던 이 기업은 결국 로고를 교체했다.

TV 가짜뉴스, 전쟁 여론도 조작

미국에서 군사 과학용으로 쓰이던 인터넷이 일반 대중에게 광범위하게 보급되기 전까지 TV 프로그램이 보도 매체로써의 영향력을 키웠다. 가짜뉴스 이용 세력이 TV를 이용할 때는 막대한 대가를 지불했다. 1990년 미국과 이라크 간 걸프전이 벌어졌을 때 이라크 군에 쫓기던 쿠웨이트 망명 정부는 미국의 대형 광고대행사 힐앤드놀튼H&K에게 1000만 달러를 지불하고 가짜뉴스를 주문했다. 이때 등장한 사건이 쿠웨이트 병원 인큐베이터 사건이다. H&K는 1990년 10월 나이레라는 15세 소녀를 미 의회 청문회 증인으로 채택하게 해놓고 허위 증언을 하도록 도왔다. 이 소녀가 "이라크군이 쿠웨이트 병원에서 인큐베이터에 있던 아이들을 내던져 죽게 했다"라고 말하는 장면이 24시간 방송 CNN 등 TV를 통해 전파되자 미국 내 반전 여론은 금방 참전 여론으로 바뀌었다. 군산軍産복합체라 불리던 미국 참전 세력과 망명 정부의 이해가 일치한 가운데 추진된 가짜뉴스 프로젝트는 TV 영향력을 최대한 이용해서 단시간에 여론을 조작하는 단계에 이르렀다.

미국 TV의 영향력은 그 후 인터넷이 조금씩 보급되면서 점차 떨어지기 시작했다. TV 영향력이 떨어지고 인터넷 보급률이 저조했던 과도기에 출현한 세력이 이른바 '대안 언론'이다. 이들은 인터넷 보급 초기에 웹사이트를 만들어 놓고 기존 언론이 눈 돌리지 않았던 사회 저변의 이슈를 사이트에 올리면서 세력을 넓혀갔다. 미국의 드러지 리포트Drudge report와 같은 웹사이트도 르윈스키 스캔들을 최초로 여론화했다고 주장하면서 대안 언론을 자처했다. 드러지 리포트가 주류 언론인 뉴욕타임스를 대체할 가능성은 희박했지만 저명 인사들의 사생활과 같은 주목도가 높은 이슈에 파고들면서 여론 영향력에서 지분율을 높인 것은 사실이다. 이 같은 현상에 편승해서 듣지도 보지도 못했던 다양한 대안 언론이 활동 기반을 넓혀갔다.

반反 과학의 씨앗을 뿌린
대안 언론

　　대안 언론들은 과학적으로 검증되지 않은 음모론이나 생활 과학 영역을 자신들의 전유물처럼 여기기도 했다. '암 없는 세상World without cancer이라는 사이트는 전자레인지가 암을 유발한다고 주장했다. '살구 씨가 암 치료제인데 제약회사가 이 사실을 숨기고 있다'라는 등 대안 언론이 쏟아놓은 가짜뉴스는 모두 열거하기 어려울 정도로 허다하다. 렌즈닷컴rense.com이라는 대안 언론은 백신 음모론 퍼뜨리며 반反과학주의 씨앗을 일찌감치 뿌렸다. 이 백신 음모론은 2025년 취임한 미국 보건복지부 장관의 흔들리지 않는 신념일 정도로 뿌리가 깊다.

　　한국에서도 대안 언론은 인터넷 시대가 열린 직후 가짜뉴스 유포와 관계없이 상찬賞讚의 대상으로 오른 적이 많았다. 뉴스 생산자가 주류 언론 중심에서 인터넷 이용자로 확장되자 대안 언론이라는 찬사와 함께 '참여 저널리즘'이나 '열린 지식체계의 뉴스'라는 분석이 뒤따랐고, "사실과 의견을 명확히 구분하는 객관주의 저널리즘은 이제 구시대의 교과서에나 찾아볼 수 있는 이야기"가 됐다. 대안 언론은 집단 지성을 이용해 뉴스 콘텐츠를 만들고 있다고 주장하면서 이제 '지혜로서의 뉴스'나 '상시 환기 저널리즘'이라는 미사여구를 붙였다. 이는 뉴스 소비 시장에서 주류 언론의 영향력을 떨어뜨리고 비주류의 영향력을 높이려는 의도와도 긴밀한 관계를 맺고 있었다.

그런데 대안언론이 뿌려놓은 수많은 가짜뉴스는 대안 언론 그 자체를 위협하는 불씨가 되기도 했다. 1997년 드러지 리포트는 빌 클린턴 대통령 고문이 배우자에게 폭력을 행사했다는 뉴스를 사이트에 올렸다. 주류 언론이 보도하지 못한 내용을 용감하게 올렸다고 자처했지만, 이 뉴스는 가짜로 드러났다. 이 보도 하나만으로도 명예훼손 배상금이 3000만 달러에 이르렀다. 그렇지만 대안언론의 가짜뉴스에는 끊김 현상이 자주 일어나지 않았다. 책임은 적고 보상은 큰 언론 생태계 때문이었다. 드러지 리포트는 2019년 미국 소노마 산불 현장에서 이민자가 발화의 원인이라는 가짜뉴스를 올렸다가 소방관들의 항의를 받고 삭제하기도 했다. 그런데 가짜뉴스에 대한 책임도 묻지 않고 그걸로 끝났다. 이와 같은 미국의 대안언론은 인종 갈등이나 대통령 선거 등 최근 이슈에 천착하면서 끊임없이 가짜뉴스를 올렸다가 잠시 제재를 받은 뒤 또다시 부활하는 모습을 반복적으로 보여주고 있다.

인터넷 대중화, 가짜뉴스 고조기

가짜뉴스 역사에서 인터넷의 보급은 이전 시대와 완전히 다른 양상을 보여주는 시대로 구분된다. 인터넷 보급 이전에 드러지 리포트와 같은 매체는 '선구적인 악동' 역할을 수행했다. 권력 내부의 비리를 폭로하며 간헐적으로 가짜뉴스를 유포해도 언론시장에서 큰 비중을 차지하지 못했고, 대중의 관심도 쏠리지 않았다. 그런데 인터넷 시대가 활짝 열리자 이런 대안 언론이 언론시장의 중심부로 속속 들어와 일상적으로 가짜뉴스를 뿌리면서 언론 시장을 주도할 태세를 보였다.

이 시대에서는 정보에 대한 진위 판별이 이뤄지지 않은 미디어 생태계가 조성됐고, 가짜뉴스 생산 세력들은 이 환경을 활용해 주류 언론이 만들어 놓은 뉴스 시장을 뒤흔들었다. 이 시기 가짜뉴스의 주요한 성과는 정통 미디어에 대한 불신을 조장하여 뉴스 시장에 당당하게 진입하여 세력을 크게 확장한 것이다. 인터넷 대중화 물결을 탄 가짜뉴스 생산 세력들은 허위 정보를 일반 언론사 기사처럼 만들어 편집과 포장 기술을 고도화했다. 가짜뉴스 생산자들은 이제 자신들이 뉴스의 전문가라고 자처하고, 출처가 불분명하거나 사실과 허위를 혼합한 가짜뉴스를 빠른 속도로 확산시켰다.

가짜뉴스 이용 세력들은 인터넷 대중화 시대를 맞아 거대 플랫폼에 올라탔다. 인터넷 환경을 최대로 이용하는 데에는 가짜뉴스 세력이 주류 언론보다 우위에 있었다. 주류 언론들이 자사 사이트에 올린 뉴스로 콘텐츠 소비자를 불러들이는 사이 가짜뉴스 세력들은 인터넷 네트워크 효과로 발생한 저렴한 제작 및 배포 비용을 이용하면서 구글, 네이버나 다음과 같은 거대 포털과 이해관계를 맞추려 노력했다. 정보기술IT 거품 시대 신흥 기업으로 등장한 거대 포털은 '정보의 다양성'과 '정보 민주화' 등을 명목으로 가짜뉴스 세력이 쏘아 올린 콘텐츠를 주류 언론의 뉴스와 동등하게 취급하다가 일정 기간이 지난 뒤 가짜뉴스를 훨씬 더 높게 평가했다. 가짜뉴스 한 건이 불러들인 인터넷 순유입 독자가 주류 언론 기사보다 많았고 독자들의 댓글 반응도 일반 언론사 뉴스보다 컸기 때문으로 분석된다. 가짜뉴스가 유발한 인터넷 트래픽은 광고를 붙이기에도 유리해서 거대 포털은 광고노출 수익을 보장해주는 가짜뉴스 사이트를 더욱 선호했다고 볼 수 있다.

가짜뉴스를 진짜보다 선호한 포털

그 결과 포털에서는 사실 검증을 거친 진짜 뉴스의 상대적 가치는 떨어지고 가짜뉴스의 가치는 사실 여부와 무관하게 크게 올라갔다. 이러한 환경에서 가짜뉴스는 물을 만난 물고기들처럼 활개를 쳤다.

인터넷이 보급된 초기 개인이 쓰던 이메일 계정은 가짜뉴스를 실어 나르는 도구가 되기도 했다. 미신이 담기거나 허위 범죄를 경고하는 가짜뉴스나 정치인과 기업을 비방하는 콘텐츠는 이메일로 유통됐다.

2011년 일본에서 지진이 일어났을 때 '방사능 구름이 한국까지 도달한다'와 같은 가짜뉴스가 네이버 블로그에서 유포됐다. 당시 네이버 블로그의 순방문자는 2500만 명이 넘었다. 2010년 인터넷 이용실태 조사에서 블로그 이용률은 인터넷 이용자의 80%를 돌파했다. 가짜뉴스를 유포하던 블로거들은 이런 환경을 십분 활용해서 확산 속도를 끌어올렸다.

2008년 한국에서 광우병 괴담이 퍼질 때 '인터넷 여론 광장'이라고 자처하던 다음 아고라에는 '미국산 쇠고기를 먹으면 뇌에 구멍이 생긴다'와 같은 가짜뉴스가 퍼졌다. 여론 광장이 가짜뉴스를 유통시키는 통로가 된 것이다. 네이버와 다음의 카페나 디시인사이드와 같은 커뮤니티 사이트도 음모론을 유포하는 창구가 됐다. 신종 인플루엔자 유행 시기에 백신 위험을 과장하는 가짜뉴스도 이러한 창구를 통해 유포됐다. 미국에서도 이런 유형의 사이트는 출처 불명의 허위 정보를 확산시키는 데 '혁신적인 성과'를 거두었다.

시각적 충격 효과를 노리는 가짜뉴스도 인터넷 시대에 유행한 유형 중의 하나이다. 연예인 얼굴과 몸통을 합성한 사진, 괴생명체 발견 뉴스 등은 소셜미디어가 가짜뉴스 전문 유통 매체로 데뷔하기 전까지 흥행을 이어갔다.

가짜뉴스 유통 중심지로 떠오른 소셜미디어

최근 가짜뉴스 유통 중심지로 지목되는 소셜미디어는 한국보다는 미국 사이트가 시장을 주도했다. 2005년 설립된 허핑턴포스트라는 사이트는 페이스북과 트위터를 통해 이른바 '소셜 뉴스'를 전파하기 시작했다. 사소한 일상을 담은 이야기에서부터 거대 정치 담론까지 개인 창작물이 이 사이트에 올랐다. 당시 이 현상을 보고 '주창 저널리즘'Assertive journalism이라고 명명한 학자들도 있다. 이들은 "편향된 의견이라도 뉴스로 쓸 수 있다. 사실 여부는 읽는 사람이 판단한다"라고 말했다. 가짜뉴스 세력에 정당성을 부여하는 발언이었다. 소셜미디어 초창기에 미디어 이용 성과를 정치적 승리로 견인한 인물로는 버락 오바마 전 미국 대통령이 꼽힌다. 2008년 대선 당시 오바마 대통령의 당선 배경을 설명할 때 젊은 유권자층의 소셜미디어 이용률이 자주 언급된다. 당시 미국 10대의 소셜미디어 이용률은 67%, 40대 이상의 이용률은 6%로 젊은 층일수록 이용률이 높았다. 당시 오바마 대통령은 존 매케인 공화당 후보를 10%포인트 이상의 격차로 눌렀는데, 소셜미디어를 활용한 선거운동이 승리의 원동력이라는 분석이 나왔다. 당시에는 소셜미디어가 가짜뉴스의 주요한 통로로 활용되지 않았고 선거를 좌우할 만한 가짜뉴스도 드물었다. 하지만 '매케인이 치매에 걸렸다'와 같은 가짜뉴스에 동조하는 젊은 유권자들은 적지 않았던 것으로 보인다.

최근 소셜미디어 가운데 카카오톡 단체방과 같은 폐쇄형 서비스는 통제 불능의 가짜뉴스 통로로 지목되고 있는데, 2008년 당시 미국에서 그 씨앗을 볼 수 있다. 당시 매케인을 지지하던 공화당 운동원들은 소셜미디어에다 '오바마가 미국이 아닌 외국에서 태어났기 때문에 대선 후보 자격이 없다', '오바마는 이슬람교를 믿고 있다'와 같은 가짜뉴스를 뿌렸다. 당시에는 호응이 부족했지만 이 가짜뉴스는 8년 뒤인 2016년 미국 대선에서 되살아나 공화당 지지층을 늘리는데 적지 않은 역할을 했다. 미국 당국이 뒤늦게 가짜뉴스 단속에 나섰지만 시기를 놓쳤을 뿐만 아니라 폐쇄형 공유방에 대한 접근도 어려웠다.

모바일 시대
단문 형식의 가짜뉴스

인터넷과 휴대전화 보급률은 한국이 미국보다 앞서 있었기에 '모바일 가짜뉴스 유통' 센터도 한국이 선도했다. 모바일 콘텐츠의 유통은 뉴스에 따라붙는 광고 규모에서 가늠할 수 있다. 2012년 2159억 원이던 광고 규모는 2013년 4060억 원으로 두 배 가까이 늘었다. 가짜뉴스 이용 세력들은 모바일 콘텐츠에서 무한한 잠재력을 발견했다. 짧은 문자 형식의 가짜뉴스도 모바일로 퍼지면 데스크톱 컴퓨터에서 보는 콘텐츠보다 빠른 반응과 확산 속도를 체감할 수 있었다. 주류 언론의 속보 형식을 본뜬 단문 형태의 가짜뉴스는 모바일 시대 가짜뉴스의 '총아'였다. 모바일 콘텐츠는 위치 기반이나 소규모 모임에도 콘텐츠 효과를 적중시킬 수 있다. 2015년 메르스 감염 사태 당시 카카오톡에 뜬 '어느 병원에 메르스 환자가 입원했다'라는 가짜뉴스는 그 병원 업무를 마비시킬 정도로 지역 적중력이 뛰어났다. 지역에 기반을 둔 맘카페와 밴드도 모바일 시대를 맞아 검증되지 않은 루머만으로도 파괴력을 발휘했다. 2012년 말 국가정보원 댓글 사건은 주요 콘텐츠를 조작하지 않아도 댓글을 통해 여론을 조작하려는 시도로도 조명을 받았다.

인터넷 시대 초창기부터 가짜뉴스 유포 과정에서 중심 역할을 했던 거대 포털 사이트 대부분은 모바일 시대에도 실시간 인터페이스

프로그램을 통해 20년 이상 장기 생존의 발판을 마련했다. 미국과 유럽에서도 가짜뉴스 이용 세력들은 생산-유통-소비의 선순환 구조와 생존을 위한 최적의 생태계로 들어가 자생력을 입증했다. 이들은 가짜뉴스로 폭발적인 클릭을 유도해서 광고 수익을 얻는 데 그치지 않고, 웬만하면 망하지 않는 대규모 사업가로 변신하거나 선거판의 '큰손'으로 활약했다. 그들 중 일부는 '휴대전화가 암을 유발하고 MSG가 뇌세포를 파괴한다' 등과 같은 사이비 과학을 이용자들에게 주입하며 명백하게 사회에 해악을 미치고 있지만 제재는커녕 금전적·정치적 보상을 받는 아이러니를 보여주고 있다.

가짜뉴스
고도화 시기

　　　　　　　　　　2010년 중반기를 지나면서 가짜뉴스는 고도화 단계에 진입했다. 고도화 단계는 2016년부터 시작됐다고 분석하는 전문가들이 다수다. 2016년은 트럼프 대통령 후보가 가짜뉴스로 승전보를 올린 해다. 가짜뉴스는 세계 최강대국에서 주류 언론이 주도하던 여론 시장을 흔들어 대선 승리의 견인차 역할을 하는 경지에 올랐다. 그런데 이 가짜뉴스의 진군은 여기서 그치지 않고 인공지능AI을 등에 업고 누구도 대적할 수 없는 초고도화 단계로 나아가고 있다.

　　고도화 단계에 들어선 가짜뉴스는 역사상 유례를 찾아보기 힘든 특성을 드러냈다. 우선 2010년대 초반 인터넷 시대와 형식으로 비교해볼 때 최근 가짜뉴스는 멀티 모달Multi-modality형으로 바뀌었다. 모달은 인공지능 분야에서 시각과 청각 등 오감을 이용하여 정보를 수용하는 방식이다. 최근의 가짜뉴스는 기존에 쓰던 문자(텍스트) 메시지뿐만 아니라 영상과 이미지나 음성을 진짜처럼 꾸며서 뉴스 소비자를 감쪽같이 속일 수 있다. 2023년 미국 기업들은 신종 보이스피싱에 시달렸다. 인공지능으로 합성된 사장의 목소리로 직원들에게 송금을 지시하는 가짜정보였다. 이로 인해 피해를 본 사람들이 계속 나왔다. 신종 보이스피싱에서 흘러나오는 사장의 목소리는 회사 직원들의 청각으로는 실존 인물의 목소리와 구분할 수 없었다. 2010년 초반의 가짜뉴스도 이미지와 텍스트를 결합하여 진짜로 위장한 경우가 있었지만 사실 확인이 가능한 경우가 많았다.

고도화 단계의 가짜뉴스가 그 피해를 입증하고자 할 때 생산 주체를 특정하기 어려워진 점도 인터넷 시대와 구분된다. 최근 인공지능을 이용한 가짜뉴스는 출처 추적이 불가능할 정도로 유통 단계가 복잡해졌다. 이전의 가짜뉴스도 다양한 정보 네트워크에서 유포됐지만 어느 정도 생산자를 추적할 수는 있었는데 최근의 가짜뉴스는 인공지능에 의한 자동 생산과 자동 유포 단계에 이르러 출처나 확산 경로 추적이 불가능한 가짜뉴스가 크게 늘어났다. 이렇게 되면 수정이나 삭제 요청도 어려워진다. '디지털 장의사'로 불리는 데이터 삭제 서비스도 특정 사이트에서만 작동할 수 있고 데이터 원천을 차단할 수 없다. 디지털 장의사를 불렀던 사람들은 지워지지 않은 가짜뉴스가 다시 등장하면 모든 노력이 허사였다는 것을 깨닫는다. 가짜뉴스 이용 세력은 이제 봇Bot으로 거대 포털에 가짜계정을 만들어 놓고 가짜뉴스를 자동으로 배포하며 뉴스 소비 시장에서 최상위를 노리고 있다.

기술과 인력으로
막지 못하는 가짜뉴스

최근의 가짜뉴스는 맞춤형으로 제작하거나 유통할 수 있다. 알고리즘에 따라 콘텐츠 소비자에 맞춰 콘텐츠를 수정할 수 있다. 반면 인터넷이 보급될 당시의 가짜뉴스는 같은 메시지가 불특정 다수에 전파되는 형식이 대부분이어서 반복 패턴을 파악한 '깨어있는 소비자들'에 의해 걸러지는 경우가 많았다. 그런데 고도화 시기의 가짜뉴스는 그런 소비자도 피할 수 있다. 맞춤형으로 제작, 유포되기 때문이다. 2016년 영국에서는 브렉시트 찬성을 유도하는 가짜뉴스가 수없이 유포됐는데, 이민자 비율이 상대적으로 높았던 지역에서는 '터키가 곧 유럽연합에 가입해서 영국으로 대규모 이민자가 몰려온다'라는 가짜뉴스가 집중적으로 유포됐다. 반反 이민 정서를 확산시켜 브렉시트 찬성표를 유도하기 위한 맞춤형 전술이었다. 이민자 비율이 낮았던 지역에서는 '유럽연합에 내는 기여금을 복지 예산으로 돌릴 수 있다'라는 등 가짜뉴스 내용에서 차별점을 보였다.

고도화 단계의 가짜뉴스는 이처럼 자동 생산과 자동 유포라는 문명의 이기를 활용하면서 뉴스 소비자에게 맞춤형으로 전달되기에 기술로 막는 데 한계가 있고, 인력으로 방지하는 것은 더더욱 어려운 시대에 왔다. 이번 장에서는 고도화 단계가 인터넷 시대와 구분되는 점만 짚어봤으며 고도화 단계의 가짜뉴스 수법과 양상에 대해서는 뒤에서 자세히 설명하기로 한다.

Chapter
03

지배력 놓이는 가짜뉴스

DEBUBBLING

앞장에서 설명한 대로 최근 가짜뉴스는 고도화 단계에 이르렀다. 고도화 단계에 도달한 가짜뉴스의 특성은 가짜뉴스 역사에서 잠깐 살펴본 것처럼 인터넷 번성기 시대의 판도와 양상을 완전히 뒤바꾸고 있다. 가짜뉴스가 주류 언론 대신 뉴스 시장에서 주인 행세를 하는 것은 물론 국가 기관의 지원을 등에 업고 그 지배력을 일국 차원을 넘어 타국의 민주주의 제도에까지 뻗고 있다. 가짜뉴스에 능숙한 1인 미디어는 뉴스 생산-유통-소비 단계에서 선순환 구조를 만들면서 이제는 언론 이외 다른 비즈니스도 포섭하는 단계로 도약하고 있다.

두 차례
미국 대선을
지배한
가짜뉴스

    2016년 가짜뉴스를 통해 집권에 성공한 도널드 트럼프 미국 대통령은 2024년에도 가짜뉴스 흥행을 통해 재집권에 성공했다.

  두 번의 집권에 성공한 도널드 트럼프 미국 대통령은 가짜뉴스 활용도를 본인이 상상하는 이상으로 끌어올리고 있다. 2025년 1월 미국 대통령으로 두 번째 취임한 트럼프는 세계 1위의 가짜뉴스 생산자로 지위를 굳혔다. 그는 재집권 이후에도 자신의 소셜미디어 '트루스소셜'에다 관세와 같은 대외 정책이나 타국에 대한 가짜뉴스를 수시로 올리면서 지지율 유지에 역점을 두고 있는 행보를 이어갔다. 그는 집권 2기 취임 100일을 앞두고 발표된 여론조사에서 역대 최저 지지율이라는 보도가 나오자 모두 '가짜 여론조사'라고 반박했다. "뉴욕타임스NYT의 여론조사가 나의 지지도를 고작 37%만 반영했고 ABC와 워싱턴포스트의 조사는 34%에 불과하다"라며 그 이유를 열거했다. 2025년 4월 25일 NYT가 공개한 여론조사에서 트럼프 대통령 지지율은 42%로 취임 100일을 앞둔 역대 대통령 지지율에 비해 가장 낮은 것으로 나타났다. 하지만 트럼프 대통령은 "언론은 나쁜 범죄자들로, 내가 그들의 여론조사가 보여주는 것보다 훨씬 크게 선거에서 이긴 뒤에 구독자와 독자에게 사과하며 신뢰를 잃고, 그다음 선거 때는 더 악랄하게 부정행위와 거짓말을 반복한다"라고 주장했다. 이어 "그들은 병들었다. 내가 아무리 잘해도 부정적 기사만 쓰는 미국인의 적"이라고 강변했다. 주류 언론의 진짜 여론조사를 가짜뉴스로 매도하는 과정에서 주류 언론의 신뢰도를 깎아내리는 방법을 동원했다. 그러면서 갑작스러운 관세율 인상에 따른 부작용과 동맹국 관계 훼손 등 정책 과오에 대한 부정적 영향을 줄이려고 했다.

트럼프 1기 시대 정치와 관련된 가짜뉴스는 대부분 선거 기간에 집중적으로 출현했으며 그 콘텐츠도 지지층을 유인하거나 상대방을 압박하기 위한 목적으로 생산됐다. 2016년 미국 대선 당시 트럼프 캠프 또는 그 지지자들이 유포한 가짜뉴스는 '트럼프가 미국 해병대원을 구출하기 위해 자가용 비행기를 급파했다' 등 트럼프의 당선을 돕는 내용물이 조회수 상위에 올랐다. 또한 '피자 케이트'와 이슬람 무장 정파 관련설처럼 상대 후보인 힐러리 클린턴에 대한 흠집내기에 집중돼 있었다.

전통 언론 12배 격차를 극복한
가짜뉴스 전략

트럼프 1기 당시에는 트럼프 진영이 주류 언론에서 상대적으로 불리한 취급을 받았기 때문에 '언더독Under dog' 효과를 누릴 수 있었다. 언더독은 개싸움에서 밑에 깔려 공격을 받는 개를 지칭하는 말로, 선거에서는 약자에 대한 동정표를 얻어내기 쉬운 프레임이다. 트럼프는 2016년 대선 당시 주류 언론에 관한 한 백인 남성이나 러스트 벨트에서 가짜뉴스로 맞서며 언더독 효과를 누리는 것처럼 보였다. 당시 트럼프는 주류 언론으로 불릴 만한 미디어 20곳에서 지지를 받았다. 반면 힐러리 클린턴을 지지했던 뉴스 미디어는 243곳으로 12배 이상 많았다. 뉴스 미디어 지지에서 격차를 극복하기 위해 트럼프는 소셜미디어에 의존해 사실 보도와 허위 보도를 가리지 않고 유포해 콘텐츠 유통량을 대폭 늘렸다. 트럼프 측이 소셜미디어에 유포한 콘텐츠는 가짜뉴스가 훨씬 더 많았다. 그 결과 소셜미디어에서 공유한 가짜뉴스는 트럼프 측이 3000만 회, 힐러리 측이 760만 회로 트럼프 진영이 압도적인 우세를 유지했다.

이 같은 현상은 트럼프의 집권을 얼마나 도왔을까. 이에 대한 분석과 해석은 여전히 엇갈린다. 스탠퍼드대학의 매튜 겐츠코프M. Gentzkow 교수 등은 트럼프가 가짜뉴스를 퍼뜨려 유권자들의 이목을 끈 것은 사실이지만 가짜뉴스가 유권자의 선택을 바꿀 만큼 강하지 않았다는 조사 결과를 내놓았다. 하지만 트럼프 당선에 가짜뉴스가 기여한 정도를 과소평가해서는 안 된다는 반론이 일었다. 트럼프는 수많은 가짜뉴스를 소셜미디어에 뿌리면서 힐러리 중심의 여론 시장을 트럼프 중심으로 바꾸어 놓았다. 제도권과 주류 언론에 의존하던 전문가 중 누구도 트럼프의 당선을 예측하지 못했지만 온라인에 떠다니는 콘텐츠를 보고 트럼프의 당선을 점치는 디지털 전문가들이 등장했다. 트럼프에 유리한 키워드나 조회수, 공유 횟수를 보면 2016년 11월 이전 트럼프가 역전했다는 조사 결과도 나왔다. 선거 결과를 놓고 보면 트럼프는 가짜뉴스로 목적을 달성한 것처럼 보였다. 미국의 뉴스 사이트 〈버즈피드〉Buzzfeed의 분석에 따르면 2016년 대선 이전 3개월 동안 가짜뉴스 20건이 페이스북 인기 기사 상위권으로 공유됐으며, 여기에 달린 댓글은 870만 건이 넘었다. 이는 뉴욕타임스나 CNN, 워싱턴포스트와 같은 주류 언론에서 생산된 기사 가운데 상위 20건에 대한 반응(760만 건)을 추월한 것으로, 트럼프의 승인勝因을 설명하는 지표로도 쓰인다.

2016년 당시 미국의 주류 언론이 힐러리 클린턴에 대해 부정적으로 보도한 콘텐츠를 늘렸기 때문에 트럼프가 반사 이익을 보며 당선됐다는 분석도 나온다. 소셜미디어보다 영향력이 컸던 주류 언론들이 편집 방향을 잘못 잡았다는 것이다. 미국 인터넷 기업 〈VOX〉의 분석에 따르면 2016년 당시 TV 뉴스에서 가장 빈도가 높았던 콘텐츠는 힐러리의 건강 문제였다. 또한 힐러리가 개인 이메일로 국가 비밀이 담긴 문건을 주고받았다는 의혹이 대선 1주일 전에 불거졌는데, 하버드대학 케네디스쿨 '쇼렌스타인센터'의 분석에 의하면 이 같은 일련의 사건으로 힐러리를 부정적으로 보도한 뉴스는 62%였던 반면 트럼프에 대한 부정적 보도는 56%였다. 주류 언론의 부정적인 프레임이 힐러리의 낙마를 불러왔고 트럼프는 반사 이익을 챙겼다는 것이다. 결과적으로 트럼프가 가짜뉴스를 퍼뜨려 지지층을 결집하는 동안 힐러리는 주류 언론에서나, 소셜미디어에서나 부정적인 보도의 수렁에 빠져 지지층을 넓히지 못했던 것은 사실이다.

거짓말을 진실로 바꾸는 10단계

트럼프가 처음 대통령에 당선된 이후 그의 가짜뉴스 전략은 많은 전문가의 관심을 불러들였다. 빌 클린턴 행정부에서 노동부 장관을 지냈던 로버트 라이시R. Reich UC버클리대학 석좌교수는 트럼프가 거짓말을 반半 진실half-truth로 만드는 10단계를 설명한다.

1단계는 '트럼프가 거짓말을 한다'이다. 2단계는 '전문가들이 근거 없는 허위라고 반박하고 언론이 거짓이라고 보도한다'이다. 3단계는 '트럼프가 전문가들을 공격하면서 미디어가 "정직하지 않다"라고 비난한다'이다. 4단계는 '트럼프가 트위터나 연설에서 거짓을 반복하고, 많은 사람이 트럼프의 말이 옳다고 주장한다'이다. 5단계는 '주류 미디어가 트럼프의 거짓말을 "논쟁적 사실"로 보도한다'이다. 6단계는 '트럼프가 거짓을 반복하면서 그의 대리인들이 TV와 우파 블로그에서 거짓을 되풀이한다'이다. 7단계는 '주류 미디어가 트럼프의 거짓말을 "논쟁"으로 보도한다'이다. 8단계는 '여론조사에서 트럼프의 거짓을 사실로 믿는 미국인이 늘어난다'이다. 9단계는 '언론이 트럼프의 거짓말을 당파적 분열을 반영하는 주장이라고 보도하고, 많은 사람이 진실이라고 생각한다'이다. 10단계는 '많은 사람이 사실이 무엇인지 혼란스러워하고 트럼프가 이긴다'이다.

이 10단계는 정치인의 거짓말이 진실로 둔갑하는 과정을 자세하게 그려냈다. 한국에서도 거짓말을 본업으로 삼거나 가짜뉴스를 틈틈이 이용하는 정치세력이 흔하게 써먹는 수법이다. 주류 언론은 1단계에서 2단계로 넘어가는 과정에서 정치 세력에서 이용당하기 쉽다. 유력한 정치인의 말은 거짓이라도 그 위력 때문에 그의 말을 그대로 인용해서 보도하는데 후술하겠지만 이럴 경우 그 언론은 가짜뉴스 제조 공장에서 일찌감치 동업자가 되는 길을 걷게 된다. 정치인이 미디어를 가짜뉴스라고 공격하는 3단계 행태도 최근까지 벌어지는 일이다. 이는 각종 의혹으로 수세에 몰린 정치인들이 써먹는 수법이기도 하지만 정치인의 말이 거짓이라고 보도하는 언론에 덤터기를 씌우는 수법이다. 미디어를 이용해 거짓말을 반복해서 동조자를 확보하는 4단계는 앞장 가짜뉴스의 역사에서 설명한 대로 히틀러와 같은 독재자들이 가짜뉴스를 퍼뜨리는 기법이다. 그런데 이 기법은 역사적으로 보나 미디어 수용이론에서 보나, 이미 효과가 있다고 검증이 됐다. 히틀러의 참모진은 거짓말을 반복하면 대중은 그것이 사실이라고 믿는다고 조언했다. 미디어의 반복 보도는 없었던 사실도 있었던 것처럼 착시 효과를 일으키기 충분하다. 6단계에서 10단계는 5단계까지 이룩한 여론의 주목 효과 등 '성과'를 극대화하는 과정이다. 미디어가 5단계까지 가짜뉴스 세력에 말려들면 스스로 빠져나오기 어려운 덫에 걸린다. 언론을 볼모로 잡는 것은 과거 소련 시절 KGB 전술과 유사하다. 언론 매수 이후 허위 정보 확성기 역할을 맡기는 전술이다. 이렇게 말려든 언론은 가짜뉴스 동조 세력에서 한 단계 등급을 올려 자발적인 '선전대'가 되기 십상이다. 이런 단계까지 등급을 올린 미국의 언론들은 "트럼프의 거짓말을 보도해 유권자를 일깨우는 것이 언론의 사명"이라며 여전히 정치적 올바름주의Political Correctness에서 벗어나지 못했다. 그렇게 하는 것이 가짜뉴스 세력에 이용당하는 길이라는 경고를 계속 무시했다. 한국 언론들도 그렇게 보도하며 자기 방어막을 치는 것을 많이 볼 수 있다.

선거 승리를
재차 보장한 가짜뉴스

트럼프의 재선 과정에서 가짜뉴스의 역할은 학계에서 충분히 분석되지 않았지만, 미국 언론들은 가짜뉴스 전략과 전술에서 트럼프의 압승이라고 뒤늦게 평가하는 추세다. 조 바이든 전 대통령의 출마 포기와 민주당 선거 캠프의 실책에 따른 반사 이익에도 불구하고 2024년 선거 전에도 트럼프 대통령의 압승을 예측하는 언론은 별로 없었다. 트럼프는 2021년 '부정선거 의혹'과 같은 가짜뉴스를 또 퍼뜨려 그 지지자들이 미국 의회를 폭력적인 방법으로 점령하고 난동을 부리게 한 배후 인물로 지목되기도 했다. 그랬던 그가 2024년 대선에서 압승을 거둔 원인 중 하나로 가짜뉴스 전략이 또다시 꼽히고 있다. 그의 집권 2기를 보장한 가짜뉴스 전략 중 두드러진 것은 '거짓말을 하면 큰 거짓말을 해야 한다'라는 큰 거짓말, 즉 빅 라이Big Lie 전략이었다. 한국에서 한때 '작은 사기는 법에 걸려 잡히지만, 다수를 속이는 큰 사기는 대성공을 거둔다'라는 속설이 있었는데 '빅 라이'도 이와 비슷한 메커니즘이다. 트럼프는 선거 기간 펜실베이니아와 같은 경합 지역을 갈 때마다 "지방 정부와 민주당이 부정 선거를 저지르고 있다"라는 가짜뉴스를 퍼뜨렸다. 2020년 대선 이후 줄기차게 뿌려댄 "선거를 도둑맞았다"라는 가짜뉴스와 내용이 유사했다. 미국 언론들이 이러한 가짜뉴스의 허점을 지적하면 "세부 사항은 중요하지 않다"라며 "당신들이 사기꾼"이라고 되받아쳤다. 그러면서 선거 전문가들이 준비한 지역 맞춤형 가짜뉴스와 여론 주도형 가짜뉴스를 또 꺼내 동조 세력을 넓혀갔다. 트럼프의 '큰 거짓말' 전략은 양극화 사회에서 음모론이 통용되듯이 대선 운동에서 또다시 그 효과를 발휘했다는 게 가짜뉴스 전문가들의 분석이다.

거대 플랫폼의 반향실 효과,
음모론으로 지지자 결집

      2024년 트럼프의 가짜뉴스 전략에서 빠질 수 없는 인물은 일론 머스크다. 가짜뉴스가 유통되던 거대 플랫폼 트위터를 인수해 〈X〉로 개칭한 그는 대선 과정에서 트럼프를 초청해 2시간 동안 실시간 대화를 나누고 펜실베이니아 집회를 생중계했으며, 2억 2000만 명의 X 팔로워에게 선거와 관련된 음모론을 뿌렸다. 미국의 〈NBC뉴스〉는 2024년 10월 '머스크가 X를 친親트럼프 반향실Echo chamber로 만든 방법'이라는 기사에서 머스크의 활약을 소개했다. 이 기사에 따르면 머스크는 트위터 시절에 해고된 음모론자들을 재고용했으며 음모론을 유포하다가 폐쇄된 계정 6만 개의 활동 재개를 허용했다. 정치적 논쟁을 주도하던 우파 엘리트들은 이러한 과정을 통해 단합한 뒤 여론의 중심부를 공략하는 방향으로 나아갔다. 머스크가 불러들인 '뉴스 브로커'들은 2024년 7월 트럼프 암살 시도 이후 3일 동안 관련 뉴스 120만 개를 다시 올렸는데, 이들의 뉴스 확산량은 일반 언론보다 12배가량 많았다. 의회에서도 트럼프를 지지하는 공화당 의원들이 X에다 콘텐츠를 공유할 가능성이 민주당보다 5배 높다는 분석이 나왔다. 머스크의 X는 페이스북이나 블루스카이 등 다른 소셜미디어에 비해 트럼프 지지자들을 현저하게 결집시키는 역할을 수행했다는 평가를 받았다. 2016년 대선 이후 공유 콘텐츠의 당파적 편향 논란으로 공격받았던 페이스북 등은 2024년 대선에서 이용자들의 정치 성향 변동이 미미했다. 반면 X에서 정치적 우파라고 밝힌 이용자는 2024년 대선 이전 9%를 차지했다가 대선 직전 20%로 치솟았다. 좌파라고 밝힌 이용자는 28%에서 15%로 떨어졌다. 다른 소셜미디어가 얼음처럼 굳어 있는 사이 X만 우파의 결집소가 된 것이다. 그러한 상태에서 트럼프 캠프가 가짜뉴스 전략으로 메시지를 던지면 머스크가 사람들을 불러들여 지지층을 단단하게 굳히는 역할을 맡아 막판 승리로 이끌어낸 것으로 관측된다. 반면 민주당 선거 캠프는 성소수자나 이민자 옹호와 같은 저변 이슈에 함몰되는 등 경직된 조직 운영으로 가짜뉴스에 대한 대응이 미흡했다는 평가를 받았다.

   세계 최대 강국 미국에서 정식 미디어로 인정받지 못했던 가짜뉴스가 2차례에 걸쳐 대선 전략으로 활용된 것은 2차 세계 대전이 끝난 이후 자유주의 국가에서 전례를 찾기 힘든 현상이다. 주류 언론이 가짜뉴스의 선전대로 전락하는 현상도 가짜뉴스 고도화 단계의 단면을 보여준다.

타국에 대한 여론 압박과 간섭

최근의 가짜뉴스는 국가나 조직의 지원을 등에 업고 다른 나라의 여론을 압박하는 전략에 활용되고 있다. 이는 가짜뉴스의 위력을 보여주는 고도화 단계의 또 다른 특징이다. 국가가 가짜뉴스 생산에 개입하면 막대한 국가 자원을 동원해 그 영향력이 기하급수로 올라간다. 국가 기관이나 조직의 지원을 받는 가짜뉴스는 일국 차원에서 권력자의 통치 기반을 확대하는 데 그치지 않고 국가 간 일상적 심리전 수단으로 악용된다.

국가 기관이 가짜뉴스 생산과 유포에 개입하는 현상은 냉전 시기 미국의 CIA와 소련의 KGB의 여론 침투 및 확산 작전에서 이미 나타났다. 미국은 1990년대 초반 중동전쟁에 개입할 당시 '이라크에 대규모 살상 무기나 화학무기 저장소가 있다'와 같은 가짜뉴스를 퍼뜨려 전쟁의 명분을 확보했다. 소련도 중동이나 비동맹 국가의 언론을 매수하여 미국을 흔드는 작전을 벌였다. 이는 냉전이라는 국면에서 자국민이나 동맹 국가에 체제 우위를 선전하려는 심리전에 가까웠다.

하지만 최근에 국가가 개입한 가짜뉴스 전략은 냉전 시절의 심리전이나 체제 경쟁 수준을 넘어섰다. 평상시 타국의 국민적 의사 결정에 영향을 미치기 위해 수시로 가짜뉴스가 동원되고 있다. 냉전 시절 자국 국민들을 속이고 타국을 교란하기 위한 심리전과는 차원이 다르다. 근래 타국의 여론을 흔들어 자유로운 의사 결정을 방해하는 국가로는 러시아와 중국이 지목된다.

1991년 소련이 붕괴되고 보리스 옐친 대통령이 집권하자 러시아의 가짜뉴스 기세는 수면 아래로 파묻히는 듯했다. 그러나 블라디미르 푸틴 대통령이 재집권한 이래 러시아는 자국 뿐만 아니라 서방 국가에다 가짜뉴스를 은밀하게 확산시키고 있다.

다른 나라 대선 지원, 세밀한 기법까지 전파

2024년부터 2025년까지 진행된 루마니아 대선 과정을 보면 러시아의 개입이 어느 정도 영향을 미쳤는지 가늠할 수 있다. 2024년 11월 루마니아 1차 대선에서 가짜뉴스 유포자들은 텔레그램과 틱톡을 통해 여론과 지지율을 조작했다는 의심을 받았다. 러시아와 가까운 후보로 알려진 컬린 제오르제스쿠 후보는 폐쇄형 사이트인 텔레그램에서 틱톡 계정 2만 5000개를 관리하며 지지율을 끌어올렸다. 이 후보는 대선 2주일 전 지지율이 10%에 불과했지만 틱톡 휴면 계정 800개를 활성화시켜 자신의 홍보물을 온라인에 대규모로 유포해 지지율을 23% 이상으로 끌어올려 1차 투표에서 1위를 차지했다. 이를 수상히 여긴 루마니아 정보국SRI은 이 후보의 틱톡 유세 과정과 외부 세력 개입 정황을 조사했다. 정보국의 조사 결과 러시아가 몰도바 등에서 이용한 수법과 유사한 패턴이 발견됐다. 제오르제스쿠 후보는 온라인이 아닌 입소문을 통해 지지율을 끌어올렸다고 주장했지만 대선 캠프 운영자들은 텔레그램을 통해 틱톡 계정 사용자들에게 틱톡 알고리즘을 효과적으로 활용하는 방법, 당국의 검열을 회피하는 편집 기법을 알려준 것으로 조사됐다. 틱톡 사용자들이 게시물을 올릴 때 후보 이름과 관련된 해시태그를 붙이도록 하고 게시 시간도 미리 지정해놓아 후보 언급 비율이 급상승하도록 조작했으며, 해당 게시물이 정치 선전물로 인식되지 않도록 개인적인 유머나 이모지를 첨가하여 게시물이 개인 의견인 것처럼 위장하는 방법도 알려줬다. 제오르제스쿠 후보는 선거운동에서 돈을 쓰지 않았다고 거짓말을 했지만 당국의 조사 결과 캠프 운영자들은 유명 인플루언서에게 게시물 1건당 80유로를 지급했다. 게시물을 올려준 틱톡 사용자들에게는 38만 1000달러를 뿌렸다. 이 자금의 출처는 암호화폐 사용자로 루마니아 국적을 갖고 있었지만 SRI는 그 배후에 러시아가 있다고 추정했다. 이를 근거로 루마니아 헌법재판소는 1차 투표를 무효라고 결정하고 제오르제스쿠의 출마 자격을 박탈했다.

이 같은 결정이 나오자 러시아의 지원을 받는 세력들은 소셜미디어를 통해 "루마니아와 러시아의 전쟁이 임박했고 징집령과 계엄령이 선포된다"라는 가짜뉴스를 또 뿌렸다. 이어 "재선거가 유럽연합의 음모로 빚어진 쿠데타"라는 허위 사실을 온라인으로 유포됐다. 루마니아 비정부기구가 X 게시물을 분석해본 결과 이와 같은 가짜뉴스를 올린 계정은 286개(총 계정의 45%)에 이르렀다. 이는 평상시보다 10% 가량 높은 빈도였다.

민주주의 방해하는
가짜뉴스

유럽연합은 국경을 넘는 이 같은 선전전을 '러시아 게이트'라고 명명했다. 이에 앞서 유럽연합은 2024년 의회 선거에서 러시아 측의 선전 공세와 후보 매수 의혹으로 홍역을 치렀다. 러시아 측이 뿌려댄 가짜뉴스는 주로 난민에 대한 인종 혐오, 유럽연합과 관련 기구에 대한 분노를 불러일으키는 내용이 많았다. 유럽연합 측은 이 같은 가짜뉴스가 선거 참여에 대한 의욕을 떨어뜨리고 민주적인 절차를 방해하는 행위라고 규정하고 국가별로 가짜뉴스 대응 조직을 두고 집단 대응에 나서기도 했지만 가짜뉴스 침투를 차단하지는 못했다. 여기에 더해 유럽의회 의원 선거에 나선 후보에 대한 매수 의혹도 불거졌다. 2024년 3월 체코 당국은 일부 의원이 친親러시아 후보를 당선시키려는 선전 세력에게 금품을 받았다는 조사 결과를 공개했다. 벨기에 경찰은 이 사건이 "민주적 선거 절차에 영향을 미치려 한 사건"이라고 규정하고 수사에 착수했다. 로베르타 메촐라 유럽의회 의장도 "우리가 오랫동안 경고해온 가짜뉴스는 그냥 단순한 위협이 아니다"라며 가짜뉴스의 진원지로 러시아와 중국을 지목했다.

중국의 회색지대 압박 전략에
동원된 가짜뉴스

가짜뉴스를 이용한 중국의 심리전은 2022년 8월 낸시 펠로시 미국 하원의장이 대만을 방문하기 전후하며 그 단면을 드러냈다. 펠로시 의장이 공개적으로 대만을 옹호하기 위해 대만을 방문한다는 사실이 알려지자 중국은 교묘한 심리전을 벌였다. 당시 대만 국방부는 "중국 공산당이 22일간 대만에서 가짜뉴스를 퍼뜨리려는 시도를 272회에 걸쳐 적발했다"라고 밝혔다. 중국이 퍼뜨린 가짜뉴스는 주로 대만 군인과 민간인의 사기를 떨어뜨리는 내용(130건), 무력 통일 분위기를 조성하는 내용(91건), 대만 정부의 권위를 공격하는 내용(51건) 등 3가지 유형으로 분류됐다.

당시 중국의 심리전은 회색지대 압박Grey zone pressing 전략의 일환으로 분석됐다. 회색지대는 경계가 모호한 곳으로 다중적 의미로 쓰인다. 공간적으로는 대만과 중국 본토 사이 국경을 정확하게 정하지 못하는 곳을 지칭하고, 시기적으로는 전시와 평시를 구분하기 어려운 때를 말하기도 한다. 이 같은 회색지대에서 중국은 대만에 대한 지속적인 압박을 통해 대만 여론을 흔들려는 의도로 가짜뉴스를 집중적으로 유포한 것으로 보였다. 미국 중요 인사의 대만 방문을 앞둔 당시 중국은 대만 영공과 영해 인근에서 군사적 압박 작전도 병행했다. 중국은 펠로시 미 의회 의장이 방문하기 전부터 대만 인근에서 실탄 사격 훈련과 전투기 근접 비행을 통해 전쟁을 방불케 하는 작전을 벌였다. 펠로시 의장의 방문이 임박하자 중국은 사이버 공간을 통한 공격에 들어갔다. 이로 인해 대만 총통부 웹사이트가 한때 먹통이 됐다. 또한 대만의 편의점에 있던 TV 화면에는 '펠로시는 대만을 떠나라'는 자막이 뜨는 일이 발생했다. 편의점 종사자들은 "TV가 정상적으로 나오다가 손님이 결제하기 위해 다가오면 문제의 자막이 떴다"라고 말했다. 당일 대만 외교부, 국방부, 타오위안 국제공항, 대만 철로관리국, 대만전력공사TPC의 웹사이트와 전산시스템이 사이버 공격을 받아 정상 작동이 되지 않았다. 이어 국립 대만대 교무처와 연구개발처 홈페이지에 빨간색 바탕에 금색과 흰색으로 쓰인 '세계에는 오직 하나의 중국만 있다'라는 메시지가 올라왔다. 대학 측은 이 문구가 대만에서 사용하는 번체자繁體字가 아닌 중국에서 사용하는 간체자簡體字로 쓰였다는 점에서 해킹 발신지를 중국으로 의심했다.

타국 여론 공방과
공포심 조장을 유발한 전술

통상 중국의 그레이존 압박 전략은 장기간에 걸쳐 저강도로 진행되는 것으로 알려져 왔다. 통일 전쟁을 준비하는 과정에서 평시에 저강도 심리전을 통해 대만 여론을 흔들어놓는다는 의도가 깔려 있다. 그런데 펠로시 의장의 방문을 계기로 강도를 약간 높였는데, 전시에 벌어지는 양상을 어느 정도 보여줬다. 당시 대만 국방부는 중국의 인지전Cognitive warfare에 주목했다. 이는 가짜뉴스를 통해 대만 여론을 제압하는 전술이다. 중국은 '대만 티오위안 공항을 미사일로 공격했다', '중국 군함이 대만 동부 해안에 근접했다'와 같은 가짜뉴스를 소셜미디어에다 집중적으로 뿌렸다. 대만 정부는 "그런 사실이 없다"라고 반박하자 여론의 관심은 중국군의 진격에 쏠렸다. 전시에나 벌어질 법한 심리전은 평시에 이와 같은 가짜뉴스로 뒤덮였고, 그 전술은 성공을 거두었다는 평가를 받고 있다. 가짜뉴스를 통해 중국군의 존재감이 드러났고, 여론 공방이 뜨거워지면서 공포감이 조장됐기 때문이다.

중국의 인지전은 대만 정부의 무능과 이에 대한 여론 악화를 노렸던 것으로 분석됐다. 중국 관영 환구시보는 당시 중국 구축함 난징호가 대만 동부 화롄시의 호핑 발전소에서 11.78km 떨어진 곳까지 진입했다고 주장했다. 영해의 기준인 12해리(약 22㎞) 안으로 진입했다는 것이다. 중국 당국은 이어 관련 사진과 영상도 공개했다. 대만은 이에 대해 환구시보에 실린 함정과 해상 위치가 조작됐다고 반박했다.

  이 같은 평시 심리전에 동원되는 가짜뉴스는 국가 차원의 지원을 등에 업고 한순간에 폭발적으로 늘어나 타국의 민심을 뒤흔들어 놓을 수 있다. 전시가 아닌 평시에도 타국의 의사 결정을 왜곡하거나 방해할 목적으로 가짜뉴스 배포를 노골화하는 것은 최근 고도화 단계의 또 다른 특징이다. 이러한 특징은 지금 시대의 가짜뉴스를 다른 시대와는 다른 시각으로 분석해야 한다는 점과 함께, 과거와 같은 방식으로 대처했다가는 무방비 상태로 놓일 수 있다는 점을 일깨워준다.

개인도 운영하는 가짜뉴스 공장, '선순환' 구조

2016년 미국 대선 전 소셜미디어 페이스북에서는 '프란치스코 교황, 트럼프 지지로 세계를 놀라게 하다'라는 가짜뉴스가 올라왔다. 이 뉴스는 순식간에 퍼져나가 96만 건이나 공유됐다. 대선 당시 가짜뉴스 공유 순위 1위로 떠올랐다. 〈BBC〉 등 주류 언론들이 이 뉴스를 올린 사이트와 기사 작성자를 찾아냈다. 가짜뉴스를 올린 사람들은 뜻밖에도 마케도니아의 작은 마을에 살고 있는 10대 소년들이었다. 이들은 가짜뉴스 웹사이트를 100개 정도 운영하면서 하루에 8~10건의 가짜뉴스를 올린다고 했다. 이 소년들은 '클린턴이 테러 조직에 무기 판매 확인'과 같은 가짜뉴스를 시리즈로 올려 연속 히트를 쳤다. 소년들은 BBC와 인터뷰에서 "미국인들은 우리의 기사를 좋아했고, 그들

덕분에 돈을 벌었다"라고 말했다. 이들이 그해 8월부터 11월까지 광고 수익으로 벌어들인 돈은 1만 6000달러. 당시 마케도니아의 월평균 수입은 400달러 수준으로 소년들이 벌어들인 광고 수입은 마케도니어 생활자의 13배 정도였다. 대부분의 가짜뉴스는 사이트 운영자나 수입을 은밀하게 숨기는데 이 소년들은 자신의 수입을 밝혔다. 그러면서 서방 언론사 기자들에게 "뉴스가 진실이지 거짓인지 누가 신경 쓰겠느냐"라고 되물었다. 미국에서 떠도는 가짜뉴스가 마케도니아 촉법 소년에게는 그렇게 인식될 수밖에 없었지만 선거를 치른 미국 유권자들, 특히 힐러리 클린턴을 지지했던 사람들은 표를 도둑맞았다고 생각하기에 충분했다.

    이 사건은 가짜뉴스의 협업 관계와 생태계를 드러내고, 가짜뉴스가 어느 단계에까지 이르렀는지를 보여주는 계기가 됐다. 소년들은 1인 미디어 시대의 기술을 익혀 일찌감치 돈벌이에 뛰어든 상황이었다. 1인 미디어의 위력을 서방에 알린 이들은 자국 내에서 그 생리를 알고 있었다. 가짜 의료 조언 사이트를 만들어 가짜기사와 함께 광고를 올리고 사이트 이용자들이 광고에 클릭하면 수익을 올리는 방식에 이미 익숙해 있었다. 그런데 미국 대선이 다가오자 수익을 크게 늘릴 기회를 만들었다. 소년들은 준비된 '사업자'였다. 그런데 그 사업의 매개체가 바로 가짜뉴스였고 마케도니아 현지 마을에 돈을 돌게 만들었다. 개인 미디어가 가짜뉴스를 통해 순식간에 국제적 협업의 순환 고리를 만들어 수익을 크게 늘린 셈이다.

국제 분업 고리로
순식간에 수익 증대

이 소년들은 마케도니아 현지에서 크게 비난받을 일은 없었던 것으로 보인다. 예상치 못한 외화 수입에 경제적 이득을 안겨 주었기 때문이다. 그런데 미국 유권자들은 참정권 행사에서 되돌이킬 수 없는 타격을 받았다. 일각에서는 미국 유권자들이 가짜뉴스를 읽어보고 후보자 선택이 바뀌지는 않았다는 설문을 토대로 가짜뉴스의 영향력이 그리 크지 않았다고 주장하지만, 트럼프 후보가 가짜뉴스를 통해 여론을 뒤집는데 마케도니아 소년들의 가짜뉴스가 아무런 영향을 미치지 않았다고 단정할 만한 근거 또한 없다.

마케도니아 마을 소년들이 가짜뉴스 생산자로 활동한 것은 가짜뉴스 수혜자 입장에서는 생산과 유통의 다변화이자 생태계 '선순환' 구조의 완성이다. 인터넷 매체가 발달하면서 1인 미디어는 영향력 확대의 잠재력을 인정받았지만 대선이라는 국가 행사에서 '악의 연결고리'가 완성되는 것은 미국에서는 예상치 못했던 일로 보인다. 물론 한국 등 인터넷과 모바일 콘텐츠가 상대적으로 일찍 보급된 나라에서는 마케도니아 소년들처럼 '가짜뉴스 공장'을 운영하는 1인 미디어가 그리 낯설지는 않다. 인터넷이 보급되던 시대에 이미 출현해 사업의 기반을 확보했기 때문이다. 정치 이벤트를 주도하는 가짜뉴스 생산이 종전의 국가 기관이나 사회단체 중심에서 1인 미디어까지 다변화함으로써 생산과 유통의 주체는 이제 개인-사회-국가를 망라하는 단계로 접어들었다. 이런 변화는 가짜뉴스 생태계 변동과 함께 고도화 수준을 보여준다.

마케도니아 소년들과 유사한 동기에서 출발해서 가짜뉴스를 생산한 뒤 돈을 벌어들인 개인은 비슷한 시기 미국에서도 출현했다. 2016년 9월 대학을 갓 졸업한 캐머런 해리스는 사용 기간이 만료된 인터넷 도메인 하나를 사들이고 〈크리스천타임스뉴스페이퍼닷컴〉이라는 사이트를 만들었다. 이 사이트에다 그가 처음 올린 가짜뉴스 제목은 '긴급 속보:오하이오 창고에서 클린턴 부정표 수만 장 발견'이었다. 오하이오주에 사는 어느 전기 기사가 힐러리 클린턴에게 기표된 투표용지를 창고에서 발견했다는 내용이었다. 이 기사는 트럼프 진영의 폭발적 댓글 반응을 불러일으키면서 조회수가 순식간에 600만 회를 넘어섰다. 〈뉴욕타임스〉가 이 뉴스의 생산자가 해리스임을 밝혀냈지만 해리스는 이미 조회수에 따른 광고료를 받아 챙긴 뒤였다. 가짜뉴스를 만들기 전 대학 학자금 대출을 다 갚지 못했던 해리스는 이 기사를 올리면서 미국 공화당에서 유명 인사가 되고 자금난도 해소했다.

1인 미디어의 위험 중의 하나는 기사 작성과 전파 과정에서 게이트 키퍼Gatekeeper가 없다는 점이다. 전통 언론사 편집 부서에는 현장 기자가 올린 기사를 단계별로 검증하고 오류를 수정하여 인터넷에 올리는 공정이 있다. 그런데 1인 미디어는 뉴스 생산부터 유통까지 모두 운영자가 직접 판단하고 결정한다. 1인 미디어에서 생산된 콘텐츠가 사실에 기반해 있다고 할지라도 사실의 구성과 전개, 편집과 제목에서 결함이 나타나기 쉽다. 이같은 환경에서 1인 미디어가 가짜뉴스를 작심하고 만들 경우에는 그 진실성은 어디에서도 찾아낼 수 없다. 가짜뉴스 수혜자 입장에서 볼 때는 게이트 키퍼가 없다는 것은 인터넷 시대부터 기회 요인이었다. 그 기회가 정략적 목표에서 포착되든, 비즈니스 목표에서 시작하는 것이든 가짜뉴스 이용자가 개인과 접점을 이뤄 '대박'을 터뜨리는 것은 시간의 문제였다. 위에서 언급한 마케도니아 소년들과 해리스는 미국 대선이라는 이벤트를 통해 가짜뉴스 수혜 세력과 거래를 이뤄내면서 1인 미디어의 잠재력을 현실로 바꾸어 놓았다. 이제 1인 미디어는 누구나 마케도니아 소년들처럼 가짜뉴스 거래로 사업체를 운영할 수 있다. 그것도 비난을 피하는 조건이라면 '무한한 잠재력의 폭발'이라고 말할 수 있다.

가짜뉴스 이용자 욕망을
읽는 능력이 성공 비결

1인 미디어의 잠재력을 폭발시킨 가짜뉴스 생산자들은 누구의 제지도 받지 않고 손쉬운 편집 과정을 통해 콘텐츠를 양산했다. 마케도니아 소년들은 미국 극우 웹사이트에서 기사를 복사한 뒤 기사 제목을 선정적으로 바꾼 것이 편집 작업의 전부였다. 10대 소년들은 기사를 자신의 사이트에 올린 다음 뛰어난 소통 능력을 발휘했다. 소셜미디어에 가짜 계정을 만들어서 자신들의 웹사이트로 유인하는 링크를 올렸으며, 페이스북에다 자신들의 가짜뉴스를 알리는 유료 광고를 올리기도 했다. 미국의 해리스도 뉴스를 올릴 때 진입장벽이 없는 상황에서 투자 대비 이익을 극대화했다. 뉴스 콘텐츠를 만들어본 경험도 없던 해리스는 자신의 부엌 식탁에 앉아서 커피 한 잔 값으로 도메인을 사들여 웹사이트를 구축하면서 언론사로 위장하기 위해 각종 기사의 제목을 달고 사진을 갖다 붙였다. 해리스가 가짜뉴스를 생산하면서 한 일은 독자층을 선정하고 그들의 욕구를 파악해서 가짜뉴스에다 팝업 창을 붙이는 것이었다. 그는 부정 투표 의혹을 알리는 자신의 가짜뉴스를 클릭하면 '우리는 힐러리가 예비 선거를 훔쳤다는 사실을 이미 알고 있다. 그녀가 대통령 선거까지 훔치게 내버려 둘 수 없다'라는 내용의 배너를 읽게 만들었다. 이것이 가짜뉴스 이용자의 욕망을 파악해 높은 조회율과 수익을 올린 비결이다. 가짜뉴스로 수익을 챙긴 해리스는 당시 〈뉴욕타임스〉와 인터뷰에서 "트럼프 지지자 사이에서는 미디어에 대한 극심한 불신이 있었기에 트럼프의 주장을 그대로 따라 쓴 기사가 있다면 무엇이든지 간에 클릭할 것으로 예상했다"라고 말했다. 미디어에 대한 불신을 대안언론과 가짜 콘텐츠 소비로 바꾸는 방식은 가짜뉴스의 전형적인 수법이다. 해리스는 팝업창을 붙이는 재능만으로 그 수법을 충분히 활용했다.

1인 미디어를 통한 가짜뉴스 생산과 유포는 2010년대 후반 유튜브의 부상 흐름에 올라타면서 2000년 초 닷컴 버블 시대와 버금가는 융성기를 맞았다. 유튜브 채널을 통해 가짜뉴스를 생산하는 사람들은 1인 미디어의 힘을 과시하는 데 그치지 않고 사회에 악폐를 쌓고 있다. 코로나19 확산 시절 "정부가 백신 주사를 통해 감시 칩을 심었다"라며 음모론을 제기하며 언론의 관심을 받았던 알렉스 존스A. Jones가 그런 인물이다. 존스는 2012년 일어난 샌디훅 총격 사건이 오바마 행정부 시절 경찰에 의해 조작된 사건이라는 동영상을 유튜브에 올렸다. 샌디훅 총격 사건은 2012년 12월 미국 코네티컷 주의 샌디훅 초등학교에 난입한 20세 범인이 총기를 난사해 어린이 20명과 교사 6명을 살해한 뒤 스스로 목숨을 끊은 사건이다. 가짜뉴스 사이트 〈인포워스〉Infowars를 운영하던 존스는 음모론을 퍼뜨리며 불법 행위를 저질러왔다. 그가 주장한 음모론은 "이 사건이 총기 규제를 원했던 버락 오바마 당시 행정부와 주류 언론에 의해 조작됐다"라는 것이다. 유튜브를 통해 그의 음모론을 전해 듣고 사실이라고 믿었던 일부 추종자들은 피해자 유가족 집에 찾아가 진실을 털어놓으라고 강요하고 살해 협박 행위까지 일삼았다. 총격 사건으로 7살 아들을 잃은 아버지는 아들의 묘에 음모론자들이 뿌린 소변을 보고 진저리를 쳤다. 총격 사건 당시 학생들을 지키려다 목숨을 잃은 초등학교 교장의 딸 에리카 래퍼티는 성폭행 위협이 담긴 편지를 받았다.

피해자 괴롭히는 괴물이 된
거대 1인 미디어

존스는 음모론을 뿌리면서 동영상을 통해 접속자를 늘리며 거액을 벌어들였다. 인포워스는 2016년과 2018년 사이에만 1억 6000만 달러의 매출을 올렸다. 이 매출에는 건강보조식품과 생존 키트를 판매한 돈도 포함됐다. 존스는 백신과 건강 관련 음모론을 퍼뜨리고 건강보조식품과 생존 키트를 팔아왔다. 가짜뉴스 생산과 유포가 더 이상 생계형 사업이 아닌 거대 비즈니스로 변모한 현실을 그대로 보여준다. 2022년 미국 법원은 사망자 유족과 경찰이 청구한 명예훼손 재판에서 존스에게 배상금 9억 6500만 달러(1조 3800억 원)를 지급하라고 명령했다. 이 재판이 진행되던 과정에서 그의 유튜브 계정도 폐쇄됐지만 그는 인포워스 사이트를 통해 생방송을 계속했다.

유튜브 채널을 통해 뉴스를 생산하거나 유포하는 사람들은 2000년대에 그랬듯이 '대안 언론'이라고 자처한다. 이들은 "유튜브에는 필요한 정보와 뉴스가 텔레비전이나 신문보다 풍부하다"라고 설파하며 기성 언론에 대한 불신감을 퍼뜨리면서 뉴스의 중심이 유튜브라고 주장한다. 이는 인터넷이 확산되던 시절 가짜뉴스 생산과 이용 세력이 이용하던 수법들 중 하나이다. 유튜브에서 쏟아지는 가짜뉴스가 소비자들이나 공공 기관에 의해 제대로 걸러지지 않는다면 존스와 같은 1인 미디어 괴물이 대거 늘어날 것이다.

소비자 판단
흐려놓는
고도의 기만술

러시아와 중국의 전투기들은 한국방공식별구역(KADIZ, 카디즈)의 가장자리 위로 이따금 출몰한다. 한국군이 영공 침해 우려를 제기하면 이들 국가의 외교부는 "국제법적으로 영공 침해가 아니다"라고 반박한다. 카디즈가 임의로 설정된 구역인 데다 하늘에 명확한 경계도 없으니 침공이라고 하기는 어렵다. 그렇다고 이 위협 비행을 좌시할 수도 없어서 출몰할 때마다 대응할 수밖에 없다. 그런데 이렇게 반복 대응하다가는 러시아와 중국이 그려놓은 큰 그림과 전략에 말려들 위험이 크다.

카디즈 경계선 위를 비행하는 외국의 전투기는 최근 가짜뉴스의 수법과 닮아있다. 교묘한 가짜뉴스는 사실과 의견의 경계를 넘나들면서 검증 가능한 사실과 검증 불가능한 예측, 사실과 허위를 적절히 뒤섞어서 독자와 시청자들을 속인다. 콘텐츠 소비자들을 감쪽같이 속였으면서 사실이라고 주장하며 정권을 탈취하거나 수익을 챙겨간다. 인터넷 보급 초창기의 가짜뉴스들은 누군가 추적과 분석에 시간을 들이면 허위로 판별할 수 있었는데, 최근에는 진위 판별이 불가능한 경우가 점점 많아진다. 인공지능 기술까지 갖추고 고도의 기만술을 이용하기 때문이다.

응답자 60%,
"가짜뉴스 구별 어렵다"

미국 광고 컨설팅 회사인 〈에델만 트러스트 바로미터〉Edelman Trust Barometer가 2023년부터 2024년까지 28개 국가에 거주하는 3만 2000명의 시민들을 대상으로 미디어 신뢰도를 조사한 결과 응답자의 58%가 "가짜뉴스와 진짜 뉴스를 구별하는 것에 자신이 없다"라고 답했다. 이 조사에서 응답자 64%가 "미디어가 사람들을 속이려 한다고 느낀다"라고 대답해 미디어 전체에 대한 신뢰도가 더 낮아질 수 있음을 시사했다. 가짜뉴스로 인해 진짜 뉴스를 생산하는 주류 미디어가 직접적인 타격을 받는 것이 현실이다. 뉴스 소비시장은 한정돼 있기 때문에 주류 미디어가 타격을 받는 만큼 가짜뉴스가 이득을 보는 구조다.

지금은 가짜와 진짜를 구별하지 못하게 하는 기술은 가짜뉴스 세력의 전매특허가 됐다고 말할 수 있는 단계에 이르렀다. 이미 밝혀진 사실에다 의견이나 허위 정보를 일부 첨부해서 단순한 가짜뉴스를 만드는 것은 이들의 고전古典이 됐다. 예를 들어 보자. 2016년 미국 대선 당시 트럼프 후보는 "미국에서 특정 지역에서 범죄율이 높은 것은 이민자들의 폭력 때문"이라고 주장했다. 미국에서 이민자가 많이 사는 남부 지역의 범죄 비율은 38%로, 동북부 17%보다 높은 것은 사실이다. 여기에다 트럼프는 이민자 폭력이 이 지역 범죄 비율을 높인다고 원인 분석을 했다. 그렇지만 이 원인 분석은 트럼프 개인 의견에 불과하다. 미국 FBI가 그렇지 않다고 해명해도 사실이라고 주장하며 유권자들의 반反 이민 정서를 이용해 대선에서 표를 얻었다.

정보 공백 지대에
시차 공격

정보의 공백 상태를 이용해 대중을 속이는 것도 가짜뉴스의 '특권'처럼 됐다. 대규모 재난이나 사건이 벌어졌을 때 진상 규명까지 정보의 공백 상태가 생긴다. 이 상태에서는 대중이 사건에 대한 추측과 루머에 눈 돌리며 원인이 무엇일지 궁금해하는데 그 공백을 먼저 채우는 주체는 대부분 가짜뉴스 세력이다. 당국이 진상 조사를 마칠 때까지 가짜뉴스 세력은 시차時差 공격에 들어간다. 세월호 고의 침몰

설과 관련된 가짜뉴스가 그랬다. 2024년 7월 영국에서도 가짜뉴스의 시차 공격이 진행됐다. 흑인 미성년자가 흉기로 어린이들을 찔러 숨지게 한 사건에서 가짜뉴스가 정보의 공백을 채우면서 폭동 사태를 유발했다. 영국 경찰이 용의자가 미성년자라서 신원 공개를 미루는 사이 가짜뉴스 세력은 용의자를 '이슬람교 출신 난민 신청자'로 몰고 갔다. 용의자는 이슬람교와 무관한 르완다 출신의 정착민으로 뒤늦게 밝혀졌지만 영국 전역에서 이민 규탄 집회가 열리고 '무고한' 이민자 시설과 상점이 불에 탔다.

현재와 미래의 시제를 교묘하게 바꿔치기하면서 대중을 속이는 수법도 일반인들이 파악하기 어렵다. 검증할 수 없는 미래 전망을 현재의 사실처럼 보도하는 가짜뉴스가 그런 사례다. 2016년 영국에서 유럽연합EU 탈퇴, 즉 브렉시트BREXIT를 결정하는 투표를 앞두고 가짜뉴스 세력들은 탈퇴하면 의료 천국이 열리는 것처럼 선전했다. 유럽연합에 내는 부담금을 영국의 의료보험에 투입하면 의료 혜택이 크게 늘어난다고 했지만, 막상 브렉시트가 결정되자 의료 천국은커녕 뒤늦게 후회하는 국민들만 늘었다. 진정한 가짜뉴스 세력들은 자신들이 유포한 정보가 허위로 드러나도 좀처럼 수정하지 않는다. 그 대신 음모론을 다시 꺼낸다. 트럼프 2기 정부에서 보건복지부 장관으로 취임한 케네디 주니어가 그랬다. 그는 코로나 백신이 일부 부작용에도 불구하고 팬데믹을 막았다는 사실을 부정한 데 이어 2025년 장관에 오른 뒤에도 백신 보급에 제약사의 음모가 있다고 주장했다. 지구 온난

화로 해수면이 상승해 몇년 안에 뉴욕이나 상하이 같은 세계 주요 도시가 수몰된다고 주장하는 뉴스도 검증이 어려운 미래 전망을 현실처럼 보도하는 가짜뉴스로 분류된다. 1980년대부터 제기된 '도시수몰설'에도 불구하고 수몰된 도시는 나타나지 않았다. 몇 년 안에 지구 종말이 온다고 주장하는 가짜뉴스와 본질적으로 유사하다. 이 같은 사례는 차고 넘쳐서 모두 열거하기 어려울 정도인데, 엄밀한 검증을 할 수 없거나 전문 지식이 부족한 일반인들은 사실로 오인하기 쉽다.

검증 불능 영역은
가짜뉴스 놀이터

먼 미래가 아닌 현재 시점에서도 사실 확인이 불가능한 경우가 많다. 전쟁이나 군사 비밀 같은 것이 그러한 영역인데 이 영역은 가짜뉴스의 놀이터가 된다. 전쟁 상황에서 독자의 관심에 민감한 일반 언론도 가짜뉴스의 속임수에 낚여서 가짜뉴스를 인용할 우려가 크다. 2022년 러시아-우크라이나 전쟁 초기 일부 언론은 '우크라이나 남부 지방에 나치 추종자들이 있다'라는 러시아의 선전에 속아 나치 추종자들이 우크라이나에서 크게 활약하는 것처럼 보도했다. '탈脫나치화'는 러시아의 침공 명분이었는데, 개전 초기 이를 확인할 방법이 없었다.

2025년 9월 6일 캐나다 호위함과 호주 구축함이 대만해협을 통과할 때 중국 언론은 "중국 인민해방군이 상황을 완전 통제했다"라고 보도했다. 중국군이 분쟁의 소지가 있던 해역에서 실제로 외국 군함을 통제했는지는 다른 나라에서 확인할 수 없었음에도 한국의 일부 언론들은 중국 언론 보도를 그대로 옮겼다. 이는 앞서 설명한 대로 중국의 회색지대 압박 전략의 일환이다. 분명한 사실을 회색지대로 몰아넣고 타국을 압박할 때 써먹는다. 중국은 공해公海에 해당하는 대만해협을 자국 영해領海로 만들기 위해 이 전략을 이용한다. 자국 영해가 아닌데도 외국군의 대만해협 통과를 도발이라고 주장한다. 가짜뉴스 이용 세력들이 주류 언론의 보도를 '가짜뉴스'라고 주장하는 것과 맥락이 비슷하다. 가짜뉴스 생산자가 도발자임에도 상대방에다 도발자 프레임을 씌운다. 대만해협에서 '중국이 상황을 통제했다'라는 표현은 마치 중국 해역에서 중국군이 서방 함정의 항행 여부를 좌우했다는 인상을 준다. 어느 나라 선박도 통과할 수 있는 공해를 중국군이 통제하는 중국 영해로 인식하도록 보도하는 것은 명백한 가짜뉴스다. 그럼에도 외국 언론들은 중국 언론의 보도를 그대로 전달하는 사례가 자주 나타난다. 부지불식간에 회색지대 함정에 빠진 것이다.

전문가 사칭에서
인공지능 페르소나로 위장

이처럼 판단을 흐리게 만드는 전략은 한국 서해에서도 구사될 수 있다. 중국이 한국 서해에 설치한 인공 구조물을 근거로 가짜뉴스를 유포하여 공해를 분쟁 지역으로 만들 가능성이 크다. 이에 대비하지 않으면 그러한 가짜뉴스에 속는 한국민들이 늘어날 수밖에 없다.

전문가 사칭도 가짜뉴스의 단골 메뉴가 됐는데 최근에는 그 수준이 고도화 단계에 이르렀다. 뒷장 설득 이론에서 상세하게 설명하겠지만 전문가는 콘텐츠와 관련도가 적은 독자나 시청자를 설득하는 데 중요한 단서가 된다. 독자가 특정 사건에 관심이 없어도 전문가의 말을 인용하면 믿지 않던 사실도 믿을 수 있도록 유도된다. 가짜뉴스 생산자는 이러한 점을 이용하여 허위 정보를 사실로 둔갑시킨다. 2023년 미국 국무부는 보고서를 내고 중국에 우호적인 메시지를 전달하는 전문가를 추적한 적이 있다. 보고서에 따르면 중국을 찬양하던 이판Yi Fan이라는 이름의 작가는 초기에 중국 외교부 분석가로 소개됐다. 이후 그는 언론인으로 변신한 뒤 나중에는 프리랜서 분석가로 등장했다. 그는 기고문을 통해 중국의 대외 정책을 찬양하며 중국이 서구에 맞서 싸워야 한다고 주장했다. 중국 언론에 인용된 윌슨 에드워즈Wilson Edwards라는 과학자는 미국의 팬데믹 대응책을 비판했다. 그는 스위스의 바이러스 과학자로 소개됐지만 스위스 당국은 그와 같은 전문가가 없다고 밝혔다. 베이징 주재 스위스 대사관은 '당신이 존재한다면 만나고 싶다'라는 글을 소셜미디어에 올리기도 했다.

이처럼 실존하지 않는 전문가는 최근에는 인공지능형 페르소나 Persona로 등장한다. 이는 가상의 인격체이지만 사람의 얼굴과 목소리를 그대로 흉내 내는 기술이기 때문에 진짜인지, 가짜인지 알아볼 수도 없을 만큼 검증 난도가 매우 높다. 2022년 러시아-우크라이나 전쟁 당시 러시아는 이 페르소나를 전쟁을 해설하는 여성 앵커로 활용했다. 이 앵커는 우크라이나 군에 불리한 허위 정보를 전파했는데, 이로 인해 가짜뉴스를 믿는 사람들이 늘었다고 전문가들이 분석했다. 최근 AI형 페르소나는 지구촌 곳곳에서 전문가로 활약하면서 선거에서는 여론을 조작하고 시장에서는 가짜제품을 팔고 있다.

메시지 왜곡 심한
영상 대량 유포

가짜뉴스 시장에 AI 기술이 응용되면서 가짜뉴스의 형식적 완성도는 과거에 비할 수 없을 정도로 올라갔다. 이에 따라 가짜뉴스에 대한 소비자 신뢰도도 천정부지로 치솟고 있다. 비영리 저널리즘 연구 기관인 포인터연구소 Poynter Institute가 2023년 단순한 뉴스 기사를 갖고 블라인드 테스트를 진행했다. 실험 참가자 2000 명에게 인공지능으로 작성된 기사와 진짜 기자가 쓴 기사에 대해 신뢰도를 물었다. 그 결과 참가자의 52%가 AI를 통해 작성된 기사가 더 믿을 만하다고 응답했다. 인공지능이 생성한 기사는 제목과 문체, 정보 구성 방식이 더 중립적이고 전문적이라는 평가를 받았다.

가짜뉴스가 인공지능을 적용해 영상 위주로 퍼질 경우 메시지 왜곡이 심해지고 직관적 신뢰도가 올라간다. 최근 가짜뉴스 세력들은 딥페이크 기술로 이용자가 빠르게 볼 수 있는 짧은 영상(쇼츠)을 대량으로 생산하고 있다. 영상 자체가 짧아 그에 담긴 메시지는 전달되는 과정에서 심하게 왜곡되기 마련이다. 가짜뉴스 소비자의 취향을 저격한 이러한 첨단 기법의 영상은 틱톡과 같은 소셜미디어에 끊임없이 떠돌아다니고 있다. 이용자의 소비 패턴까지 파악하고 유포하는 이러한 영상은 확산도 빠르고 검증은 점점 더 어려워진다. 이 같은 유형의 가짜뉴스가 진실로 믿게 만드는 수준은 인터넷 확산 시기와는 질적으로 차이가 난다.

고도의
탐지 회피 전술
"좀처럼 안 걸려"

최근의 가짜뉴스는 인공지능AI 기술과 그 기술이 축조한 네트워크를 올라타고 과거보다 더 지능적으로 생성되거나 유포되고 있다. 이는 인터넷 시대에서 목격할 수 없는 현상으로, 가짜뉴스 고도화 단계를 드러내는 중요한 징표이다.

가짜뉴스 이용자들은 챗GPT와 같은 호재를 놓치지 않는다. 우선 뉴스 검색 시장을 살펴보면 미국에서는 최근 뉴스 검색이 AI 챗봇 중심으로 빠르게 이동했다. 2025년 7월 2일 미국의 웹 조사 전문업체인 〈시밀러웹〉은 '생성 AI의 영향'이라는 보고서를 내고 인공지능AI 검색이 기존 검색을 대체하고 있다는 사실을 데이터로 공개했다. 미국인 중 뉴스와 정보를 찾을 때 챗GPT웹을 사용하는 사람들이 부쩍 늘었다. 2025년 5월 챗GPT웹 사용자는 6개월 전보다 52% 늘었고, 사용자들의 뉴스 관련 검색은 2024년 1월보다 212% 늘었다. 반면 구글에서 뉴스를 검색하는 비율은 16개월 전보다 5%포인트 줄었다. 구글에서 뉴스를 검색할 때 발생하는 트래픽도 2024년 중순까지 매월 23억 건에 달했지만 2025년 중반에는 17억 건 아래로 떨어졌다. 2010년대만 해도 궁금한 정보가 있으면 "구글에 물어봐ask to google"라는 말이 유행했는데 앞으로는 "챗GPT에 물어봐"로 대체될 것으로 예상된다. 챗GPT가 때로는 엉뚱한 답변을 하거나 실재하지 않는 사실을 알려주는 환각Hallucination을 일으킴에도 불구하고 이용자들이 가장 많이 검색한 분야는 주식과 금융으로 절반 이상을 차지했다. 환각 부작용이 있어도 구글이 충족시켜 주지 못하는 정확성과 맞춤형 답변에 대한 신뢰를 유지하고 있다는 의미로 풀이할 수 있다. GPT 검색에서 정치 분야의 비중은 12%를 차지했다. 정치 분야 비중은 1년 전보다 1.5배 늘었다. 양극화가 심화하는 미국 사회에서 챗GPT를 통한 정치 분야 검색 비중이 증가한 것은 흥미로운 대목이다.

챗GPT와 같은 인공지능 환경은 가짜뉴스의 활성화 터전이다. 2023년 5월 구글에서는 '바이든 사망, 해리스 대통령 직무 대행'이라는 가짜뉴스가 올라왔다. 유명 인사들의 부음을 알리는 웹사이트가 올린 뉴스였는데, 인공지능이 작성한 가짜뉴스라고 미국 언론들이 보도했다. 미국 언론들은 당시 인공지능을 기반으로 생성된 가짜뉴스 사이트가 40개가 넘는다고 밝혔다. 미국의 지역 신문인 〈필라델피아 인콰이어러〉는 2024년 초 필라델피아 보안관 선거 과정에서 등장한 뉴스가 검증되지 않는 콘텐츠라고 지적했다. 여성 보안관 후보자를 알리는 뉴스는 인공지능이 생성한 것이었다. 이 후보자는 사실에 기반해서 후보를 알리는 콘텐츠를 작성했다고 주장했지만 지역 언론이 허위 사실이라고 끈질기게 보도하자 후보자 측은 20여 개의 콘텐츠를 선거캠페인 사이트에서 삭제했다.

인공지능 탐지 기술 나와도
회피 기동은 가짜뉴스가 뛰어나

인공지능을 이용한 가짜뉴스는 선진국이나 후진국을 가리지 않고 지구촌 곳곳으로 퍼지고 있다. 인터넷 보급과 이용률이 저조하다고 알려진 이란에서는 2024년 8월 이란 정부와 연계된 단체들이 챗GPT를 이용해 가짜뉴스를 올린 사실을 오픈AI가 발견했다. 가짜뉴스와 댓글을 올린 계정은 10곳이 넘는 것으로 알려졌다. 2023년 5월 중국 간쑤성에서는 '9명 기차 사고'라는 가짜뉴스가 퍼졌다고 한다. 현지 경찰은 가짜뉴스 게시자를 체포하고 관련 계정 20개를 차단했다고 밝혔다.

네트워크에서 첨단 기술을 이용한 가짜뉴스에 대한 탐지와 적발 과정을 보면 아직은 가짜뉴스가 우위인 듯이 보인다. 탐지자가 '뛰는 자'라면 가짜뉴스는 '나는 자'이다. 인공지능을 이용한 가짜뉴스는 일반인들이 식별하기 어렵기 때문에 인공지능 프로그램으로 탐지 또는 적발한다. 기술은 탐지자가 먼저 개발했지만, 은폐와 회피, 기동 능력은 가짜뉴스 생산자나 유포자가 여전히 뛰어나다는 관측이 나온다. 그 원인은 탐지자 측의 적발 기술이 완성되지 않은 데다 내부 결정 과정이 너무 느린 데에 있다. 그 결과 가짜뉴스는 초기 단계에서 좀처럼 탐지되지 않거나 탐지되더라도 뒤늦게 제거된다. 결국 특정한 가짜뉴스가 온라인과 모바일을 타고 온 세계에 유포된 뒤 한참이 지나서야 퇴치 작업이 시작된다. 2020년 미국 대통령 선거 당시 유포됐던 가짜뉴스가 그런 사례이다.

2020년 미국 대선은 트럼프 공화당 후보가 일방적으로 가짜뉴스 유포 작전을 펼쳤던 2016년과 달리 민주당 측에서도 가짜뉴스로 맞불을 놓기도 하고 가짜뉴스에 대한 반박과 함께 적극 대응에 나섰던 사례라서 언론학자들의 많은 관심을 끌었다. 민주당 조 바이든 후보 지지자들은 '트럼프 할아버지가 포주이자 탈세자였다', '트럼프 지지자가 죽은 이주민 아동을 조롱했다'와 같은 가짜뉴스를 뿌렸다. '트럼프 할아버지 포주설'은 페이스북과 같은 소셜미디어에서 조회수 2900만 회를 기록하면서 공화당 측의 가짜뉴스 조회수를 한때 초과하기도 했다. 하지만 2020년 대선에서도 공화당 측이 뿌린 가짜뉴스가 압도했다는 것이 공정 선거 캠페인을 벌이던 시민단체들의 관측이다. 미국에서 설립된 온라인 기반 네트워크인 〈아바즈〉Avaaz가 당시 페이스북에 올라온 가짜뉴스 상위 100개를 조사했는데 대부분이 민주당을 음해하는 내용이었다고 한다. 그렇지만 페이스북이 이 같은 허위 정보 중 42%를 탐지하지 못했다고 아바즈가 전했다. 일부 가짜뉴스는 전파 과정에서 이미지와 텍스트 구조가 바뀌었는데 이미지를 보고 가짜뉴스 여부를 가려냈던 페이스북의 프로그램이 변형된 가짜뉴스를 탐지하지 못했다. 가짜뉴스 게시물이 조금만 바뀌어도 페이스북이 잡아내지 못했다고 한다. 가짜뉴스 유포 세력들이 이 같은 약점을 사전에 간파했을 가능성도 배제할 수 없다. 아바즈는 미국 대선이 시작되기 수개월 전부터 가짜로 의심되는 뉴스를 신고했지만 페이스북은 대선 직전 달인 2020년 10월에야 가짜뉴스를 걸러내는 알고리즘을 가동했다고 한다. 대선 기간 가짜뉴스를 알고도 걸러내지 결과 그때까지 잔존한 가짜뉴스는 조회수 100억 뷰를 기록했다.

신고해도 걸러내지 못하는 체계

2019년 유럽의회 선거에서도 가짜뉴스는 한 수 위의 기량을 과시했다. 아바즈는 2019년 초부터 그해 5월 선거 직전까지 가짜뉴스를 유포하는 것으로 의심되는 페이스북 이용 계정 500개를 신고했다. 페이스북은 그중 30%를 즉시 계정에서 삭제했으나 나머지는 "플랫폼별 자율 규제"라는 이유를 들어 삭제하지 않았다. 페이스북이 손대지 못한 원인 중의 하나는 가짜뉴스 유포 조직이 워낙 방대했기 때문이다. 500개 계정이 정상적인 페이지처럼 운영되고 있어 팩트체크 대상으로 포착하지 못한 것으로 전해졌다. 방대한 가짜뉴스 유포 계정은 가짜뉴스를 영어 이외에도 프랑스어, 스페인어 등으로 만들어서 탐지를 우회했다. 당시 페이스북이 감시한 언어는 주로 영어였는데 나머지는 감시 사각지대에 있었다. 그 결과 가짜뉴스는 신고 이후 최장 3개월 동안 유럽 각국에 퍼졌으며, 걸러내지 못한 가짜뉴스의 조회수는 5억 회를 넘었다.

 최근의 가짜뉴스 탐지 회피 기술은 알고리즘과 플랫폼 설계 기술을 뛰어넘는다. 유튜브는 2022년 뉴스의 사실 여부를 검증하는 팩트체크 기능과 가짜뉴스 의심 신고제도를 도입해 허위 정보 노출이 70% 줄었다고 밝혔다. 페이스북도 허위 정보를 반복적으로 올리는 페이지나 계정에 대해 노출을 제한해서 허위정보 노출이 80% 줄고 공유율도 50% 떨어졌다고 밝혔다. 이는 알고리즘에 기반한 플랫폼 차원의 대응으로, 언뜻 봤을 때 가짜뉴스가 줄어들 것처럼 보였다. 하지만 가짜뉴스 생산과 유포 세력들은 유연한 전술로 이 장벽을 가볍게 뛰어넘었다. 가짜뉴스 세력들은 플랫폼이 알고리즘을 통해 탐지하는 검색어를 알아내고 이를 은어와 이미지 등으로 바꿨다. 예를 들어 백신 부작용을 과장하던 가짜뉴스 사이트는 '백신'이라는 단어 대신에 주사기 모양의 이미지를 사용했다. 그 결과 이들 사이트는 플랫폼 검색대를 무사통과했다. 플랫폼이 가짜뉴스로 의심되는 영상에 대해 노출을 줄이는 알고리즘을 채택하자 가짜뉴스 사이트는 순식간에 알고리즘에 걸리지 않는 유사한 영상을 만들어서 뿌렸다. 인공지능을 이용한 고속 영상 편집과 유포 기술의 혜택은 가짜뉴스 세력이 누리고 있다. 지금 단계에서는 가짜뉴스 제한 속도가 회피 속도를 따라가지 못할 가능성이 크다.

이 같은 고도의 탐지 회피 기술은 인터넷 네트워크에서 인간이 통제할 수 없는 상황에 노출되게 한다. 인간이 아닌 인공지능으로 가짜뉴스를 만들고, 인간에 의해 통제되지 않는 네트워크에서 가짜뉴스가 넘쳐난다면 악당들이 여론을 장악해도 손을 쓸 수 없는 사태를 맞게 될 것이다.

Chapter
04

가짜뉴스
분석 이론과
그 한계

DEBUBBLING

　　　　　　　　　　이번 장에서는 가짜뉴스를 믿거나 유포하는 이유를 이론적 측면에서 살펴보기로 한다. 여기에는 가짜뉴스가 어디선가 생산된 이후 개인이나 집단이 신봉하는 원인을 탐구하는 이론이 대부분이다. 가짜뉴스 이용 집단은 이 같은 메커니즘을 역이용하여 뉴스 전파 대상을 선택하고 확산 효과를 노린다. 가짜뉴스가 어떠한 조건에서 폭발하는지, 그리고 어떤 원리에 따라 주류 언론보다 빠르게 확산되는지에 대해 일단 이론의 틀 속에서 알아본다.

이론에 대한 배경 설명

2024년 11월 미국 대선에서 가짜뉴스를 등에 업은 도널드 트럼프 후보가 또다시 대통령으로 당선되자 미국 주류 언론은 2016년 대선 당시와 엇비슷한 반성문을 내놓았다. 여기에는 트럼프 후보의 선거운동에서 정상적인 전통 언론이 충분한 영향력을 행사하지 못해 표심을 바꾸지 못했다는 비판이 주로 담겨 있다. 2024년 미국 대선 당시 많은 미국의 언론들은 해리스와 같은 민주당 후보를 당선이 유력한 후보로 부각시키면서 트럼프에 대한 부정적인 정보와 평가를 유권자들에게 전달했다. 하지만 2016년과 똑같은 선거 결과가 나왔다. 핵심은 가짜뉴스를 활용한 전략의 승리였다. 이는 가짜뉴스 현상에 대한 종전의 분석 틀을 깨고 새로운 이론적 근거와 대응 방식을 추동하는 강력한 계기가 됐다.

가짜뉴스를 과소평가한 결과

2016년 대선 당시에도 트럼프 후보를 지지한 주류 언론은 희박했다. 〈뉴욕타임스〉나 〈CNN〉 등 독자와 시청자층이 두터운 주류 언론들은 대선 전부터 사설이나 논평, 언론사 경영진의 지지 선언 등을 통해 힐러리 클린턴 민주당 후보를 공개적으로 지지했으며 선거 관련 기사에도 트럼프에 대한 비판적 평가를 담은 내용이 월등하게 많았다. 한국과 달리 미국 선거에서는 언론사들이 특정 정당 후보를 공개적으로 지지할 수 있다. 한국은 공직선거법의 규제 때문에 언론사들의 공개 지지는 금지돼 있다.

뉴욕타임스는 2024년 대선에서 트럼프의 당선을 예측하지 못한 이유에 대해 시시각각 변하는 여론조사의 한계, 애리조나 조지아 노스캐롤라이나 같은 접전 지역에서의 막판 지지율 변화, 사전투표보다는 당일 투표가 많았던 트럼프 지지자들의 투표 패턴에 대한 경시를 꼽았다. 이 같은 반성은 일말의 설득력을 지니고 있지만 2016년과 2024년 두 차례에 걸쳐 예측에 실패한 원인을 심층적으로 분석하지 못했다는 비판을 받았다.

미국 언론들이 예측 실패에 이른 원인 중의 하나가 가짜뉴스의 영향력에 대한 과소평가로 분석된다. 트럼프를 지지하는 우파 매체들은 2016년 당시 폭스뉴스Fox News 등 20개 매체였는데 2024년 대선에도 수적 열세를 면치 못했다. 트럼프 캠프는 2024년 대선에서 수적 열세에 따른 여론의 만회를 위해 우파 동조 매체인 〈뉴스맥스〉Newsmax나 팟캐스트 등 신생 미디어를 조직적으로 동원했는데 만회 전략이 미국의 현실에 또다시 적중했다. 이들 신생 미디어가 쏟아낸 콘텐츠는 트럼프를 지지하는 여론의 중심축으로 부상하여 유권자들의 뉴스 소비를 주도했다. 일부에서는 이 같은 현상을 놓고 전통 언론에 대한 신생 뉴미디어의 승리로 해석하기도 한다.

하지만 트럼프 캠프는 그런 틀에 얽매여 있지 않았다. TV와 신문 등 전통 미디어와 뉴미디어의 대결에 갇히지 않는 미디어 전략을 구사한 것이다. 결국 트럼프 캠프는 2016년과 비슷한 미디어 지형에서 여론의 판도를 뒤바꾸는 데 성공했다. 2024년 미국 대선에서도 주류 언론이 발신하는 콘텐츠는 트럼프에게 불리했지만, 후보자-매체-유권자로 이어지는 메시지 확산 단계에서 트럼프 캠프 측은 해리스 캠프를 압도했다.

젊은 구독자 거느린
최대 플랫폼이 확장 토대

이 과정에서 주효했던 것은 다름 아닌 가짜뉴스 확산

전략이다. 특히 대선 막바지 국면에서 트럼프 후보 측은 가짜뉴스로 대중의 이목을 끄는 데 크게 성공한 것으로 보였다. 트럼프 후보는 2024년 10월 말 대선을 한 달여 앞두고 여론 시장에서 압도적 영향력을 자랑하던 팟캐스트 〈조 로건 익스피리언스〉The Joe Rogan Experience에 출연해 민주당이 언론 검열을 지지하고 있다고 비판했다. 이는 사실에 근거하지 않은 가짜 메시지였는데, 그 노림수는 지지층 확장을 위한 젊은 유권자들의 관심 유발로 보였다. 로건의 팟캐스트는 당시 세계 최대 음원 스트리밍 플랫폼인 〈스포티파이〉Spotify에서 1450만 명의 팔로우와 유튜브에서 1760만 명의 구독자를 거느리고 있었다. 트럼프는 여기에서 3시간 동안 출연하여 전통적인 지지자뿐만 아니라 음악과 영상을 선호하는 잠재 지지자 흡입을 위한 토대를 확장했다.

트럼프 캠프의 가짜뉴스 전략은 그 전모가 완전하게 드러나지 않았다. 다만 2024년 대선 당시 가짜뉴스를 만들어 널리 퍼뜨려 트럼프 대통령 당선에 기여한 인물들은 대선이 끝난 이후 요직에 오르는 등 보상을 받았다는 점은 주목할 만하다. 미국 우익이 만든 가짜뉴스를 전파하던 폭스뉴스 진행자는 소령 출신임에도 세계 최대 군사력을 지휘하는 미국 국방부장관에 올랐다. 이들이 대선 과정에서 어느 정도의 역할을 했는지는 앞으로 연구 대상이 될 것이다. 보상을 크게 받은 공신일수록 가짜뉴스 전파 기여도가 컸던 것으로 추정할 뿐이다.

반면 미국 주류 언론의 지지를 등에 업은 해리스 캠프와 민주당은

2016년 대선에 비해서는 신생 미디어를 상대적으로 많이 활용하기는 했지만, 가짜뉴스에 대해 안이하게 대응했다는 평가가 나왔다. 민주당 후보를 지지했던 진보 매체 〈MSNBC〉는 해리스와 오바마의 연설을 여러 차례 반복적으로 방송하며 민주당 지지층을 확대하려고 시도했다. 그렇지만 이는 판세를 뒤집을 만큼 영향력을 미치지 못했다. 접전 지역에서 유세할 때마다 지역 민심과 감정을 자극하는 맞춤형 콘텐츠를 생산했던 트럼프 캠프의 여론 전략이 이슈와 타깃층 선정에서 훨씬 더 세밀했다. 그 결과 유권자 민심 견인에서 탄력을 받은 트럼프의 콘텐츠 지배력은 막판까지 이어져 득표율 상승에 동력을 제공한 것으로 분석된다.

해리스 측의 패착 중의 하나는 가짜뉴스의 영향력을 과소평가한 결과 2016년과 유사한 방식으로 대응했다는 점이다. 2024년 대선에서도 민주당은 자유주의적 언론관에 의거해 가짜뉴스에 대응해 왔다. 가짜뉴스에 대한 자유주의적 대응 방식은 자유방임론에 가깝다. 가짜뉴스가 뉴스 소비 시장에서 아무리 기승을 부려도 시간이 지나면 이에 맞서는 다수의 주류 언론과 이에 영향을 받는 여론에 의해 신뢰를 잃고 자연도태된다는 관점이다. 2016년 트럼프 대통령이 첫 승리를 거둘 때 미국의 일부 학자들은 가짜뉴스의 영향력이 유권자들의 이목을 끈 것은 사실이라고 해도 민주당 지지자들이 공화당 지지자로 바뀔 만큼 영향력이 크지 않았다는 실증적인 분석을 내놓기도 했다. 2016년 대선 당시에는 가짜뉴스가 일시적으로 활개를 쳤지만 그 이후 수그러들었다는 관측도 그러한 분석을 뒷받침했다. 그럼에도 가짜뉴스는 미국 대선에서 또다시 대분출 사태를 일으켰다. 자유주의적 관점에서 과소평가된 가짜뉴스가 또다시 상승 곡선을 그릴 것을 예상하지 못했다면 그러한 관점이나 대응 방식에서 흠결이나 오류를 수정하지 못했다는 이야기다.

흔들리는 자유주의 언론관

자유주의적 관점은 근대 언론자유 사상의 시조로 꼽히는 존 밀턴J. Milton(1608~1674) 등의 사상에 근거하여 가짜뉴스에 대해 관대한 방식으로 일관했다. 또한 여론이 형성되는 시장에서 정부의 개입이나 대응에도 반대해왔다. 밀턴은 아레오파지티카The Areopagitica라는 저서에서 "진실과 거짓이 다투게 하라. 누가 자유롭고 개방된 대결에서 진실이 패배한 것을 본 적이 있는가"라고 주장했다. 그런데 21세기 그 대결에서는 가짜뉴스 세력이 가장 중대한 국가 이벤트에서 두 차례나 승자가 됐다. 이 현상을 이제 어떻게 해석해야 할까.

언론에 대한 자유주의적 관점은 근대 계몽주의적 전통과 초기 자본주의 이론의 영향을 받아 인간이 합리적이고 이성적으로 사고한다는 대전제를 깔고 있다. 이는 서구 언론의 역사적 경험과도 궤를 같이한다. 19세기 말과 20세기 초에 황색 언론과 같은 가짜뉴스가 아무리 세상을 뒤흔들어 놓았다고 해도 합리적인 언론과 객관적 보도에 충실한 진실이 가짜뉴스를 이기고 언론시장에서 지배력을 유지해왔다. 당시까지 가짜뉴스는 진실을 보도하는 주류 언론에 대적할 수 없는 소수의 목소리에 불과했다.

진짜와 가짜인 뉴스가 뒤섞여 세상이 혼미할 때 자유주의 언론관을 신뢰하는 학자들은 독자들이 언론 신뢰 수준을 바꾸어 가면서 진실에 충실한 언론을 선택한다고 설파한다. 가령 신뢰도 1위인 A신문사와 2위인 B신문사가 신문 판매 시장을 양분한 상태에서 A신문사가 가짜뉴스를 양산한다면 신뢰가 떨어져 가짜뉴스를 생산하지 않는 B신문사가 시장에서 1위가 될 가능성이 높아진다는 것이다. 이 같은 현상을 풀이할 때 18세기 영국의 통계학자 토머스 베이즈의 정리Bayes' theorem를 자주 인용한다. 이는 기존의 신뢰도(A신문사 1위)에다 변경된 지표(가짜뉴스 양산)를 투입하여 변화된 현실(A신문사 2위)을 설명하는 방식이다. 이는 의사결정까지 변화에 이르는 모든 과정이 합리적이라는 가설에 의존하고 있다. 그런데 이 가설은 현대의 가짜뉴스를 설명할 때 현실과의 괴리를 드러내고 있다. 가짜뉴스를 양산하는 트럼프 지지 언론이 소비자 선호 순위에서 오히려 올라가는 현상을 합리적인 가설로 분석하려는 시도는 많은 어려움을 겪고 있다.

대체 이론의 등장

가짜뉴스가 주류 언론을 압도하는 현실을 자유주의 언론관으로 설명하는데 한계가 노출되자 인간의 사고와 심리가 태생적으로 불완전하거나 가끔 불합리한 측면이 있다는 가정 아래서 언론 현상을 설명하는 이론이 주목을 끌기 시작했다. 주로 경제학이나 심리학에서 차용한 이론이 대부분이다.

인간의 불완전한 사고와 불합리한 선택을 전제로 가짜뉴스 확산 현상을 설명하는 언론학자들은 그 기반을 전통적 이론 틀에서 찾지 못하고 심리학이나 행동경제학Behavioral economics의 가설에 의존하는 경향이 나타났다. 1978년과 2002년 노벨경제학상을 각각 수상한 허버트 사이먼H. Simon과 대니얼 카너먼D. Kahneman은 행동경제학의 원조로 이들의 이론은 후속 연구자들에 의해 계승되고 있다. 심리학을 연구하다가 나중에 노벨경제학상을 받은 사이먼은 사람들이 의사결정을 내릴 때 인지적 한계 등으로 인해 온전하게 합리적으로 행동할 수 없다고 봤다. 사이먼은 이를 제한된 합리성Bounded rationality이라고 불렀다. 사이먼의 뒤를 이은 카너먼은 인간은 이성과 직관이라는 이중 체계Duel system를 통해 이 세상을 판단하고 의사결정을 선택한다고 주장하며 제한된 합리성을 개념을 조금 더 구체화했다. 후술하겠지만 이들이 설정한 휴리스틱Heuristics(어림짐작)과 같은 개념은 사람들이 가짜뉴스에 왜 속아 넘어가는지를 설명할 때 자주 인용된다.

행동경제학의 가설과 성과는 인간의 인지적 한계나 정보 처리와 같은 심리학이 탐구한 개념으로부터 가짜뉴스에 대한 통찰을 제공하거나 제공받기도 했다. 가짜뉴스 현상을 설명할 때 자주 등장하는 반복 효과나 확증편향은 행동경제학 등장 이전부터 심리학의 연구 주제였으며 히틀러와 같은 독재자들은 이 이론이 입증되기도 전에 실전에서 악용했다.

가짜뉴스 대응에 다학제 협력

이와 함께 가짜뉴스의 준동 원인을 설명할 때 반향실 효과Echo Chamber effect처럼 개인 차원을 넘어 집단에서 일어나는 현상을 밝혀내기 위해 사회학이 쌓아놓은 성과를 응용하기도 한다. 선거 현장에서 유력 후보가 도덕적으로 문제가 있더라도 지지표가 몰리는 현상을 설명하는 밴드웨곤Bandwagon 효과는 1950년대에 사회학 연구에서 개념이 정립됐으며 이를 2020년대 가짜뉴스 현상에 응용하여 가짜뉴스인 줄 알면서도 집단으로 신봉하는 현상을 설명하려는 시도로 이어졌다. 미국 하버드대학교 로스쿨에서 행동경제학과 공공정책 프로그램을 만들었던 캐스 선스타인 석좌교수는 다양한 학문 분야를 넘나들며 가짜뉴스 현상에 대한 심도 있는 연구 성과를 선보이고 있다. 그는 전공인 법학뿐만 아니라 사회학과 심리학, 언론학 등 여러 학문 분야의 이론과 개념을 적극 활용하여 가짜뉴스 영향을 분석했다. 가짜뉴스 분석에 사용되는 '필터 버블Filter Bubble'과 '반향실 효과'도 2001년 그가 리퍼블릭닷컴Republic.com이라는 책자를 내며 미국에서 유행시킨 말이다. 이 책자에서 그는 같은 생각을 가진 사람들이 모여 이야기를 나누면 고립된 섬과 같은 앙클라베Enclaves를 형성하고, 다른 사람들의 견해에 대한 관용이 줄어들어 집단 양극화가 심해진다고 경고했다. '그들만의 세상'인 앙클라베를 유도하는 것은 인터넷 알고리즘이며, 그 핵심 기제는 개인과 집단에게 믿고 싶은 정보만 제공한다는 것이다. 이럴 경우 알고리즘은 입맛에 맞는 정보만 걸러내는 필터 역할을 하며 집단으로 모여 믿고 싶은 정보만 교환하면 눈에 보이지 않은 의사소통의 차단막, 즉 버블이 형성된다. 버블 속에 들어간 사람들이 나누는 대화는 외부와 단절된다. 반향실 효과는 이런 환경에서 일어난다. 이로 인해 총기 소유자들은 그들끼리, 마르크스주의자들은 그들끼리만 교류하게 되며, 이는 상호 불신과 분노를 조장할 수 있다고 선스타인 교수가 분석했다.

한편 다른 학문들이 최근의 가짜뉴스 현상을 분석하기 위해 다른 연구 분야와의 융합과 새로운 해석을 시도한 반면 언론학 연구 분야는 상대적으로 성과가 부족하다는 인상을 준다. 국내의 언론 이론 대부분은 신문과 방송 등 전통 언론의 편향이나 오보 메커니즘을 전통 언론 종사자나 보도 과정에서 나타난 문제를 탐색해 왔는데, 전통 언론 밖에서 벌어지는 영역, 예를 들면 소셜미디어에서 흘러 다니는 가짜뉴스 현상에다 전통적으로 활용한 이론을 적용하는 데에는 많은 난관에 봉착한 것으로 보인다. 가짜뉴스로 인한 폐해가 끝없이 확산되는 요즘 세계 경제학자나 언론학자들은 한목소리로 이종 학문이나 학제 간 협력Interdisciplinary cooperation이 필요하다고 호소하는 실정이다. 최근 기존의 언론학 중에서 설득 이론 분야 등은 가짜뉴스에 대한 이론적 기반을 조금씩 넓히고 있다.

"내 카드만 믿을래"
확증 편향

최근 우리나라에서 가짜뉴스가 확산되는 메커니즘을 설명할 때 가장 많이 끌어다 쓰는 이론이 확증편향이다. 정치적 양극화를 설명할 때나 사회·정치적 음모론이 불거질 때, 또는 단순한 사건을 두고 벌어지는 해석의 차이를 설명할 때 이 이론이 등장한다.

확증편향을 요약하면 '내가 믿고 싶은 것만 믿는다'라는 것이다. 기존의 신념과 일치하지 않는 진짜 뉴스는 배척하고 정보 수용자가 원래 가지고 있던 생각과 유사한 가짜뉴스는 그대로 신뢰하는 경향이다. 이 메커니즘을 이용하는 가짜뉴스는 인터넷 등에서 걸러지지 않고 크게 퍼지고 공유된다. 가짜뉴스는 정치 담론이 오가는 카카오톡 단체방과 유사한 필터 버블 환경에서 화제의 재료를 던져주는 역할을 수행하기도 한다.

이와 같은 사례는 2010년 세상을 떠들썩하게 만들었던 '타진요'(타블로에게 진실을 요구합니다) 사건을 들 수 있다. 타블로는 3인조 힙합 그룹 '에픽하이'의 리더인데 그가 졸업한 미국 스탠퍼드대학교 졸업장이 위조됐다는 의혹을 '타진요'라는 네이버 카페 회원들이 제기했다. 이 카페의 회원은 한때 1만 명이 넘었고 이들이 제기한 의혹은 주류 언론에도 실렸다. 당시 타블로는 대학 성적표와 대학의 확인서를 공개했지만 다수의 타진요 회원들은 이를 믿지 않고 학력 위조를 계속 주장했으며 카페 개설자 등 일부는 법정에서 유죄를 선고받았다. 대중문화 전문가들은 당시 고학력 연예인에 대한 질시, 선진국에 대한 환상 등을 이 사건의 원인으로 꼽았다. 그런데 최근 가짜뉴스 이론가들이 주목한 것은 타진요와 같은 누리꾼들의 확증편향이다. 학력 위조를 일단 믿은 이상 믿음을 뒤집는 증거가 제시돼도 종전의 신념을 바꾸지 않은 태도, 이는 뿌리 깊은 확증편향에서 비롯됐다는 것이다.

확증편향 이론은 1950년대와 1960년대 심리학의 연구 성과를 계승하여 그 기반을 마련했다. 1957년 사회심리학자 레온 페스팅거L. Festinger는 인지부조화 이론으로 '시커스'Seekers라는 종교 집단의 종말론을 분석했다. 이 집단은 1954년 12월 21일 세계가 종말을 맞이할 때 외계의 존재들이 자신들을 구원하러 온다고 주장했다. 그러나 그런 종말은 오지 않았다. 종교 집단은 자신의 신념이 현실과 맞지 않는 인지부조화를 느끼고 있었는데, '믿음과 기도가 너무나 강력해서 외계인들이 계획을 취소하기로 했다'라는 그들 지도자의 메시지를 듣고 안도했다는 것이다. 페스팅거에 따르면 메시지를 전달하기 전과 같은 인지부조화는 인간이면 누구나 일상생활에서 겪을 수 있으며 자신의 자존심을 지키기 위해 비합리적인 변명을 만들어 낸다.

달콤한 체리만 골라 선택하는 체리 피킹

1960년 영국 심리학자 피터 웨이슨P. Wason은 인간의 추론 과정에서 일어나는 인지 오류를 밝혀냈다. 그중의 하나가 확증편향이다. 웨이슨은 실험 참가자들이 미리 정해놓은 가설과 신념에 맞는 숫자와 카드만을 선택하고 자신들의 가설에 맞지 않는 증거는 확인하지 않는다는 점에 주목하고 이를 확증편향이라는 개념으로 정립했다. 자신의 주장을 뒷받침하는 증거나 자료만을 선택하는 것을 체리 피킹Cherry picking이라고 한다. 접시에 담긴 포도와 체리 가운데 달콤하고 값비싼 체리를 골라 먹는 것을 빗댄 말이다. 가짜뉴스를 믿는 행위도 체리 피킹에 비유할 수 있다. 이는 심리학에서 의식적인 오판誤判이 아니라, 인지부조화를 회피하고 조화로운 상태를 유지하려는 자연스러운 인지 과정으로 해석된다.

한국에서 확증편향은 선거나 정치적으로 민감한 시기에 자주 거론

된다. 지지하는 정당에서 나온 뉴스는 가짜라도 믿어버리고 상대방 정당의 얘기에는 아예 귀를 막아버리는 현상이 빚어진다. 이 틈을 타 가짜뉴스가 더욱 기승을 부리고 사회적 갈등 심화, 국론 분열 문제가 주요한 이슈로 뒤따른다.

확증편향이 불편한 인지부조화를 회피하려는 자기방어 기제라는 주장도 나온다. 또한 정보의 홍수 속에서는 자신의 신념에 맞춘 선택적 뉴스 소비와 해석이 불가피하고, 그런 선택 행위가 빠른 의사 결정을 돕는다는 해석도 있다.

그렇지만 확증편향 이론은 가짜뉴스 분석에서 여러 가지 한계를 드러냈다. 어떤 사람은 가짜뉴스를 믿고 따르는데 다른 사람들은 그렇지 않다. 이런 개인 차이를 설명할 때 이 이론의 흠결이 보인다. 개인과 집단 간 의견도 맞지 않을 때가 많다. 이런 편향의 차이를 보일 때도 확증편향 이론만으로 설명하기 어려운 현상이 수두룩하다. 다음에 소개된 다른 이론들을 보면 왜 그런 현상이 빚어지는지 이해의 폭을 넓힐 수 있을 것이다.

"내 통밥이 맞다"
휴리스틱

발견법, 어림짐작 등으로 번역되는 휴리스틱Heuristic은 근래에 가짜뉴스 메커니즘을 설명할 때 가장 많이 인용되는 이론 중의 하나다.

휴리스틱 발견법은 어떤 문제를 내고 피험자의 기준에 따라 스스로 풀어보라고 하고 시행착오 등을 통해 해법을 찾는 방식이다. 가짜뉴스 분석에 응용되는 휴리스틱은 뉴스 이용자의 경험과 직관에서 비롯되는 인지 과정에 주목한다.

인지 심리학이나 행동경제학에서 지금까지 탐구된 휴리스틱은 인간이 완전히 불합리한 의사결정을 하는 것도 아니고 완전히 합리적인 결정을 하는 것도 아니라는 가정에서 출발한다. 어느 한계까지는 합리적으로 판단하지만, 어떤 경계선 밖이나 특정한 상황에서는 합리적 판단을 하지 않는다는 '제한적 합리성'이 휴리스틱 이론의 기본 전제다.

카네만 등은 이를 좀 더 발전시켜 인간의 인지 과정이 이성과 직관이라는 이중 체계Dual System로 구성돼 있다고 상정했다. 이 이론에 따르면 인간의 인지 체계에는 특정 대상을 직관에 의해 본능적으로 처리하는 과정(일명 시스템1 사고)과 이성에 의해 처리하는 과정(시스템2 사고) 등 두 가지가 있다. 가짜뉴스를 연구하는 학자들은 시스템1 사고 과정에서 가짜뉴스가 통용될 가능성이 크다고 본다. 뉴스 소비자들이 이성적 판단만 한다면 가짜뉴스가 발붙일 틈이 없지만 시스템1 사고에는 가짜뉴스가 기생할 여지가 크다는 것이다. 시스템1 사고에는 숙고와 분석이라는 노력이 필요 없다. 여기서 시스템1에 의한 즉흥적인 생각이 휴리스틱이다. 행동경제학자들은 인간의 판단과 의사결정에서 시스템1에 의존하는 경향이 워낙 강해서 이를 자연스런 평가Natural Assessment라고 불렀다. 휴리스틱을 우리말로 표현하면 '어림짐작' 또는 '통밥'이라는 표현이 적당할 것이다. 카네만은 자신의 이론을 입증하기 위해 미국 대학생들을 대상으로 실험도 해봤다. 실험에 참가자들에게 '야구 배트와 공을 합해서 1.1달러다. 배트의 가격은 공보다 1달러가 더 비싸다. 공의 가격은 얼마인가?'라는 문제를 냈다. 정답은 5센트인데 이를 맞춘 대학생은 50% 미만이었다. 조금만 생각해보면 정답을 알아낼 수 있는데, 상당수가 어림짐작으로 "10센트"라고 대답했다. 심리학자들은 이 같은 어림짐작의 기저에는 인지 구두쇠

Cognitive Miser라는 메커니즘이 존재한다고 설명한다. 인지 구두쇠는 사람의 지능과 상관없이 어떤 문제를 해결할 때 노력을 들이는 방식보다는 가급적 쉽고 간단한 길을 택하려는 본성을 뜻한다.

세상을 빠르게 이해하는 지름길이지만 오판 가능성

인지 구두쇠는 인간의 생존 본능에서 비롯된 것이기에 장점도 갖고 있다. 세상에서 복잡한 모든 문제가 인지적 노력에 의해서만 이해되거나 해결될 수 없다. 특히 정보의 홍수 속에서 날마다 쏟아져 나오는 뉴스를 숙고와 분석에 의해서만 판단하기 어렵다. 이런 상황에서 인지 구두쇠는 인간의 본능 속에서 작동되면서 빠른 생각을 돕는 경우도 있다. 미국의 가짜뉴스 전문가인 데이비드 레이저 D. Lazer에 따르면 우리가 접하는 정보는 대개 불확실한 것이며, 이성적 평가에 의하기보다는 어림짐작에 더 의존해 이해할 수밖에 없다.

행동경제학자들의 관점도 비슷하다. 이들에 따르면 휴리스틱은 타고난 인간의 본능에 가깝고 인지 체계에 심어져 있기에 편향과 오류를 피할 수 없다. 이점은 가짜뉴스 세력에게 가장 좋은 희소식이며, 가짜뉴스 퇴치를 바라는 사람들에게는 문제를 어렵게 만드는 요인으로 꼽힌다. 이점을 활용하면 가짜뉴스로 사람들은 계속 속일 수 있지만 그걸 막는 데는 한계가 있을 수밖에 없다.

앞에서 설명한 대로 휴리스틱은 어떤 사실을 정확하게 알아내기 위해 인지 에너지를 쓰지 않고 세상을 빠르게 이해하는 지름길 역할을 한다. 그 대신 직감으로 판단을 내리기 때문에 오판으로 이어질 수 있다. 가짜뉴스에 속는 것도 그러한 메커니즘 중의 하나다. 트버스키와 카네만은 인지 구두쇠에 따른 휴리스틱을 가용성Availability, 대표성Representativeness, 기준과 조정Anchoring and adjustment, 감정Affect 등 4가지로 소개했다.

가용성 휴리스틱은 가까운 장소나 시간에서 이용 가능한 정보를 중심으로 판단을 내리는 것이다. 어떤 현상에 대해 정확한 판단을 내리기 위해서는 다양한 정보가 필요하지만 인간은 기억에서 바로 떠오르고 쉽게 이용할 수 있는 정보를 토대로 판단을 내린다는 것이다. 대표성 휴리스틱은 '하나를 보면 열을 알 수 있다'라는 사고방식이다. 사람들의 직관은 통계나 확률을 무시하기 쉽다. 그래서 어떤 현상이 확률적으로 희박하다고 해도 그 현상이 일어나면 그 자체로 확률이 높은 것으로 착각한다. 자동차 사고보다 확률이 낮은 항공기 사고 소식을 접한 사람들이 사고 이후 며칠간 항공 사고가 또 일어날 것으로 우려하며 항공권을 취소하는 것도 이 같은 사례에 해당한다. 기준과 조정 휴리스틱은 초기 정보에 제시된 기준을 중심으로 어림짐작으로 판단하고, 잘못된 판단을 좀처럼 조정하지 못하는 것이다. 감정 휴리스틱은 현재의 감정을 기반으로 어떤 현상을 판단하는 것이다. 판단의 기준이 감정이고, 숙고의 과정을 거치지 않기 때문에 올바른 선택과 의사결정을 방해한다.

　이와 같은 휴리스틱 속성과 기제로 인해 여러 가지 편향과 오류가 나타날 수 있다. 동서대 이완수 교수는 휴리스틱에 의한 편향과 오류를 가용성 편향, 기저율 무시, 기준점 편향, 사후 확신 편향, 결합오류 등 5가지로 분류한다. 이 분류에 따라 휴리스틱에 의한 편향과 가짜뉴스에 빠질 위험성을 살펴본다.

'오류의 폭주' 부르는
가용성 편향

　앞서 설명한 가용성 휴리스틱은 그 속성상 인지 편향을 초래하기 쉽다. 다양한 인지 자원 중에서 지금 바로 이용할 수 있는 기억 등을 위주로 현상과 사물을 판단하기 때문이다. 가용성 편향은 이런 속성을 드러내는 불완전한 판단 행위이다. 어떤 정보가 오류라고 하더라도 쉽게 떠올려진다는 이유만으로 믿어버린다. 가짜뉴스 전문가 페니 쿡은 2019년 "인간의 이러한 직관적 기억 체계는 가짜뉴스가 만들어지는 동기를 제공할 뿐만 아니라 가짜뉴스가 유포되는 원인이 된다"라고 했다. 2008년 MBC의 광우병 보도에서도 가용성 편향의 단면을 발견할 수 있다. 이명박 정부가 미국산 쇠고기 수입을 추진할 당시 MBC는 병에 걸려 주저앉는 소를 보여주면서 한국 사람들이 미국 소를 수입하면 광우병에 감염될 위험이 큰 것처럼 보도했다, 그러자 많은 사람은 MBC PD수첩 화면에서 쓰러진 소가 광우병에 걸린 것으로 믿고 쇠고기 수입 반대 시위를 벌였다. 다른 병에 걸린 소라도 주저앉는 모습만 보이면 광우병을 떠올리는 것은 가용성 편향이다. MBC는 광우병 사태가 지난 이후 한참이 지나 사과 방송을 했지만 무분별한 보도로 인한 피해는 회복되지 않았다.

어떤 일이 일어났을 때 결과만 보고 "내 그럴 줄 알았어"라며 예언가처럼 말하는 사후 확신 편향Hindsight bias도 가용성 편향이다. 결과를 보고 마치 선견지명을 갖고 예언했던 것처럼 말하지만, 사실 그 일이 벌어지기 전 아무런 예측도 하지 않았다. 어떤 사건이 발생한 뒤에 떠오르는 생각을 갖고 나중에 끼워맞추는 오류에 빠진다. 이는 가짜 뉴스 생산자뿐만 아니라 주류 언론 보도에서도 목격되는 현상이다. 선거 전 여론조사를 보고 우열을 가릴 수 없는 박빙으로 보도해 놓고 선거 결과가 어느 한쪽의 대승으로 나오면, 마치 결과를 예상했던 것처럼 보도한다.

떠오르는 대로 갖다 붙이고
연쇄반응 유발

머릿속에서 떠오르는 것을 위주로 현상을 왜곡하는 가용성 편향은 왜곡의 폭주로 이어질 수 있다. 허위 정보가 사람과 네트워크 사이에서 연쇄반응을 일으키면 왜곡된 정보가 폭포수처럼 쏟아진다. 캐스 선스타인C. Sunstein은 이를 '가용성 폭포'라고 불렀다. 언론학자들이 말하는 가용성 폭포는 허위 사실이라도 반복적으로 보도되거나 일반인에게 노출되면 이를 믿는 사람의 규모가 최초 단계보다 대폭 늘어나는 현상이다. 트럼프 정부 출범 이후 미국 보건복지부 장관으로 임명된 케네디 주니어처럼 백신에 대한 허위 정보를 퍼뜨리던 사람은 처음에는 소규모 모임과 단체에서 출발했지만 코로나19 사태 당시에는 대규모로 세력을 결집해 백신접종 거부 운동을 벌였다. 백신 부작용에 대한 한두 개의 허위 정보가 집단 간 허위 정보 교환과 내용 추가에 따라 믿는 사람들은 눈덩이처럼 불어난 것이다.

의학적으로 검증되지 않은 다이어트가 유행하는 것도 가용성 폭포로 해석할 수 있다. 미디어나 SNS를 통해 허위 정보가 반복적으로 소개되면 이를 신뢰하는 사람들이 증가하기 마련이다. 그래서 의학적으로 효과 없는 다이어트도 반복 노출에 의해 많은 사람의 입에 오르며 효과가 있는 것처럼 포장된다. 성균관대 이재국 교수는 같은 정보에 반복적으로 노출되면 정보에 대한 신뢰감이 높아지는 현상을 '진실 착각 효과Illusory truth effect'라고 소개한다. 진실 착각 효과는 가짜뉴스가 진짜의 지위를 얻어가는 과정을 주시한 개념이다. 가짜뉴스의 증폭 작용으로 그 위력을 확인받는 가용성 폭포는 감염병 사태와 같은 재난 상황에서 지역 방역을 무력화시킬 뿐만 아니라 정부 조치의 신뢰도를 나락으로 끌어내린다. 그래서 정책 당국자들도 대응 방식을 놓고 골머리를 앓는다.

기준점 편향,
강렬한 첫인상의 효과

사람들이 새로운 사실이나 뉴스에 접할 때 초기에 누군가 제시한 정보를 중심으로 추론하거나 판단하는 행위를 기준점 효과라고 한다. 이 효과는 초기 정보가 허위일 경우 판단 오류를 동반한다. 이것이 기준점 편향Anchoring bias이다. 코로나19 확산 초기 누군가 "백신이 인간의 DNA를 변형시킨다"라는 허위 정보를 퍼뜨렸다. 전문가들이 허위라고 반박했지만 이 허위 정보는 한동안 수그러들지 않았다. 처음 들었던 허위 정보를 기준으로 백신을 계속 의심하거나 거부하는 사람들이 많았기 때문이다.

가짜뉴스를 쉽게 받아들이는 메커니즘인 확증편향도 기준점 편향과 불가분의 관계로 엮여 있다. 믿고 싶은 정보만 받아들이고 반대 정보는 배척하는데, 기준점 편향은 잘못된 판단과 선택에서 그야말로 기준 역할을 한다. 흔히 쓰는 "첫인상이 오래 간다"라는 말도 기준점 편향으로 설명할 수 있다. 처음 보는 사람은 그의 능력과 상황에 따라 다양한 모습으로 바뀔 수 있지만 그 사람이 새로운 모습을 보여주어도 첫인상을 근거로 모든 것을 판단하는 사람들이 많다. 첫머리 효과, 또는 초두初頭 효과도 이와 비슷한 개념이다. 어느 정치인이 부패에 연루됐다는 소문이 돌다가 나중에 아무런 근거 없는 루머로 확인되더라도 많은 사람은 여전히 그 정치인에 대해 의혹의 시선을 거두지 않는다. 이것도 기준점 편향에 해당된다.

기저율 무시,
"확률을 이겨 먹는 감정"

발생 확률이 낮은 사건이 언론에 보도되면 그 사건이 상당히 높은 확률로 발생한 것으로 인식할 수 있다. 이것을 기저율 Base rate 무시라고 부른다. 2021년 2월 서울 영등포구 대림동 골목길에서 일어난 살인 사건에서 범인이 조선족 출신 2명으로 밝혀지자 중국인 혐오 현상이 일어났다. 당시 국내 범죄에서 외국인이 저지른 범죄는 인구 구성 비율에 비해 현저히 낮았음에도 중국인 출신들이 한국에서 저지르는 범죄 비중이 매우 높은 것으로 착각할 수 있었다.

이런 착각이 일어나는 이유 중의 하나로 인지 구두쇠가 꼽힌다. 인구통계와 누적 통계에서 발생 비율이 낮은 사건인데도 현재 일어난 사건을 중심으로 판단한다. 그래서 높은 확률로 인식된다. 이는 인지 에너지를 투입하여 사고하지 않기 때문이다. 인지 구두쇠의 작용이 돋보인다. 확률이라는 합리적 판단 대신에 외국인에 대한 혐오 등 감정이 개입하면 기저율 무시 경향은 폭발적으로 증가하기도 한다.

결합오류,
"여러 개를 짜 맞추면 더 믿는다"

가짜뉴스 세계에서는 어떤 사건이 일어날 확률이 더 낮아지는데도 그럴듯한 가짜 이야기를 여러 개 덧붙여 보여주면 그 이야기를 더 믿어버리는 현상이 자주 목격된다. 합리성의 세계에는 이 현상을 결합오류Conjunction fallacy라고 부른다. 합리적인 사고와 판단에서는 납득하기 어려운 일인데 교묘한 가짜뉴스 생산자들은 이 메커니즘으로 영향력을 확대한다.

트버스키와 카네만은 '린다'라는 가상의 여성을 설정하고 이 현상에 대한 실험에 들어갔다. 실험 참가자들에게 '린다는 철학을 전공한 31세 독신 여성으로, 인종차별 반대 운동과 반핵 운동에 참여했다'라고 설명한 뒤 문제를 냈다. 문제는 '⟨a⟩ 린다가 은행원일 확률, ⟨b⟩ 은행원이면서 여성운동가일 확률 중 어느 쪽이 높은가?'였다. 실험 참가자 대부분이 ⟨b⟩라고 대답했다. 하지만 확률의 세계에서는 ⟨a⟩가 정답이다. 은행원일 확률 ⟨a⟩와 그와 동시에 여성운동가일 확률이 결합하면 더 낮은 확률이 나올 수밖에 없다. 그럼에도 많은 사람이 틀린 답을 찍었다. 실제로 다수가 착각했다. 이들은 직관에 의한 판단, 즉 휴리스틱 사고에 빠져 있다는 게 행동경제학자들의 설명이다.

앞서 설명한 기저율 무시는 발생 확률이 낮은 사건을 매우 높은 확률로 잘못 인식하는 메커니즘이다. 결합오류도 발생 확률이 낮은 현상을 높은 확률로 믿는 것인데 진실 착각 정도가 기저율 무시보다 더 심하다. 결합오류의 위험성은 가짜뉴스에 속을 가능성이 기저율 무시보다 더 크다는 데 있다. 유사한 허위 또는 과장 보도라도 몇 단계 더 터무니없이 조작하면 뉴스 이용자들이 더 속기 쉽다. 2016년 미국 워싱턴DC의 한 피자가게에서 일어난 총격 사건이 이를 보여주고 있다. 당시 이 가게는 난데없는 총격을 받았다. 범인은 가짜뉴스를 믿고 총을 들고 달려간 한 남성이었다. 가짜뉴스는 이 가게가 '힐러리 클린턴과 민주당이 아동 인신매매와 성 착취 조직을 운영하는 비밀장소'라고 지목했다. 미국 언론은 이 사건을 '피자 게이트'라고 부른다. 피자 게이트의 최초 단계는 폭로 사이트인 위키리스크에 클린턴의 선거운동을 돕던 폰 포데스타의 이메일이 공개된 시점이다. 포데스타의 이메일 속에는 '피자'라는 단어가 반복적으로 등장하는데 공화당 지지자들과 가짜뉴스 유포자들은 이를 성범죄를 암시하는 암호라고 주장했다. 이들은 이메일에 나온 '치즈피자'cheese pizza를 '아동 포르노'child pornography라고 마음대로 해석하며 클린턴을 계속 공격했다. 이메일 속의 피자가 성범죄 암호라는 주장은 전혀 근거가 없었는데, 여기에다 워싱턴의 한 피자가게가 민주당의 비밀 장소라는 그럴듯한 가짜 이야기가 덧붙여졌다. 이 가짜뉴스의 콘텐츠는 크게 '성범죄 암호'와 '비밀장소'라는 두 개의 허위 정보로 구성되어, 앞의 실험에 등장한 린다 문제와 같이 발생 확률이 더 낮다. 그런데 그 내용들이 짜 맞추어지자 가짜뉴스에 대한 신뢰도가 높아져 급기야 총격 사건까지 초래했다는 것이 전문가의 분석이다. 결합오류는 이처럼 가짜뉴스의 파괴적 영향력을 키울 수 있다는 점을 시사한다.

휴리스틱의 한계

휴리스틱은 특정한 분야와 현상에서 가짜뉴스의 성격을 설명하는 유용한 이론이지만 모든 경우에 일관되게 적용할 수 없다는 한계도 노출된다. 예를 들어 가용성 폭포의 경우 가짜뉴스가 여러 사람에게 확산되는 양상에 대한 이해도를 높일 수 있었지만, 정보가 많아질수록 가짜뉴스에 동조하지 않고 판단을 보류하는 사람들에 대해서는 설득력이 떨어진다. 같은 정보라도 정체성이나 정치 성향에 따라 휴리스틱 작동 방식이 달라지는 것도 이론가들이 풀어야 하는 과제다. 또한 사람들의 복잡한 사고를 직관에 의한 판단이나 분석적 판단 등으로 지나치게 단순화하기에 무리가 뒤따른다. 뉴스 이용자를 둘러싼 문화나 상황에 대한 맥락도 무시할 수 있다. 휴리스틱 이론에 따르면 사람들은 이익보다 손실에 더 민감하기 때문에 손실 회피 경향이 더 크게 나타난다. 하지만 위험을 감수하는 사람들이나 일부 청년층에서는 그런 경향이 강하게 나타나지 않을 수 있다. 이 또한 휴리스틱 전문가를 당황하게 만드는 대목이다.

"원하는 방향만 고수한다"
동기화 추론

동기화된 추론 Motivated reasoning(이하 '동기화 추론'으로 약칭)은 사람들이 정보를 처리할 때 자신의 신념이나 선호에 맞는 방식으로 판단하는 심리적 과정이다. 자신의 신념에 부합하는 결론을 미리 정해놓고 그에 부합되는 정보를 골라서 맞추는 현상에 주목하여 이론의 틀을 잡았다.

정치적 양극화와 관련된 가짜뉴스를 설명할 때 흔히 인용되는 분석 이론이 동기화 추론이다. 특정 정당과 집단에 소속된 사람들은 가짜뉴스를 보고 객관적 기준이 아닌 자기 편의 유불리에 따라 판단하기 쉽다. 가짜뉴스가 명백한 거짓이라고 밝혀지더라도 우리 편에 유리하면 진짜라고 믿는 사람들이 많다. 유리한 판단을 미리 해놓고 가짜뉴스에서 유리한 부분을 끌어와 끼워맞춘다. 이럴 경우 개개인의 인지 편향 차원을 넘어 '집단적 의도'까지 파악하기 위한 목적에서 동기화 추론 이론이 활용된다. 사람들의 정치적 선호와 정체성은 동기화 추론에서 기본적인 분석 기반이다. '당파적 편향'이라고 부를 만한 가짜뉴스 현상에 대해서도 설명을 시도하고 있다.

동기화 추론은 앞에서 설명한 확증편향이나 휴리스틱과 밀접한 관련이 있으면서도 적지 않은 차이가 있다. 동기화 추론은 확증편향과 유사하다. 둘 다 자신의 신념을 뒷받침하는 정보를 선호하면서 그 신념과 상반되는 근거는 배척한다. 그렇지만 동기화 추론은 가끔 합리적 추론을 거친다는 점에서 확증편향과 구분된다. 동기화 추론은 감정이라는 기반에서 정보를 처리하기에 휴리스틱과도 유사하다. 동기화 추론은 감정과 신념에 따라 정보를 왜곡한다. 이에 비해 휴리스틱은 인지 구두쇠, 즉 인지 자원을 아끼기 위해 직관에 따라 정보를 빠르게 처리하느라 정보를 왜곡한다. 동일한 현상 분석으로 보여도 그 처리 과정이 다르고, 이에 기반한 가짜뉴스 대응 방식도 다르게 나온다.

일부러 오답을 선택하는 현상

미국에서 총기 난사는 일상적으로 일어나는 테러 사건이고 미국 사회는 해마다 총기 규제에 실패해 왔다. 총기 규제를 찬성하는 민주당 지지자들과 규제를 반대하는 공화당 지지자들의 의견 분열 때문이다. 이 문제를 분석하는 데 동기화 추론 이론이 동원됐다. 이에 따르면 총기 규제 이견이 좁혀지지 않는 원인은 수정되지 않는 당파성이다. 고질적인 당파성은 객관적으로 명확한 수학적 문제에서도 수정되지 않았다.

미국 예일대 로스쿨의 댄 카한(D. Kahan) 교수는 2013년 공화당이나 민주당 지지자 등 당파성이 뚜렷한 사람들을 모집해서 문제를 냈다. 문제는 '총기 규제 정책을 시행한 A도시에서는 범죄자가 298명이고 감소 인원이 75명이다. 이 정책을 시행하지 않은 B도시에서는 그 인원이 각각 128명과 21명이다. 총기 규제가 범죄를 줄이는 데 효과가 있었는가?'였다. 문제를 보고 계산하면 총기 규제 정책을 시행한 A도시의 범죄 감소 비율(25.2%)이 B도시(16.4%)보다 높아서 '규제 효과가 있다'라는 대답이 많이 나와야 정상이다. 그런데 공화당 지지자들의 응답은 그렇지 않았다. 더욱 흥미로운 사실은 수학 능력이 뛰어난 공화당 지지자들의 오답 비율이 더 높았다는 점이다. 똑똑할수록 의도적으로 오답을 선택한 셈이다. 행동경제학자들은 정파의 이해관계에 따라 수리 문제까지 왜곡하는 이 현상에 동기화 추론이 개입했다며 가설 입증에 나섰다.

이따금 합리적 선택,
특이한 메커니즘

당파적 이해관계가 적은 이슈에서는 동기화 추론이 어떻게 작용할까. 총기 규제에 대한 실험을 실시했던 카한 교수는 '피부 크림은 발진을 악화시킬까?'와 같은 당파성과 거리가 먼 문제를 골라 참가자들에게 질문을 던졌다. 피부 크림이 발진을 악화시킬 확률이 높다는 의학적 자료도 함께 보여주었다. 이 실험 참가자들의 정답 비율은 총기 규제 실험보다 높게 나왔다. 당파적 이해관계가 적을 때에는 합리적으로 판단하는 비율이 높아진 것이다.

동기화 추론을 정립한 연구자들은 사람들이 어떤 목표를 두고 추론하는지를 알아봤는데 크게 두 가지 목표가 있는 것으로 가정했다. 그중 하나가 정확성 목표Accuracy goal다. 이는 정확한 결론에 도달하기 위해 객관적인 정보와 논리로 분석하는 추론 과정이다. 이것은 앞에서 설명한 당파성과 거리가 먼 주제에 대한 추론과 유사하다. 정확성 목표를 갖고 있는 사람들은 객관적 자세로 현상을 추론하기에 가짜 뉴스에 잘 속지 않는다.

하지만 상당수는 자신이 원하는 결론에 맞춰 정보를 해석한다는 것이 지금까지의 연구 결과다. 이는 방향성 목표Directional goal에 따라 추론했기 때문이다. 정확성 목표와는 완전히 다른 정보 처리 과정이다. 방향성 목표를 갖고 있는 사람들은 자신의 신념에 맞는 정보만 선택하기 때문에 확증편향에 빠진 사람들처럼 가짜뉴스에 쉽게 속고, 자신의 신념에 맞는 가짜뉴스를 선호한다.

동기화 추론은 선택적인 정보 탐색, 선택적인 정보 해석, 편향된 기억 등 3단계에 걸쳐 작동된다고 한다. 선택적인 정보 탐색은 자기 목적에 맞는 정보만 골라서 보는 행위다. 백신 반대주의자들은 정보를 검색할 때 백신의 긍정적 측면보다는 부작용 사례와 같은 콘텐츠를 골라서 본다. 선택적인 정보 해석은 같은 사실을 두고 다르게 해석할 때 관찰된다. 윤석열 정부 시절 경제성장률이 1%로 나왔을 때 여당 지지자들은 "세계 경제가 어려운 가운데 경제 정책을 잘 펴서 그만큼 나왔다"라고 해석했지만 반대자들은 "미국에서 3%로 나온 것에 비하면 낮다. 경제 운영에 실패해서 1%에 그쳤다"라고 해석했다. 편향된 기억은 과거의 기억을 끄집어낼 때도 자신에게 유리한 것만 고르는 현상이다. 이혼 소송 법정으로 가는 부부 가운데 상당수는 배우자에 대한 좋은 기억 98% 대신에 나쁜 기억 2%만을 떠올리며 이혼을 정당화하려는 경향을 보인다. 자신의 신념을 유지하기 위해 정보를 왜곡하는 과정에서 동기화 추론이 발동한 것으로 볼 수 있다.

**음모론에
부채질 위험**

동기화 추론은 객관적 판단을 방해한다. 1990년 보덴

하우젠G. Bodenhausen은 미국의 실험 참가자들에게 배심원 역할을 맡기고 인종차별 여부를 실험했다. 동일한 살인 사건 법정에서 같은 증거를 제시하고 피고인의 이름만을 라틴계(Carlos Ramirez)와 백인계(Robert Johnson)로 다르게 설정했다. 이 실험에서 라틴계로 설정됐을 때가 백인 이름이 설정됐을 때보다 유죄 평결을 내릴 확률이 높게 나왔다. 같은 증거를 제시했는데도 참가자들의 인종적 편견에 따라 결론이 다르게 나온 것이다. 공정한 판단을 해야 할 배심원단 역할 속에서 동기화 추론이 작동한 것이다.

동기화 추론은 또한 음모론이나 정치적 양극화에 동력을 제공하면서 많은 부작용을 동반한다. 2016년과 2020년 미국 대선에서는 가짜뉴스가 기승을 부렸다. 트럼프 후보 지지자들은 "바이든이 선거를 조작했다"라고 주장했고, 바이든 후보 지지자들은 "트럼프가 선거 결과를 조작했다"라고 맞서 양극화 현상을 실감케 했다.

버락 오바마 전 미국 대통령의 출생에 관한 가짜뉴스는 도널드 트럼프 대통령 캠프가 2008년부터 2016년까지 우려먹은 소재인데 가짜뉴스 유포자들은 동기화 추론 메커니즘을 선거 현장에서 마음껏 이용했다. 오바마 출생에 관한 가짜뉴스는 '오바마가 하와이가 아닌 케냐에서 태어났고 유년 시절을 인도네시아에서 지냈기 때문에 미국 국적을 상실했다', '오바마는 기독교인이 아니라 이슬람교도이다' 등이 주요 내용이다. 오바마가 케냐에서 태어났다면 미국 국적을 취득할 수 없었기 때문에 대통령 출마 자격도 없어진다. 그런데 이 가짜뉴스는 과학적인 근거도 없이 공화당과 트럼프 지지자들에 의해 끊임없이 퍼져 나갔고, 당파 옹호 심리에 의해 유권자들에게 사실로 수용되는 지경에 이르렀다. 트럼프 캠프의 가짜뉴스는 폭스뉴스에 의해 증폭됐고, 트럼프 지지층은 터무니없는 주장을 굽히지 않았다.

정파에 휘둘리는
방향성 추론

한국 대선에서도 음모론이 장기간 선거판을 흔들었던 사건이 있었다. 15대 대통령 선거와 16대 대선에서 이회창 후보 아들의 병역 문제 대부분이 허위 사실이어도 가짜뉴스의 먹잇감이 됐다. 2002년 5월 당시 '진보 편향'의 인터넷 매체는 병역 브로커 김대업 씨의 제보를 받고 '1997년 대선 직후 이 후보 장남의 병역 비리를 은폐하기 위한 대책 회의가 열린 뒤 장남의 병적 기록이 폐기됐다'라는 취지로 보도했다. 당시 김 씨는 녹음테이프를 증거 자료로 제시했지만 검찰 수사 결과 위조로 판명됐다. 김 씨의 거짓말과 이를 그대로 받아들인 가짜뉴스가 대선판을 흔들었다. 당시 이 후보를 반대하던 지지자들은 "김대업 씨의 말이 사실"이라고 주장했다. 김 씨는 이 사건으로 징역형을 선고받은 뒤 또 다른 사기 사건에 휘말리기도 했지만, 이 사건 발생으로부터 20년이 지난 시점에서도 "2002년 당시 김대업 씨의 말은 틀리지 않았다"라고 주장하는 사람들이 보인다. 앞에서 설명했던 편향된 기억이 작용하고 있다고 볼 수 있다. 지적 수준이 높은 식자층에서 이 같은 가짜뉴스를 믿는 것은 방향성 목표에 따른 추론의 결과라고 해석할 수 있다.

과학에 대한 부정도 동기화 추론에서 비롯됐다. 1987년 쿤다Z. Kunda는 실험 참가자들에게 '카페인이 유방암과 관련 있다'라는 연구 결과를 보여주고 동기화 추론이 작동하는지 살펴봤다. 카페인을 많이 섭취하는 참가자들은 "이 연구는 방법론적으로 오류가 있다"라며 연구 결과를 의심했다. 반면 카페인을 적게 섭취하는 참가자들은 연구 결과를 신뢰하는 경향을 보였다. 똑같은 과학 정보에 접했는데 서로 다르게 해석한 것이다. 과학적으로 입증된 정보라도 자신의 생활 습성과 맞지 않는 정보를 무시하는 경향은 동기화 추론의 부작용이다. 코로나19 사태 당시 미국에서는 코로나 백신이 안전성 검증을 통과했음에도 불구하고 일부 공화당 지지자와 반反과학주의자들은 "백신이 인체에 해롭다"라고 주장하면서 백신을 접종하지 말자는 캠페인을 벌였다. 그러한 백신 거부주의자로서 가짜뉴스를 유포한 사람 중의 한 명인 케네디 주니어는 2025년 미국 보건복지부 장관으로 임명됐다. 가짜뉴스의 승리라고 평가할 만하다.

다양한 추론의 이유

동기화 추론이 일어나는 이유에는 자아 보호, 정체성 유지, 인지적 효율성, 자기만족 등이 작용한다고 이론가들은 말한다. 어떤 정보가 "내가 틀렸을지도 모른다"라는 것을 암시하면 불편함을 느낀다. 바로 인지부조화 상태이다. 이런 불편에서 벗어나기 위해 틀린 믿음이라도 그것을 유지하기 위해 사실을 부정하거나 왜곡한다. 자기 정당화의 논리도 이와 같은 맥락에서 나온다.

정체성 유지는 심리학자들이 가장 많이 꼽는 동기화 추론의 원인이다. 심리학에서 정치적·종교적 신념은 단순한 개인 의견이 아니라 개인의 정체성을 유지하는 골간이다. 그래서 이러한 신념을 갖고 특정한 소속감을 갖고 있는 사람들은 정체성을 위협하는 정보가 나타나면 사실 여부를 가리지 않고 강한 거부감을 드러낸다고 한다.

스포츠 팬덤에서도 이런 현상이 종종 목격된다. 자기편 선수가 고의적인 반칙 플레이를 해도 그것을 반칙이라고 하지 않고 주심이 오심을 내렸거나 상대편이 반칙을 유도했다는 식으로 자기편 선수를 두둔한다.

무분별한 자기편 옹호,
정치권이 역이용

무분별한 자기편 옹호는 손목 밴드 하나의 차이로도 나타난다고 미국 노스이스턴대의 데이비드 디스테노D, Desteno 교수가 실험으로 입증했다. 실험 참가자들에게 무작위로 손목 밴드를 지급한 뒤 밴드 색깔에 따라 팀을 나눴다. 그런 다음 실험 참가자들을 섞어서 두 그룹으로 분리해 첫 번째 그룹에게 10분짜리 쉬운 과제와 40분짜리 어려운 과제 중 하나를 선택하되 앞사람이 쉬운 과제를 선택하면 뒷사람은 어려운 과제를 해결하도록 규칙을 정했다. 실험 결과 "공정한 선택을 했다"라고 대답한 90%는 쉬운 과제를 선택한 사람들이었다. 어려운 과제를 선택한 두 번째 그룹에게 실험 영상을 보여주자 첫 번째 그룹 중 다른 색깔의 손목 밴드를 찬 사람들만 비난하고 자신과 같은 색깔의 밴드를 찬 사람들은 비난하지 않았다. 임의적인 실험에서도 같은 팀 편애가 드러난 것이다. 자신의 감정과 신념이 투사된 정치권과 사회집단 속에서는 이러한 실험보다 더 심한 왜곡과 판단 착오가 발생한다.

동기화 추론이 진행되는 또 다른 축은 개인의 선호다. 어떤 대상이나 현상에 대한 주관을 형성할 때 특정한 결론을 정해놓고 자신이 좋아하는 것만 골라 판단과 주장의 근거로 삼는 행위다. 개인의 선호에서 벗어난 것은 객관적 사실이라도 배척한다. 담배를 피우는 사람들은 흡연의 정당성을 옹호하기 위해 '담배를 피워도 장수하는 사람들이 있다'라는 연구 사례는 적극 옹호하지만, 흡연의 해악을 알리는 금연 캠페인은 외면하거나 배척하는 경향을 보인다.

동기화 추론은 정치인들이 지지 기반을 확대하는 데 이용한다. 도널드 트럼프 미국 대통령은 2025년 4월30일 취임 100일을 맞아 집권 전 3%까지 올랐던 미국 경제성장률이 마이너스로 돌아서자 "성장률 후퇴는 바이든 정부의 유산"이라며 자신의 정책 실수를 회피했다. 2기 집권 초반 역대 최저 지지율에 이르러 지지 기반이 흔들리자 2024년 대선 기간 자신을 지지했던 유권자들에게 정체성과 선호도를 자극하는 발언을 쏟아내면서 동기화 추론을 유도한 것으로 보였다. 그는 대선 전 당시 활용했던 백파이어 효과Back fire effect를 또 활용했다. 사실과 무관한 가짜뉴스를 시중에 풀어놓으면 확증편향이 더 강해지는 현상이 백파이어 효과다. 대선 당시 백파이어 효과는 트럼프 핵심 지지층을 더욱 결속시켰으며, 집권 이후 지지 기반이 흔들릴 때도 이 효과가 위력을 발휘했다.

정파 가리지 않고
왜곡된 판단

하지만 이 같은 행위는 현실을 객관적으로 인식하고 정확한 대안을 내놓는데 방해물이 된다. 동기화 추론은 객관적 인식에 토대를 둔 사회적 합의 기반 붕괴, 그에 따른 집단적 반목과 사회적 비용 증대를 증가시킨다는 점에서 양극화 사회의 적敵으로 지목된다.

일부 연구자들은 보수를 지지하는 사람들이 진보 지지층보다 확증편향이 더 심하고 자신의 관점을 바꾸지 않는다는 점을 입증했지만, 동기화 추론은 우파와 좌파를 가리지 않고 나타난다는 것이 최근 연구자들의 관찰 결과다. 미국의 의료정책 오바마케어Obamacare에 대한 양 진영의 관점이 그와 같은 사례다. 오바마 대통령 재임 시기 의료보험 가입자를 늘리기 위해 도입된 정책이 오바마케어인데, 이 정책이 실패로 돌아갔다고 주장하는 사람들은 공화당 지지자들이고 이 정책이 성공했다고 믿는 층은 민주당 진보주의자들이다. 연구자들이 양당 지지자를 상대로 숫자를 제시하고 의료비 감소 여부를 물었다. 제시한 데이터를 보면 의료비 감소율은 정책을 시행하기 전과 시행한 이후에 모두 26.4%로 똑같다고 계산할 수 있었다. 그럼에도 민주당 지지층은 이 정책이 의료비 감소에 효과가 있었다고 대답하는 비율이 높았고, 공화당 지지자는 효과가 없다고 응답한 비율이 높았다. 이 정책에 따른 의료비 감소는 변동이 없었다는 객관적 수치가 제시되어도 진보주의자들은 당파성에 이끌려 편향된 응답을 한 것이다. 결국 진보주의자들도 보수주의자들과 마찬가지로 왜곡된 판단을 한다는 게 동기화 추론 이론의 관측이다.

가짜뉴스 퇴치의 단서,
인지적 성찰

　　　　동기화 추론은 사람의 지능이나 능력과 상관없이 자신에게 유리한 방향으로 문제를 해석하고 평가하는 방식이다. 지적 능력이 뛰어나고 스마트한 사람들은 자신의 정체성과 당파성과 관련된 문제에서는 편향이 더 심해진다는 것이 동기화 추론 이론의 일반적 주장이다.

　하지만 모든 인간이 그와 같이 생각하고 불합리한 자기 주장을 내세운다면 그야말로 의견이 분열된 세상에서 가짜뉴스만 판치게 된다. 동기화 추론은 앞에서 살펴보았듯이 이따금 합리적 처리 방식을 택한다고 전제한다. 휴리스틱의 합리적 사고 처리 경로와 비슷하게 합리적인 통로가 있다는 것이다. 이 통로를 입증한 학자는 고든 페니쿡G. Pennycook과 데이비드 랜드D. Rand이다. 이들은 인지 성찰 테스트 Cognitive Reflection Test, CRT를 통해 당파성 영향에도 불구하고 가짜뉴스에 속지 않는 사람들을 구별해냈다. 미국 일반 시민 3,400명이 참가한 이 실험에서 정치적으로 편향된 가짜뉴스를 보여주고 '이 뉴스가 정확하다고 생각하는가?'라고 물었다. 그런 다음 조금만 주의하면 정답을 낼 수 있는 간단한 수학 문제(인지적 성찰 테스트)를 냈다. 간단한 수학 문제를 푸는 것이 CRT다. 그 결과 CRT 문제를 풀어낸 사람들은 가짜뉴스를 믿지 않은 비율이 높게 나왔다. 예를 들어 CRT 점수가 높은 응답자들은 가짜뉴스에 대한 신뢰도가 25%였고, CRT 점수가 낮은 그룹은 가짜뉴스 신뢰도가 65%였다. 인지적 성찰을 거치는 사람들은 가짜뉴스에 잘 속지 않는다는 결과가 나타났다. 이 같은 결과는 민주당 지지자나 공화당 지지자나 비슷하게 나왔다. 페니쿡은 2021년 '가짜뉴스의 심리학'이라는 저서에서 "인지적 성찰을 하는 사람을 인지적으로 정교한 사람"이라고 소개하면서 "정치(뉴스)가 진실을 압도하지 못한다"라고 주장했다. 통상 동기화 추론은 뉴스의 진실성보다 훨씬 작게 작용한다는 것이다. 또한 "정치적으로 일관된 뉴스에 대한 신뢰가 크다고 해서 이것이 반드시 동기화 추론을 의미하는 것은 아니다"라고 덧붙였다. 인지적으로 정교한 사람은 새로운 정보를 평가할 때 정치적 정체성보다는 이전에 자신이 갖고 있던 신념에 가중치를 더 둔다는 게 이들의 최근 연구 결과다.

동기화 추론 이론의 한계

동기화 추론 이론은 가짜뉴스에 이끌리는 다양한 이유를 밝혀냈다. 그렇지만 이 이론이 가짜뉴스를 믿는 이유 가운데 그 일부만을 부각시킨 바람에 다른 이유가 가려지는 경우도 나타난다. 예를 들어 정보의 홍수 속에서 가짜뉴스를 능동적으로 선택하는 행위는 동기화 이론에 의해 잘 설명되지만, 이것 말고 다른 이유도 허다하다. 정보 처리 능력의 한계에 의한 피로감이 그런 이유가 된다. 피로감에 의해 사실을 확인하기 어려워지면 피동적으로 가짜뉴스를 수긍하기도 한다. 이 같은 점은 정보에 대한 능동적 왜곡을 강조하는 동기화 추론 이론의 한계로 지적된다.

 동기화 추론 이론으로 양극화를 설명할 때도 원인을 잘못 지적할 수 있다. 동기화 추론 이론은 모든 정치집단이 정보를 아전인수我田引水 격으로 활용한다고 보지만 일부 집단은 이 정보를 무차별로 의심하거나 무시할 수도 있다. 가짜뉴스가 집단으로 증폭되는 현상에 대해서도 동기화 추론만으로 해석하기 어려운 경우가 나타난다. 집단의 압력, 반향실 효과 등 가짜뉴스와 연결된 환경에 대해서는 한계를 드러낸다. 이해관계가 다층으로 얽혀 있는 경제적 이슈에서도 동기화 추론 이론이 방향을 잡지 못할 때가 많다.

"아는 만큼 속지 않는다"
무지無知 이론

가짜뉴스의 번성 원인을 찾을 때 무지 이론Ignorance Theory도 유용한 분석 틀 중의 하나다. 무지 이론은 독자와 시청자 등 뉴스를 접하는 수용자가 뉴스와 관련된 정보가 없거나 잘못된 정보를 갖고 있어서 가짜뉴스가 확산된다는 관점이다.

이 같은 관점은 앞서 설명한 휴리스틱이나 동기화 추론과는 전제가 다르다. 무지 이론에 따르면 정보 수용자가 본능이나 의도에 의해서 사실을 왜곡하는 것이 아니라 정보의 부족과 무지에 의해서 객관적 사실을 잘못 판단한다는 것이다. 따라서 정보의 부족이나 무지를 합리적 근거에 따라 해소해 준다면 올바른 인식과 판단이 진행될 수 있다. 반면 앞의 두 이론은 인지 구조상 태생적으로 객관적 사실을 잘못 받아들일 가능성을 전제하기에 가짜뉴스에 대한 객관적 인식에는 한계가 있을 수밖에 없다고 보고 있다.

무지 이론 역시 과학적인 근거가 없는 음모론이나 반反과학주의에 기반한 가짜뉴스가 어떻게 확산되는지에 대한 통찰력을 제공한다. 코로나19 감염병이 유행하던 2020년 4월 영국에서는 '5세대 이동 통신5G이 바이러스를 확산시킨다'라는 괴담과 함께 5G 기지국에 대한 방화 범죄가 발생했다. 영국 국영 방송국 〈BBC〉에 따르면 당시 5G의 바이러스 전파설이 퍼지면서 버밍엄, 리버풀 등 대도시 지역에서 기지국이 불에 타는 사건이 잇달아 발생했다. 유튜브와 페이스북에서는 '리버풀에서 발생한 화재'라는 영상이 수없이 공유됐다. 이 영상은 모바일 기술과 코로나19 확산이 관련이 있다고 주장했다. 마이클 고브 영국 국무조정실장은 이를 "위험하고 터무니없다"라고 설명한 데 이어 영국 디지털문화미디어스포츠부도 "5G와 코로나19의 관련성은 그 어디에도 없다"라고 했지만 가짜뉴스는 더욱 급속하게 퍼져 나갔다.

그러자 코로나19 감염병을 매일 브리핑하던 국민건강서비스NHS 스티븐 포위스 의료국장이 나섰다. 그는 "집에서 많은 시간을 보내야 하는 일반 대중뿐 아니라 코로나19 의료 대응에도 5G 서비스가 꼭 필요하다"라며 "이런 긴급 상황에 사람들이 통신 시설을 고의로 훼손했다는 사실에 너무 화가 난다"라고 말하며 바이러스 관련성을 일축했다. 그렇지만 5G 음모론은 계속 퍼져 나가 일부 가짜뉴스 신봉자들은 통신 회사 직원들을 협박하기도 했다. 음모론자들은 "통신 탑을 파괴하겠다"라며 협박 전화를 마구 걸었다.

팩트체크 단체인 '풀 팩트'의 분석에 따르면, 당시 음모론은 크게 두 가지였다. 하나는 5G 기지국에서 발산되는 전파가 대중의 면역체계를 약화시켜 코로나19가 빠르게 확산했다는 주장이다. 그렇지만 5G가 이전 세대 무선통신보다 더 높은 주파수를 사용한다고 해도 모바일 네트워크에 사용되는 주파수는 DNA를 분해하고 세포 손상을 일으킬 만큼의 충분한 에너지를 갖고 있지 않다. 또 다른 음모론은 노벨상을 받은 한 생물학자의 연구를 인용한 것으로 박테리아가 주파수를 생성할 수 있다는 주장이다.

가짜뉴스 신봉자가 몰랐던
정보 제시하며 설득

BBC는 자사 홈페이지에 이 음모론의 결정적 결함을 알렸다. 이 음모론이 설득력을 얻으려면 5G 네트워크가 이미 활성화된 다른 나라에서 코로나19가 빨리 확산돼야 하는데, 실상은 그렇지 않다는 것이다. 또한 이란 등 5G를 아예 도입하지 않은 나라와 영국 내 5G가 도입되지 않은 도시에서도 코로나19가 확산되고 있다는 점을 들어 음모론을 정면으로 반박했다. BBC와 같은 대응은 무지 이론에 기반한 것이다. 가짜뉴스를 믿던 대중들에게 과학적인 근거와 사례를 보여주며 대중들이 몰랐던 정보를 제시하면 설득이 된다는 것이다.

코로나 환자가 급증하던 당시 5G 음모론은 방역을 방해했을 뿐만 아니라 방화와 협박이라는 사회적 범죄를 낳았다. 다른 나라에 비해 5G 통신을 일찍 도입한 한국이나 일본에서도 이 같은 음모론이 통용됐을까. 무지 이론에 따르면 통용되지 않았을 가능성이 크다. 한국이나 일본의 뉴스 수용자들이 이미 5G와 주파수에 대한 기본적인 상식을 알고 있었기 때문이다. 영국에서 5G 음모론과 방화 사건이 일어난 것을 두고 무지 이론은 "일반 대중이 전자파와 바이러스 확산의 관련성을 모르고 있었기 때문에 가짜뉴스를 믿었다"라고 설명한다.

무지 이론은 가짜뉴스가 번성하는 이유에 대해 인지적 무지와 정보 격차를 우선적으로 꼽는다. 뉴스 수용자들은 5G와 같은 전문적인 주제에 스스로 무지하다는 사실조차 인지하지 못할 때가 있는데, 이런 상태에서는 정보를 비판적으로 분석하지 못하고 자극적인 가짜뉴스에 속아 넘어간다는 것이다. 또한 한국과 영국처럼 5G 정보 격차가 있을 때 정보가 부족한 국가에서 가짜뉴스가 퍼지기 더 쉽다고 한다.

무지 이론에 따르면 의도적 무시Willful Ignorance도 가짜뉴스 확산의 원인이다. 의도적 무시는 단순히 정보를 모르는 상태가 아니라 의도적으로 정보를 외면하는 행위다. 코로나19 확산 시기 일부 국가에서는 '백신을 맞으면 불임이 된다', '백신에는 마이크로 칩이 있다'라는 음모론이 나돌았다. 이 같은 음모론과 가짜뉴스를 믿는 사람들에 대해 무지 이론은 "바이러스에 대한 지식이 없는 측면도 있고, 도덕적 비난을 회피하기 위한 의도적 외면도 작용한다"라고 분석한다. 코로나 사태가 끝난 뒤 백신 반대론자들은 그들이 뿌린 가짜뉴스에 대해 책임을 지지 않고 제약회사나 국가에 대한 불신을 조장하는 가짜뉴스를 또다시 유포하고 있다. 이는 불신 조장으로 비난과 책임을 회피하는 가짜뉴스 특유의 전술이다.

사회 환경이나
인지 속성

무지 이론은 한국의 일부 언론단체도 활용하는 것으로 보인다. 이 이론은 개인의 정보와 가짜뉴스 수용 방식에서 통찰력을 제공하는 것은 사실이다. 하지만 지금까지 전문가들이 관찰한 결과 무지 이론에 기반한 분석과 대응은 장점보다는 결함이 더 많이 드러난 것으로 보인다. 무지 이론 대로 정보 부족을 해결해주어도 가짜뉴스 신봉자가 불신자로 바뀐 경우는 드물었다. 가짜뉴스는 인터넷 보급이나 양극화 사회와 같은 정보를 받아들이는 환경, 정보의 정파성, 가짜뉴스 신봉자의 인지적 속성 등에 따라 수용과 확산 양상이 달라진다. 예를 들어 한국에서는 정보의 결핍보다는 정보의 과잉이 더 큰 문제로 대두되는 경우가 많다. 한국의 가짜뉴스 세력은 정보의 과잉 상황을 이용하여 정보의 선별적 수용과 체리 피킹을 유도하기도 하고 책임을 회피하기도 한다. 무지 이론은 이 같은 맥락을 무시하고 대중의 무지를 깨우치려고 한다.

  가짜뉴스가 집단의 결속이나 정체성에 따라 확산될 때도 무지 이론은 한계를 드러낸다. 이 현상도 정보의 부족 때문에 벌어지지 않는다. 가짜뉴스를 권력자들이 의도적으로 유포할 때는 가짜뉴스의 생성 원인을 수용자에게서 찾지 말고 권력구조나 플랫폼 환경에서 찾아야 하는데, 무지 이론이 이를 충분하게 반영하지 못한다는 지적도 받는다.

"비공유의 대가가 두렵다"
집단동조 이론

가짜뉴스는 개인뿐만 아니라 집단 차원에서 순식간에 확산된다. 이때 집단의 심리를 분석하여 가짜뉴스의 확산 원인을 밝혀내는 이론 중의 하나가 집단동조 이론이다. 앞서 언급됐던 휴리스틱이 주로 개인 차원에서 가짜뉴스를 믿는 근거를 밝혀낸 데 비해 집단동조 이론은 사회심리, 집단의 심리를 분석하는 데 집중하고 있다. 동기화 추론 이론에서 당파성은 집단동조 이론과 거의 맞닿아 있다고 볼 수 있지만 메커니즘은 조금 다르다. 집단 동조 이론이 의존하는 사회심리학은 사회적 동물인 인간의 신념도 사회의 영향을 받아 형성된 것이라는 전제에서 출발한다. 집단동조는 사회집단 내부에서 벌어지는 압력이 개인 심리를 지배한다는 관점에서 이론의 근거를 확인한다.

1950년대 논문을 발표하며 활발하게 활동했던 심리학자 솔로몬 애쉬S. Asch는 인간이 집단의 압력을 받고 명백한 오답을 정답으로 선택한다는 점을 실험을 통해 입증했다. 솔로몬은 실험 참가자에게 선분이 그려진 첫 번째 카드를 보여주고 두 번째 카드에 그려진 선분 3개 중에서 길이가 같은 것을 고르라고 했다. 참가자가 대답하기 전에 5~6명의 연기자가 바람을 잡았다. 연기자들은 길이가 서로 다른 선분을 가리키며 "이것이 정답"이라고 큰 소리로 외쳤다. 참가자는 갈등 상황에 놓였다. 길이가 같은 선분이 있는데, 연기자들이 다른 선분이 정답이라고 외치니 어느 것을 정답으로 택할지 망설이는 기색이 보였다. 결국 이 실험에서 37%가 오답(길이가 다른 선분)을 택했다. 애쉬는 이 현상을 집단 압력의 힘이라고 분석했다. 개인의 신념이 집단과 부조화 상태에 있을 때 이를 회피하기 위해 집단의 오답에 손을 들어준다는 것이다. 집단에 굴복할 때 개인의 신념이나 객관적 판단마저 희생할 수 있다는 실험으로, 이는 가짜뉴스가 왜 그토록 빠르고 광범위하게 확산하는지에 대한 이론적 토대를 제공하고 있다.

이와 유사한 현상은 2019년 버닝썬 사건에서도 일부 드러났다. 이 사건은 청와대와 검찰 경찰 인사 개입 의혹, 마약과 성폭행 등이 읽힌 복잡한 사건이었는데, 가짜뉴스 유포자들은 비난 여론에 물타기를 하기 위해 이 사건에 연루된 연예인을 꾸며서 허위 정보를 유포하거나 심지어 제보자나 언론에 대해서도 '가짜뉴스 유포자'라고 역공하기도 했다. 그 당시 이 사건 관련자였던 가수의 팬들은 '사건이나 동영상이 조작됐다' 등의 가짜뉴스를 공유하며 인터넷 사이트에 퍼뜨렸다. 연예인 팬들의 이 같은 집단동조는 어떻게 일어난 것일까. 얼굴도 모르는 팬끼리 '우리가 옹호하는 그 뉴스를 믿으라'라며 집단 압력을 가할 수 있을지 의심할 수 있는데, 현실에서는 그런 현상이 실제로 벌어진다.

집단 압박의 힘

최근의 집단동조 이론은 가짜뉴스를 공유하는 메커니즘 중 하나로 '소외'를 지목한다. 2020년 경영대학원 인시아드INSEAD의 수석 연구원이던 매튜 로슨M. Lawson은 미국 트위터 이용자 5만 쌍을 대상으로 뉴스를 공유하는 이유를 조사했다. 조사 대상자들은 가짜뉴스를 공유하는 그룹과 공유하지 않는 그룹으로 구분됐으며, 이념 성향은 이용자들이 팔로우하는 계정을 보고 분류됐다. 이 조사에서 가짜뉴스를 공유하는 사용자들이 공유하지 않는 사용자들과 상호 작용할 가능성이 시간이 지날수록 점점 줄어들었다. 이는 이용자들이 우파이든 좌파이든, 정치적 이념과 관계없이 벌어지는 현상이었다. 로슨은 "온라인 커뮤니티에서 누군가가 가짜뉴스를 공유하면 다른 사람은 그것이 거짓인지 사실인지 모르더라도 공유해야 한다는 압박감을 느끼게 된다"라며 사회적 압력이 가짜뉴스 확산의 주요 동기라고 설명했다.

  그다음 단계의 실험은 가짜뉴스 공유자 1만 명과 일반 트위터 이용자 간의 차이를 조사하는 연구였다. 그 결과 가짜뉴스를 공유하는 그룹이 공유하지 않는 그룹을 배척할 가능성이 일반 이용자보다 높게 나타났다. 이에 대해 로슨은 "정치 이념만으로는 사람들이 자신이 속한 집단 내에서 가짜뉴스를 공유하는 경향을 설명할 수 없다"라며 "소외되지 않고 어울리고 싶은 기본적인 욕구를 포함한 여러 요인이 작용한다"라고 분석했다.

  이 조사에서 흥미로운 점은 '집단 내 가짜뉴스 강요와 소외에 대한 두려움' 현상이다. 트위터에서 공유되는 다른 내용보다도 유독 가짜뉴스를 공유하지 않았을 때 공유자가 비공유자를 배제할 가능성이 크고, 비공유자가 느끼는 소외에 대한 두려움이 더 크게 나타난다는 것이다. 이는 가짜뉴스 공유 여부를 선택할 때 특정 신념이나 생각에 동조해야 한다는 압박이 더 클 수 있음을 시사한다. 연구진은 가짜뉴스를 공유하지 않았을 때 배척당하는 것을 사회적 비용Social cost이라고 설명했다. 트위터 공유 집단에서 비공유를 선택할 때의 대가는 예상외로 큰 것으로 보였다. 단체방에서 탈퇴하고 다른 곳에서 대화 네트워크를 만들어갈 때 들어가는 유·무형의 비용이 상당히 큰 것으로 인식됐다. 이 대가를 치르지 않기 위해 개인들은 명백한 가짜뉴스라도 집단에서 누군가가 공유하면 사회적 연결망 속에서 공유해야 한다는 압박을 받는다고 연구진이 분석했다.

가짜뉴스에 대한 집단동조는 단순히 다른 사람들이 나보다 더 정확하고 더 많은 정보를 갖고 있을 것이라는 생각에 의해서도 일어난다. 이 같은 동조를 정보적 동조Informational Conformity라 부른다. 이에 비해 집단의 순응 압력에 개인이 의식적으로 따르는 것을 규범적 동조Normative Conformity로 부른다. 규범적 동조는 집단 따돌림과 소외 공포에 의해 가짜뉴스를 믿거나 공유하게 하는 요인으로 자주 거론된다.

집단동조 이론의 한계

집단동조 이론은 개인이 댓글 반응을 보고 의견을 형성하는 현상처럼 다수의 의견이나 집단의 압력에 순응하는 이유를 밝혀내는 데 많은 기여를 했지만 단기적인 해석 방식이라는 평가도 받고 있다. 가짜뉴스는 지속적인 노출 환경과 장기적인 신념 형성에 따라 확산되기도 하는데, 이는 집단동조 이론의 단기적인 분석 틀로 설명하기 어렵다.

또한 집단 안에서도 개인의 성향이나 경험과 정보 수준에 따라 가짜뉴스 수용 양상이 천차만별로 나타나는데, 집단동조만으로 이 차이를 설명하기 어렵다. 이따금 유행하는 풍자에 담긴 가짜뉴스를 분석하는 데도 집단동조 이론의 한계가 드러난다. 풍자는 집단의 압력보다는 놀이나 문화적 동인에 따라 유행할 가능성이 크기 때문이다.

알고리즘 추천 시스템, 봇 계정과 같은 기술적 요인도 집단동조로 설명하기 어렵다. 대형 포탈의 알고리즘이 자극적인 콘텐츠를 더 노출시킬 경우 가짜뉴스가 더욱 기승을 부리기 쉽다. 이는 집단동조 이론이 중시하는 집단의 압력과는 거리가 멀다.

"우리 편이면
가짜도
믿는다"
사회정체성 이론

특정 집단에 소속감을 느끼는 개인이 가짜뉴스를 진짜라고 받아들이는 이유를 모두 집단의 압력이나 소외 회피로만 볼 수 있을까. 여기에 "No"라고 대답한 대표적 이론이 사회정체성 이론Social Identity Theory이다. 개인이 자신의 신념과 연결된 사회정체성을 드러낼 때 사회적 압력에 굴복하기보다는 자발적 동기가 있다는 것이다. 그것이 잘못되고 어리석은 선택일지도 모르지만 자신의 신념을 집단의 정체성와 일치시키려는 개인의 자발성이 개입한다는 관점이다.

사회정체성 이론은 연예 스포츠 팬덤 현상이나 정치 뉴스 분석에서 자주 적용되고 있다. 연예인 팬들은 자신들이 좋아하는 연예인이 잘못을 저질러도 근거 없는 가짜뉴스를 내세우며 그 연예인을 두둔하려는 성향을 보인다. 만일 같은 팬들끼리 동조하지 않으면 팬덤에서 소외될 수 있다는 우려에서 그렇게 했다면 집단동조 이론 적용이 적절하다. 그런데 집단의 압력보다는 개인이 그 연예인에 대한 일체감을 자발적으로 선택했다면 사회정체성 이론이 더 합당할 것이다.

대안 언론이 퍼뜨리는
가짜뉴스 신뢰 현상

사회정체성 이론은 개인이 자아와 연결된 사회정체성을 형성한 뒤 집단 내부와 외부를 구분(內집단과 外집단)하고 편 가르기를 하는 과정을 중점 분석한다. 사회정체성과 일치하는 정보는 가짜이든 진짜이든 조건 없이 신뢰하고 공동 행동까지 벌인다는 것이 이 이론의 핵심이다.

비과학적인 신념도 사회정체성의 근간이 된다. 2020년 코로나19가 확산될 당시 미국 공화당 지지자들과 트럼프 대통령은 한때 마스크 벗기 운동을 벌였다. "우리 당은 자유를 중시하기 때문에 방역 당국의 마스크 착용에 반대한다"라는 것이 그들의 주장이었다. 당시 백신 접종에 반대하는 일부 인사들은 정부와 보건당국을 불신하면서 "우리는 자연주의자로 백신과 같은 인공적인 방역 정책을 받아들일 수 없다"라고 우겼다. 마스크 거부와 백신 반대가 이들에게는 확고한 신념이었다는 것이 사회정체성 이론가들의 분석이다.

사회정체성 이론은 동기화된 추론과 혼동되기도 한다. 특히 집단적으로 가짜뉴스를 퍼뜨리는 현상이 두드러질 때 두 이론을 구분하기가 어렵고, 혼용하여 설명하기도 한다. 그렇지만 이론의 영역에서는 초점이 엄연히 구분된다. 같은 가짜뉴스를 믿더라도 사회정체성 이론은 집단의 정체성에 초점을 둔다. 자신의 집단을 보호하기 위해 가짜뉴스를 믿는다고 한다면 이 이론의 적합성이 확인된다. 반면 동기화 추론은 개인의 신념 정당화와 정서적 만족에 초점을 둔다. 개인이 믿고 싶은 동기에서 가짜뉴스를 진짜라고 우긴다면 동기화 추론에 따른 분석이 더 유효하다.

믿고 싶은 동기보다
편 가르기에 초점을 둔 이론

그런데 현실에서는 사회정체성 이론과 동기화 추론이 동시에 적용되기도 한다. 진보 진영의 정치 팬덤 회원은 자신의 정체성 보호를 위해 가짜뉴스 뉴스에 더 쉽게 동조하면서 이와 동시에 기존 신념을 유지하기 위해 가짜뉴스 편들기도 한다. 독일의 슐츠와 뮐러 등은 2020년 포퓰리스트Populist 성향의 시민들이 주류 언론의 보도를 '가짜뉴스'라고 거부하는 현상을 연구했다. 포퓰리즘Populism에 동조하는 시민들은 주류 언론을 민중 억압과 무시에 물든 외부 집단으로 인식하고, 민중을 대변하는 '참언론'은 신생 인터넷 매체와 페이스북이라고 응답했다. 슐츠 등은 포퓰리스트 동조 세력이 정보의 진위보다는 자신들의 정체성 유지를 우선시한다고 분석했다. 여기에서 주류 언론과 페이스북을 편 가르는 행위는 사회정체성 이론의 설득력을 보여주는 대목이다. 페이스북을 우리 편으로 세워놓고 정보의 진위를 따지지 않고 주류 언론 보도를 무조건 가짜뉴스로 몰고 가는 행위는 사회정체성 이론으로 쉽게 분석된다. 이에 비해 페이스북이 포퓰리스트의 신념을 대변한다고 믿고 따르려고 하는 성향과 페이스북에 유포된 가짜뉴스를 더 믿어버리는 행위는 동기화 추론 이론에 따른 분석이 적합하다.

사회정체성 이론은 규범적 신념 이론Normative Belief Theory과 약간 다른 점이 있다. 규범적 신념 이론은 특정 집단의 기준이나 기대를 개인이 내면화하는 것을 탐색한다. 이는 개인이 사회적으로 인정받고 처벌을 회피할 목적으로 발생하는 방어기제로 이해된다. 이에 비해 사회정체성 이론은 개인의 선택 행위를 분석한다. 개인이 소속감을 유지하기 위해 집단에 맞는 행동을 선택한다는 측면을 주로 탐색한다. 가짜뉴스 분석에서는 규범적 신뢰 이론보다는 사회정체성 이론에 기반한 연구가 더 활발한 것으로 보인다.

사회정체성 이론의
한계

　　사회정체성 이론은 가짜뉴스 분석 과정에서 개인의 인지, 정보 부족의 문제보다 집단의 정체성을 기반으로 한 정보의 선택적 수용을 밝혀냈다. 하지만 집단을 내집단과 외집단으로 이분법적으로 단순화하는 바람에 상황에 따라 정체성이 바뀌는 현실을 반영하지 못하고 있다는 비판도 받고 있다. 이를테면 정치적 중립론자들이나 캐스팅 보터의 가짜뉴스 신뢰 문제에서 이 이론은 한계를 드러낼 수 있다. 2016년 미국 대선에서 조 바이든을 지지했던 유권자 중 일부가 2024년 대선에서 도널드 트럼프 대통령을 지지한 투표자로 변신하기도 했는데, 이들의 가짜뉴스 신뢰 변화를 설명하기 어려워진다.

　　사회정체성 이론은 또한 온라인에서 익명으로 활동하는 정치인 또는 연예인 팬덤의 정체성을 밝혀내는데 어려움을 겪을 수 있다. 트위터와 같은 온라인에서 익명으로 활동하는 사람들은 오프라인에서는 확연히 다른 정체성을 드러낼 수 있다는 것이 미국 SNS 전문가들의 연구 결과다.

　　동질 집단 내부의 개인 차이가 보일 때 집단동조 이론과 마찬가지로 사회정체성 이론으로 설명하기 어려운 경우가 나타난다. 트럼프를 열성적으로 지지하는 집단 내부에서 백신을 거부하는 가짜뉴스에 대한 비판적인 태도를 보였던 사람들이 많았는데, 사회정체성 이론은 트럼프 지지 집단 내부를 세부적으로 구분하지 못할 수 있다. 이에 따라 사회정체성 이론에 의한 가짜뉴스 분석도 개인의 인지와 정체성의 변동을 뒷받침하는 이론과 병용해서 활용해야 한다는 목소리가 높아졌다.

"허브를 찾는다"
네트워크 이론

가짜뉴스 확산을 분석할 때 자주 등장하는 이론이 네트워크 이론이다. 이 이론은 가짜뉴스의 콘텐츠 자체보다는 가짜뉴스 유포자를 추적하는 데 많은 기여를 했다. 이 이론의 핵심은 인터넷망에서 유통되는 가짜뉴스 확산 경로를 추적하는 기술적 방법이다.

가짜뉴스는 보통 개인A가 네트워크에서 공유와 퍼나르기, 재가공하는 등의 과정을 통해 타인에게 전달된다. 이때 A의 계정은 하나의 노드Node가 되고 이때 A가 B로부터 가짜뉴스를 전달받았다면 방향성 에지Directed Edge로 식별된다. 이 에지는 방향성(B에서 A로)과 빈발성(1회)으로 분석된다. 만일 A가 B뿐만 아니라 C로부터도 가짜뉴스를 전달받아 D에게 전달했다면 A는 매개 중심성Betweenness Centrality이 높은 노드로 평가받고, 가짜뉴스를 유통하는 중심지 역할을 할 가능성이 높아진다. 만일 A가 B, C, D와 함께 카카오톡 단체방과 같은 소집단 F를 만들어 다양한 가짜뉴스를 유통하고, 다른 집단이나 외부 사람과는 소통하지 않았다면 반향실Echo Chamber이 된다. 이곳에서는 비슷한 의견이 서로 교환되지만 외부의 비판은 좀처럼 끼어들지 못한다. 이때 F는 가짜뉴스 확산에서 클러스터Cluster로 식별된다. 만일 집단 F가 다른 집단에 비해 월등하게 많은 가짜뉴스를 유통시켜 '교차로' 같은 역할을 했다면 가짜뉴스의 허브Hub로 부상할 수 있다. 특정 인물이나 커뮤니티 사이트가 허브로 떠오를 경우 슈퍼전파자Super-spreader라는 별칭도 얻는다.

네트워크 뒤로 숨는
배후 조종자

　　이 같은 식별과정은 온라인에서 진행되는 행위가 기술적으로 모두 집계할 수 있는 디지털 세상이기 때문에 가능하다. 어설픈 초보자의 확산 행위는 본인만 몰래 전파한다고 생각하지만, 네트워크 통계에는 그대로 잡힌다. 문제는 디지털 세상에 능숙한 배후 세력은 얼굴을 그대로 드러나지 않는다는 점이다. 가짜뉴스 추종 세력은 어느 정도 집계가 가능하지만, 그 주도 세력은 네트워크 뒤로 숨어 들어가 배후 조종자가 된다.

교묘한 가짜뉴스 생산자 및 확산 세력은 네트워크의 속성을 알고 이를 역이용한다. 이러한 현상은 인터넷 선진국과 후진국, 가짜뉴스 초보자와 능숙자의 세계에서 종종 드러났다. 2024년 4월 인터넷 보급률이 50%였던 인도에서 10만 개의 게시물을 분석한 결과 가짜뉴스 확산의 주범은 인터넷을 능숙하게 사용하는 소수의 개인이었다. 평소 온라인에서 가짜뉴스를 자주 실어 나르며 개인의 영향력을 확대하는 개인들로, 매개 중심성이 높은 값으로 나타났다. 이들은 인도 정치권이나 언론계에서 검증되지 않은 허위 사실을 주변 사람들에게 알리며 허브 역할을 했다.

탐지 기술의 발전에도 불구하고 가짜뉴스 확산의 배후 조종자가 끝내 밝혀지지 않는 경우도 허다하다. 이럴 경우 네트워크 이론은 국가나 조직을 배후로 의심한다. 2024년 유럽의회 선거를 앞두고 전문가들이 독일과 프랑스 등 4개국에서 이용하는 네트워크를 분석한 결과 소셜미디어에서 개인이 아닌 조직이 가짜 정보를 대량으로 유포하고 있다는 사실이 밝혀졌다. 당시 유럽연합EU 의회로부터 네트워크 조사를 의뢰받은 업체인 트롤렌식스Trollensics는 전문 소프트웨어를 이용하여 독일, 프랑스, 이탈리아, 네덜란드에서 활동하는 46만 8천 개 X(옛 트위터) 계정에서 230만 개의 게시물을 조사했다. 그 결과 허위 정보를 퍼뜨리는 계정 5만 개를 식별했다. 프랑스에서는 극우 정당 창립자를 언급하는 게시물 12만 7000개 가운데 20%가 허위 정보 계정에서 나온 것으로 조사됐다. 독일에서도 극우 정당을 언급한 게시물 중 10%가 허위 정보 계정에서 나온 것으로 나타났다. 트롤렌식스는 이러한 허위 정보 계정이 유럽연합 의회 선거에 개입하려는 목적에서 각국의 정책을 의심하게 하는 허위 정보를 퍼뜨리고 있다고 분석했다. 트롤렌식스 전문가들은 이러한 허위 계정 개설자가 개인이 아닌 조직이라고 추정했으며 그 배후에 러시아가 있음을 시사했지만 그 꼬리를 완전하게 잡지는 못했다.

메시지와
맥락 분석에 취약

네트워크 이론은 가짜뉴스 확산 메커니즘 분석에서 슈퍼전파자의 진원지와 그와 연결된 사이트와 계정을 구조화하며 인터넷의 취약 지점을 밝혀내는 장점이 있다. 그렇지만 네트워크에만 의존한 분석은 그 한계를 여지없이 드러낸다. 무엇보다 가짜뉴스가 담고 있는 메시지와 맥락을 분석하는데 취약하다. 가짜뉴스 이용 세력들이 가짜뉴스 내용에다 사실을 뒤섞은 콘텐츠를 인터넷에 뿌릴 경우 슈퍼전파자보다 더 크게 확산시킬 수 있다. 또한 반향실 효과를 내던 비공개 채널이 어느 날 갑자기 사라질 수도 있다. 네트워크 이론은 이런 현상 분석에서 한계를 드러낸다. 가짜뉴스가 네트워크 이론에 기반한 탐지 기술보다 한발 앞서 있다는 점에 대해서는 뒷장을 참고하길 바란다.

Chapter 05

가짜뉴스 대응법, 이론부터 조건까지

DEBUBBLING

앞 장에서는 가짜뉴스에 속거나 그것이 급속히 전파되는 현상에 대한 이론적 근거를 자세히 알아보았다. 이번에는 가짜뉴스에 속지 않거나 그 영향을 줄이는 방법을 알아보기로 한다.

이론적으로 가짜뉴스를 방지하기 위한 목적에서 방법을 찾자면 앞 장에서 살펴본 여러 가지 이론에서 힌트를 얻을 수 있다. 예를 들어 무지 이론에 기반해서 가짜뉴스를 퇴치하는 방법은 가짜뉴스에 노출된 사람들에게 뉴스 콘텐츠와 생산에 관한 정보를 많이 주는 것이다. 그러면 가짜뉴스에서 속아 넘어가는 사람들이 줄어들 수 있다. 반면 인간이 태생적으로 인지적 한계를 지녔다고 주장하는 편향 이론 등에 따르면 가짜뉴스 영구 퇴치보다는 상호 공존의 방법을 찾는 것이 낫다. 가짜뉴스를 방지하기 위한 다양한 방안 가운데 가짜뉴스 대응에서 효과가 있는 것으로 검증된 이론, 그중에서도 앞 장에서 다루지 않은 이론부터 살펴본다.

선입견
변경 방법
제시한
설득 심리 이론

2016년 7월 미국 대선 캠페인이 한창이던 당시 힐러리 클린턴 민주당 후보와 그의 남편 빌 클린턴 부부는 아동 성애性愛 조직에 가담하고 있다는 헛소문에 시달렸다. 'FBI 분석가'라고 자처한 익명의 인물은 웹사이트에 '클린턴 부부는 해외 기부를 좋아하는데 이들은 돈뿐만 아니라 어린이도 받는다'라는 글을 올렸다. 이 가짜뉴스는 트럼프 진영이 운영하던 비밀 온라인 사이트와 소셜 미디어를 통해 순식간에 퍼졌다. 그해 10월에는 '클린턴 부부뿐만 아니라 민주당원 여러 명이 아동 성애 조직에 관여했다는 증거를 뉴욕 경찰이 발견했다'라고 주장하는 가짜뉴스 2탄이 퍼졌다. 같은 달 러시아 비밀 조직은 힐러리 유세 담당자와 민주당 전국위원회 이메일 계정을 해킹해 국제 폭로 단체인 위키리스크에 넘겼다. 그러자 가짜뉴스 작성자들은 해킹된 이메일 속의 문구가 '아동 포르노그래피'를 가리키는 비밀 암호라고 주장했다. 한 가짜계정에서는 이 가짜뉴스가 '피자 게이트'라고 주장하면서 워싱턴DC에 있는 피자가게를 아동 성애 단체의 범죄 장소라고 주장했다. 피자 게이트의 서곡을 알리는 가짜뉴스였는데 이글은 5주 동안 25만 개의 트위터 계정을 통해 140만 회 이상 공유됐다. 또 다른 계정에서는 가짜뉴스에 새로운 내용이 덧붙여져 '피자 가게 안에 있는 대형 냉장고가 살인실'이라는 주장도 나왔으며 '클린턴 부부가 직접 어린이를 살해하고 강간했다. 그 가게 지하에 어린아이들이 감금돼 있다'라는 가짜뉴스가 속보로 퍼졌다. 무고한 피자가게에 대한 총기 난사로 미국인들을 깜짝 놀라게 만든 진짜 '피자 게이트' 사건은 이런 변주 과정을 거쳐 발생했다.

여기서 다시 봐야 할 문제는 가짜뉴스의 잔존 효과다. 힐러리 후보를 근거 없이 모함한 이 가짜뉴스는 2016년 이후 여러 차례에 걸쳐 사실이 아닌 허위 보도로 명백하게 밝혀졌다. 그러나 대선이 끝난 뒤 〈이코노미스트〉가 조사한 결과 선거에서 트럼프를 지지한 유권자 중 46%는 여전히 클린턴 부부의 아동 인신매매 사실이 입증됐다고 믿고 있었다.

한국에서도 '청담동 술자리 의혹 제기 사건' 이후 명백한 허위가 밝혀진 뒤에도 그 의혹을 사실로 믿고 있는 사람들이 적지 않다. 이처럼 어처구니없는 가짜뉴스를 줄곧 믿고 있는 사람들에게 어떻게 하면 그 편견을 바뀌게 할 수 있을까. 설득 심리 이론은 이 같은 편견을 바꾸고 태도 변화를 이끌 수 내는 모델을 제시한다.

인간이 인지 구조나 본능에 의해 애당초 선입견과 편견을 바꿀 수 없다고 가정하는 이론가들은 바로 이 같은 현상이 이론의 타당성을 현실적으로 증명하는 것이라고 말한다. 하지만 인간이 소통 과정에서 주어진 여건과 메시지를 개선하면 잘못된 믿음과 태도를 변경할 수 있다고 주장한 이론가들도 등장했다. 설득 심리 이론을 주창한 사람들이 그들이다.

선입견을 바꾸는 방법은 설득 심리 이론의 중요한 탐구 대상이다. 이 이론은 광고업계에서도 많은 관심을 끌고 있다. 상품과 서비스에 관심이 없는 소비층의 태도를 바꾸어 상품 구매를 유도하는 근거를 제시하기 때문이다. 외국의 가짜뉴스 전문가들도 선입견과 편견을 바꾸는 과정을 가짜뉴스에 대한 믿음을 바꾸는 것과 유사하다고 보고 연구를 진행하고 있다.

분석적 사고에 주목한 정교화 가능성 모델

설득 심리 이론 중 정교화 가능성 모델Elaboration Likelihood Model: ELM은 앞 장에서 살펴본 카너만의 이중二重 처리 이론과 유사한 가정에서 출발한다. 이중 처리 이론은 인간이 빠르고 직관적인 사고

(시스템1)와 느리고 분석적인 사고(시스템2)를 번갈아 사용한다고 가정한다. 이 가정에 따르면 가짜뉴스는 직관적인 사고에 의해 유포된다. 이 때문에 이중 처리 이론은 팩트체크나 반박 정보 제공 등을 통해 가짜뉴스가 분석적인 사고로 처리되면 그 영향력을 줄일 수 있다고 주장한다. ELM 가설은 사람들이 주고받는 메시지는 중심 경로Central routes와 주변 경로Peripheral routes라는 두 가지 경로로 처리된다는 것이다. 이중 처리 이론에서 가정하는 분석적 사고와 직관적 사고와 유사하다.

정교화 가능 모델을 제시한 학자는 리차드 페티R. Petty와 존 카시오포J. Caccioppo 등이다. 이들은 1981년 메시지 수용 단계에서 중심 경로를 거칠 때 태도 변화가 일어난다고 주장했다. 반면 주변 경로를 거치면 태도 변화가 일어나지 않을 가능성이 높다고 가정했다. 이때 메시지 처리 경로를 좌우하는 변수는 수용자의 동기 부여와 능력, 메시지 자체의 질이나 속성 등이다. 수용자, 즉 메시지를 받아들이는 사람의 동기는 메시지가 자기와 관련돼 있다고 생각하는 정도, 자신에게 중요하다고 여기는 정도, 또는 메시지에 대한 인지 욕구에 따라 커질 수도, 작아질 수도 있다. 동기 부여가 크면 메시지는 중심 경로에서 처리된다.

태도 변화 좌우하는
관여도와 메시지의 질

여기에서 동기 부여는 관여도Involvement라고 불리기도 하는데, 메시지에 대한 개인의 관심이나 흥미 정도를 의미한다. 예를 들어 고등학생들에게 졸업시험 제도가 10년 뒤나 다른 학교에서 도입된다고 하면 관여도가 떨어진다. 개인들에게 영향이 없는 제도이므로 별다른 관심을 끌기 어렵기 때문이다. 그런데 졸업시험 제도가 내년에 자신들이 다니는 학교에 도입된다고 하면 1, 2학년 고교생들의 관여도는 크게 올라간다. 그런데 관여도만 높다고 태도 변화가 일어나지 않는 때도 있다. 예를 들어 졸업시험 제도를 애초에 반대하던 학생들 사이에서는 자기 학교에서 내년도 이 제도가 도입된다고 해도 찬성 의견이 늘어나지 않는다. 여기에서는 메시지의 질이 중요해진다. 졸업시험에 응시하면 대학 입학에서 자신의 학교가 높게 평가받을 가능성이 있다는 점을 논리적으로 설명하는 메시지가 전달되어야 찬성 의견이 증가한다는 것이다. 반면 다른 학교도 도입하니까 우리 학교도 당연히 도입해야 한다는 등의 논리적 설득력이 떨어지는 메시지가 전달되면 반대 의견이 오히려 늘어난다.

설득 심리 이론에서 관여도가 떨어지면 태도 변화가 일어나기 어렵다. 먼 훗날 도입될 졸업시험에 재학생들이 관심을 가질 가능성도 적고, 이 제도를 반대하던 학생들이 메시지의 질이 높아진다고 갑자기 태도 변화를 일으켜 이 제도를 찬성하는 의견을 내기도 어렵다고 한다. 이런 상황에서 메시지는 주변 경로로 처리되기 쉽다.

메시지가 주변 경로로 처리되면 앞 장 휴리스틱 이론에서 설명한 것처럼 인지 메커니즘에서 게으름, 다시 말해 인지 구두쇠가 작동한다. 인지 구두쇠는 가짜뉴스에 속아 넘어가는 현상을 뒷받침하는 이론이기도 하지만 불필요한 정보를 솎아내 빠른 판단을 돕기도 한다. 이는 복잡한 상황에서 살아남기 위한 방어본능에 가깝다. 설득심리 이론에서 인지 구두쇠는 온갖 뉴스가 넘쳐나는 환경에서 심리적 지름길Mental shortcut로 가는 과정이라고 할 수 있다. 이 지름길은 뉴스를 보지 않는 일상에서는 빠른 판단과 대처라는 기능을 제공하지만 가짜뉴스를 접할 때에는 잘못 선택한 경로로 이어질 수 있다.

주변 경로에서도
메시지 단서로 설득

메시지가 주변 경로로 처리될 때도 주목할 점이 있다. 바로 메시지를 전달하는 사람이다. 만약 고교 졸업시험 도입의 필요성을 교육심리학자와 같은 전문가가 제시한다면 이 제도에 대해 찬성하는 의견이 다소 증가한다고 이론가들은 말한다. 이때는 메시지의 질은 중요하지 않다고 한다. 다만 이때의 태도 변화는 중심 경로에 비해 크지 않다. 반면 고등학생 1명이 메시지 전달자로 나서서 졸업 시험을 도입하자고 주장하면 다수 학생의 태도 변화를 기대하기 어렵다. 주변 경로 처리에서 흔히 나타나는 현상이다.

이와 같은 현상은 정치와 광고, 공중 보건 전문가들도 주목하고 있다. 선거에서 자기편 지지도를 높이기 위해 정치 무관심층(저관여층)을 상대로 공약을 설명할 때 유명인이나 그 분야 전문가를 앞세우는 장면을 흔히 볼 수 있다. 메시지 내용과 관계없이 설득에 나선 사람의 역할을 기대한 선거 캠페인이다. 새로 나온 상품에 대해 관심이 없는 소비자들에게 인플루언서를 등장시켜 광고 마케팅을 진행하는 것도 마찬가지 맥락에서다. 모두 주변 경로로 처리되는 메시지에서 태도 변화(지지자 증가나 상품 구매)를 유도하기 위한 의도라고 할 수 있다.

메시지 처리 과정에서 교육심리학자와 같은 전문가와 같은 사람이나 출처는 메시지 단서Message cues 또는 설득 단서라고 불린다. 메시지 단서는 반드시 사람일 필요는 없다. 메시지 출처의 신뢰도뿐만 아니라, 사회적 증거나 감정을 유도하는 문구 등도 태도 변화를 유도할 때 활용된다. 에코백 사용 광고를 할 때 '수많은 사람이 좋아한다'라는 통계를 근거로 제시하기도 한다. 이는 에코백 자체의 선호도보다는 사회적 증거에 의한 구매 유도 장치이다. 담뱃값에 등장하는 흡연 부작용과 관련된 이미지와 사진도 주변 경로에서의 태도 변화, 즉 흡연에서 금연을 이끌어내기 위한 장치라 볼 수 있다. 금연 캠페인 광고는 수십 년간 수많은 매체에서 노출돼 있어서 많은 사람이 관심이 없거나 시간이 부족해서 그 캠페인에 인지적 자원을 동원하기 어렵다. 이런 상황에서 금연을 유도하기 위해서는 흡연의 폐해를 알리는 장황한 설명보다는 시각적 감정적 콘텐츠가 더 적합하다는 것이 설득 심리 이론가들의 주장이다.

사람마다 다른 인지 욕구

개인의 메시지 처리 과정에서 인지 욕구Need for cognition도 경로를 결정하는 요인으로 꼽힌다. 인지 욕구는 사람마다 다르다. 어떤 사람들은 복잡한 문제에 관심을 보이며 깊게 생각하려는 성향을 갖고 있다. 이런 사람들은 인지 욕구가 높아 메시지를 중심 경로로 처리할 수 있기 때문에 태도도 잘 바꾼다고 한다. 하지만 같은 메시지를 접할 때라도 문제가 복잡해지면 심리적 지름길을 택하는 사람들이 훨씬 더 많다. 인지 욕구가 낮으면 메시지의 질보다는 메시지의 단서에 더 많은 영향을 받는 것으로 조사됐다. 인지 욕구는 개인차 변수 중 하나로, 어떤 경우에는 성격의 차이로 환원하여 설명하기도 한다.

심리학에서 개인별 성격의 차이 이론을 통합 정리한 학자는 폴 코스타 주니어P. Costa Jr.와 로버트 맥크레R. McCrea이다. 이 두 사람은 1992년 사람의 성격 특질을 개방성openness, 성실성conscientiousness, 외향성

extraversion, 친화성agreeableness, 신경성neuroticism의 5가지로 묶어 '빅5 성격 특질'Big five personality trait이라고 이름 붙였다. 개방성은 상상력과 새로운 경험에 대한 수용성, 지적 호기심과 관련돼 있으며 높은 인지 욕구와 연결돼 있다. 이런 사람들에게 설득 논리가 강한 메시지가 수용되면 태도 변화를 일으킬 가능성이 크다.

성실성은 자기조절과 책임감, 계획성과 인내력 등과 관련이 있다. 체계적이고 목표 지향적인 사고를 즐길 수 있지만 그 자체가 숙고를 뜻하지는 않는다고 한다. 그래서 성실성 지수가 높은 사람들은 인지 욕구 평가에서 개방성보다 낮은 점수를 받는다. 외향성은 사교성과 사회적 자극에 대한 민감성을 나타낸다. 외향적인 사람들은 깊은 사고보다는 활동 중심의 자극을 추구하기 때문에 인지 욕구 점수에서 약간 낮은 평가를 받는다. 친화성은 타인에 대한 배려, 협조성 등과 관련이 있다. 새로운 사실을 탐구하기보다는 인간관계를 중시하는 사람들이다. 그렇기에 인지 욕구 평가에서 저조한 점수를 받는다. 신경성은 정서적 불안이나 우울과 관련돼 있다. 신경성이 높은 사람들은 불안감으로 인해 깊은 사고에 몰입하기 어렵기에 인지 욕구 평가에서 매우 낮은 점수를 받기 쉽다.

인지 욕구 높으면
광고로 설득 효과 기대할 수도

위와 같은 요소들을 고려해서 카시오포와 페티는 1983년 실험을 통해 인지 욕구가 높은 사람일수록 광고 메시지가 중심 경로에서 처리된다는 가설을 입증했다. 이는 광고 효과에 대한 과학적 근거를 찾고 있던 언론 매체 광고업자들에게 희소식을 안겨주었다. 인지 욕구가 높은 시청자나 독자들에게 제품의 기능이나 우수성과 같은 설득력 있는 메시지를 제공하면 제품 구매 가능성이 높아진다는 사실을 알려주었기 때문이다.

설득 심리 이론에서 태도 변화를 이끌어내기 위한 또 다른 변수로는 개인의 능력이 꼽힌다. 아무리 메시지 질이 높고 관여도가 높아도 이를 수용하는 개인의 능력이 이에 미치지 못하면 태도 변화가 일어나기 어렵다. 개인의 능력 측면에서 메시지에 대한 사전 지식이 있는 경우에는 중심 경로로 처리되지만 메시지에 대해 주목할 수 없는 상황이나 주의 분산Distraction이 일어나는 경우에는 메시지가 중심 경로를 거친다고 할지라도 인지적으로 처리되기 어렵다고 본다. 여기에서 주의 분산은 인지 욕구 요소의 하나인 신경성과는 구분된다. 주의 분산은 제시된 대상이나 이슈에 주목하지 못하는 상황으로, 메시지를 처리하는 과정에서 인지적 노력을 기울이기 어려울 때 나타난다. 이에 반해 신경성은 정보 처리에서 나타나는 개인 차이의 일부분일 뿐이다. 주의 분산 상태에서는 메시지가 중심 경로를 통해 처리되기도 하지만 주변 잡음 등으로 집중하기 힘든 상황이 조성되면 중심 경로에 들어온 메시지를 처리하기 어렵다고 한다. 다시 말해 중심 경로라 할지라도 외부 환경이 조성되지 않으면 태도 변화도 일어나지 않는다는 이야기이다.

인지 유도 장치로
가짜뉴스 대응

이 같은 설득 심리 이론을 토대로 가짜뉴스를 막아내기 위한 연구가 최근 불붙고 있다. 우선 급속하게 전파되는 가짜뉴스를 줄이기 위한 탐구의 일환으로 설득 심리학적 개입 모델이 제시됐다. 앞 장에서 살펴보았듯이 인지 성찰 테스트CRT를 통해 가짜뉴스를 덜 믿게 할 수 있다는 점을 입증한 페니 쿡과 랜드는 2021년 ELM을 바탕으로 심리학적 개입 모델이 얼마나 적합한지 검증해봤다. 연구팀은 미국 실험 참가자들을 대상으로 가짜뉴스와 사실 보도가 혼합된 뉴스를 보여주고 어느 뉴스를 공유할지를 물었다. 참가 그룹을 둘로 나눠 한 그룹에게는 응답지를 받기 전에 '(설문으로 제시된) 이 기사가 얼마나 정확하다고 생각하는가?'라는 추가 질문을 했고, 다른 그룹에게는 추가 질문을 하지 않았다. 이 조사 결과 추가 질문을 받은 그룹에서 가짜뉴스를 공유할 확률이 10% 정도 낮아졌다. 뉴스 내용과 관계없이 뉴스가 정확한지, 그렇지 않은지 잠깐만 생각해달라는 메시지가 의외의 효과를 발휘한 셈이다.

여기에서 연구팀은 '얼마나 정확하다고 생각하는가'와 같은 추가 질문을 정확성 프롬프트Accuracy prompts라고 명명했다. ELM 모델에 따라 설명하면 이 프롬프트는 메시지의 질을 바꾸지 않고도 중심 처리 경로를 활성화시키는 인지적 유도 장치의 역할을 했다. 사람들의 인식 방향을 바꿔 가짜뉴스에 대한 공유를 줄이게 한 것은 뉴스 내용이 아닌 간단한 부가 메시지였다. 연구팀은 이 같은 결과를 바탕으로 페이스북과 같은 소셜미디어 운영업체에 소소한 문구 하나로 가짜뉴스 확산을 줄일 수 있다며 '이 기사는 정확하다고 생각하십니까?'와 같은 프롬프트를 팝업 형태 등으로 게시할 것을 제안하기도 했다. 가짜뉴스를 소셜미디어에서 퍼 나르던 이용자에게 잠깐의 멈춤을 통해 중심 경로로 사고할 수 있는 기회를 준다는 것이다. 가짜뉴스를 공유하던 이용자들이 '이 기사는 가짜뉴스일 가능성이 있다', '공유하면 위험하다'라고 생각하는 순간 태도 변화를 일으킬 수 있다고 한다.

정확성 질문에
가짜뉴스 공유 줄이는 효과

코로나19 확산 시기였던 2022년 미국 보건 당국은 소셜미디어에서 가짜뉴스가 급속하게 확산되자 집단 방역이 무너질까 우려했다. 가짜뉴스 확산 세력들이 소셜미디어를 통해 코로나 백신이나 마스크는 접종자와 가족에게 효과가 없다고 주장하자 이에 동조하는 사람들이 늘어 집단 방역이 성공할 수 있을지 알 수 없었다. 당시 트럼프 전 대통령도 가짜뉴스 세력과 합세해 바이든 행정부의 권고에도 불구하고 마스크를 쓰지 않고 거리 집회를 열면서 집단 방역 무력화와 바이든 행정부의 방역 지침 반대에 앞장서기도 했다.

이에 국립보건원NIH과 같은 미국 보건 당국은 가짜뉴스를 줄이기 위한 연구를 언론학자들과 사회학자 등에 의뢰했다. 미국 보건 당국은 코로나 확산이 소강 국면에 들어설 무렵 설득심리학 등을 기반으로 한 각종 실험 결과를 건네받고 가짜뉴스 차단에 적극 나섰다. 미국 보건 당국이 당시에 전달받았던 자료에 의하면 정확성 프롬프트는 상당한 효과를 발휘했다. 언론학자들의 실험에 참가한 사람들은 소셜미디어에서 공유할 정보를 읽었다. 여기에는 가짜뉴스와 사실 보도가 섞여 있었다. 일부 참가자들에게는 공유 대상 정보에다 '이 정보를 사실이라고 생각하시나요?'와 같은 정확성 프롬프트를 붙여서 따로 보여주었다. 다른 참가자들이 보는 정보에는 정확성 프롬프트를 붙이지 않았다.

이 실험 결과 정확성 프롬프트를 읽었던 참가자들은 가짜뉴스를 공유할 의향이 감소했다. 이와 동시에 사실 보도 공유 의도는 더 많아졌다. 가짜뉴스 기사 중에서 사실 보도 85%, 허위 보도 15%씩 섞인 혼합형 가짜뉴스를 보여주는 실험에서도 정확성 프롬프트의 효과가 있다는 후속 연구 결과도 나왔다. 사실 보도 비중이 85%이면 일반인들이 가짜뉴스에 속을 가능성이 매우 높음에도 불구하고 정확성 프롬프트 하나만으로 기만당할 가능성을 낮춘 것이다.

편향성 강화에 무력, 설득 노력이 양극화 야기

정교화 가능성 모델은 가짜뉴스 차단에서 부분적인 효과를 입증하고 있음에도 불구하고 스스로 한계를 드러내기도 한다. 그중 하나가 편향된 사고Biased thinking이다. 특정 메시지에 대해 사전 지식을 갖춘 사람들은 메시지 수용 과정에서 중심 경로를 이용하기는 하지만, 편향된 사고에 갇혀버릴 수 있다고 이론의 주창자들은 말한다.

예를 들어 대학 졸업시험의 장점과 단점을 두루 파악하고 제도 도입에 반대하는 대학생들에게 제도 도입이 필요하다는 메시지를 전달하면 메시지의 약점을 찾아내거나 메시지를 아예 신뢰하지 않는다는 것이다. 이런 현상은 제도 도입에 대한 논리적 설명 등 메시지의 질과 무관하게 벌어진다고 한다. 이를 부정적 편향이라고 부른다.

처음부터 제도 도입을 무조건 찬성하던 대학생들은 전달된 메시지를 보고 "그것 봐라, 내 말이 맞지"라고 하면서 자신의 주관을 더 강화한다. 이 학생들은 제도의 단점에 대해 깊이 생각하지 않았다. 이처럼 정보의 질과 무관하게 긍정적으로 응답하는 학생들도 긍정적 편향에 사로잡혀 있다.

이에 비해 대학 졸업 제도에 대해 사전 지식이 없던 대학생들은 메시지의 품질을 우선 따진다. 그 이후에 찬성이나 반대 의견을 낸다. 정교화 가능성 모델에서 효과를 볼 수 있는 사람들은 이 마지막 그룹인데 마지막 그룹에 속하는 사람들만 이 세상에 존재하지 않는다는 것이 이 모델의 한계이다.

한편 사회적으로 긍정적 편향과 부정적 편향이 경합하면 어떤 일이 벌어질까. 국가가 변혁을 위해 내놓은 정책의 방향이 길을 잃고 사회 의견이 양극화로 갈라질 위험이 크다고 전문가들은 말한다. 그 극명한 사례가 사형제도에 대한 찬반 논쟁이다. 사형제도는 지금까지 미국이나 한국이나 전문가 사이에서 찬반의 우열을 가리기 어려운 이슈였다. 일반 시민들 사이에서는 흉악 범죄가 발생할 때마다 사형제도를 유지 또는 확대해야 한다는 의견이 많다. 살인범에 대해 사회적으로 응징해야 하고, 그래야만 앞으로 유사한 범죄를 막는 데 도움이 된다는 믿음에서 그렇게 나온다.

그런데 일부 전문가들은 살인범을 사형시켜도 범죄 재발 효과가 없다는 자료와 UN이 권고하는 인권 보호 규정을 토대로 사형제도를 반대한다. 전문가들 사이에서는 여전히 찬반 의견이 엇갈리고 어떤 것이 더 효과가 있는지 우열이 가려지지 않았다. 1979년 찰스 로드C. Lord와 동료들은 사형에 대해 뚜렷한 찬반 의견을 갖고 있던 실험 참가자 48명을 상대로 실험을 진행했다. 양쪽 모두에게 사형 찬성을 뒷받침하는 보고서 1개와 사형제도가 효과가 없다는 보고서 1개를 읽게 한 뒤 다시 의견을 물었다. 그 결과 사형 찬성론자들은 찬성 입장의 보고서를 더 믿는다면서 반대 입장의 보고서가 편향되고 부정확하다고 평가했다. 반면 사형 반대론자들은 반대 입장의 보고서를 더 믿는다면서 찬성 입장은 편향되고 불충분하다고 응답했다.

응답 전에 참가자들에게 사형제도가 범죄 억제에 효과가 있다고 믿는 정도를 1점에서 9점 사이의 숫자로 응답해달라고 했더니 사형 찬성론자의 평균 점수는 6.71로 나왔고 반대론자는 3.37로 나왔다. 2개의 보고서를 보고 난 뒤 이 점수는 찬성론자 7.42, 반대론자 2.42로 바뀌었다. 이 수치로 분석해보면 사형 찬성론자들은 사형제도의 필요성을 더욱더 높게 평가했고, 반대론자들은 더 낮게 평가했다. 로드 등은 찬성론자나 반대론자 모두 자신이 믿고 있던 입장을 더 강화했고, 그 결과 의견 양극화가 심해졌다고 풀이했다. 설득을 통해 태도 변화를 유도하려는 노력이 외려 역효과를 불러온 셈이다.

찬반 이론의 대립과 사회적 경합이 지속되면서 미국의 사형제도 유지는 주마다 다르다. 뉴저지주 등 몇몇 주에서는 사형제도가 폐지됐고 나머지 주에서는 지금도 죄수에 대해 사형을 집행하고 있다. 사형제도에 대한 사회적 합의 여부를 측정하기 어려운 한국에서는 김대중 정부 이래 UN의 권고를 참조하면서 사형집행을 유예하고 있다.

긍정적 편향이든 부정적 편향이든, 편향된 사고에 빠지면 가짜뉴스에 대한 객관적 비판이나 확산 차단이 어려워질 가능성이 커진다. 중심 경로에 들어간 정보라 하더라도 모든 사람이 객관적으로 처리한다는 보장이 없다는 게 설득 심리 이론의 맹점이다. 또한 사람마다 다른 인지 욕구를 가짜뉴스 대응에서 어떻게 조합할지도 난제다.

직접 규제 대신
자연스러운 변화
유도하는
넛지 이론

최근 가짜뉴스에 대응하기 위해 넛지Nudge 이론을 활용하는 방안이 적극 검토되고 있다. 넛지는 특정 현상을 바꾸기 위해 강제적인 규제나 금지 대신 사람들의 선택을 바람직한 방향으로 이끌어내는 데 효과적인 방식을 찾아내는 이론이다. 가짜뉴스 퇴치에도 이 같은 방식을 활용하면 효과가 있다는 연구가 쏟아지고 있다. 바로 앞에서 언급한 정확성 프롬프트도 형식으로 보면 넛지 이론에 기반한 개입Intervention이다. 넛지 형식에다 정확성 질문을 올려놓은 것으로 볼 수 있다.

전문가들은 가짜뉴스 퇴치에서 어떻게 하면 뉴스 소비자의 자발적 참여를 유도할 수 있을지를 목표로 세워 놓고 연구 범위를 넓혀가고 있다. 가장 실천하기 쉬운 방법은 검증이 끝났다. 가짜뉴스에 비판적인 태도를 갖게 유도하는 것만으로도 가짜뉴스를 줄일 수 있다는 연구 결과가 그런 사례. 예를 들어 가짜뉴스의 가능성이 있는 기사 앞에 '이 기사의 사실 여부는 완전히 확인되지 않았습니다'와 같은 문구를 추가하는 것만으로도 가짜뉴스 공유를 줄일 수 있다. 이 같은 문구는 강제적인 규제 대신 자연스러운 개입이라는 관점에서 보면 넛지 이론을 활용한 것이다. 가짜뉴스 방지를 강요하지 않고 바람직한 선택을 유도했기 때문이다.

넛지 이론은 이처럼 간단한 문구를 추가하거나 출처 정보를 강조하는 것부터 플랫폼 재설계처럼 복잡한 절차에 이르기까지 다양하게 활용할 수 있다. 그렇지만 가짜뉴스 확산을 줄이는 효과는 뉴스 이용자와 상황, 넛지 설계 방식에 따라 크게 차이가 났으며, 어떤 경우에는 잘못된 개입으로 가짜뉴스가 더욱 확산되는 역효과도 발생했다.

미국 MIT 대학 연구팀은 실험 참가자 1만 4000명을 상대로 뉴스에 대한 신뢰도와 공유 의도를 분석했다. 연구팀은 두 가지 종류의 기사를 참가자들에게 보여주었는데 하나는 뉴스 기사 옆에 아무것도 표시하지 않았고, 다른 하나는 '사실' 또는 '허위'라는 경고 문구를 표시했다. 그런 다음 뉴스 기사를 믿을 수 있는지와 공유 여부를 물었다. 그 결과 '허위'라는 문구가 붙은 기사에 대한 신뢰도는 평균 27% 감소했으며 공유 의도도 25% 줄었다. 사실과 허위를 판단하는 팩트체커에 대한 신뢰가 낮은 사용자들도 허위 기사에 대한 공유 의사가 17% 감소하는 등 일정한 효과가 나타났다.

경고 문구의 출처가 인공지능AI일 경우에는 감소 효과가 더 커졌다. 하지만 이 실험에서도 역효과가 관찰됐다. '사실'이나 '허위'라는 문구가 붙지 않은 가짜뉴스는 공유 의도가 더 증가한 것이다. 또한 2주 후 같은 기사를 보여줬더니 가짜뉴스에 대한 신뢰도가 원점으로 돌아간 사실도 관찰됐다. 문구 효과가 사라져 가짜뉴스의 '요요 현상'이 일어난 셈이다.

넛지 효과 회피하는 가짜뉴스 세력

최근 소셜미디어도 가짜뉴스 공유를 줄이기 위해 다양한 넛지 전략을 이용하고 있다. 페이스북(현재 메타)은 가짜뉴스를 반복적으로 공유하는 계정에 대해 경고하거나 게시물 노출 순위를 낮추기 위해 알고리즘을 바꿔 왔다. 2020년 페이스북이 내부적으로 집계한 결과 노출이 제한된 계정에서 댓글을 달거나 '좋아요'를 누르는 이용자 참여도가 평균 43% 줄었다. 하지만 문제의 계정들은 가짜뉴스 게시물 수를 두 배로 늘려 참여도를 끌어 올렸다. 그 결과 이 계정들의 총 참여도는 예전 수준으로 회복됐다고 한다. 이 또한 넛지 효과를 물거품으로 만들어버린 것이다.

플랫폼 디자인을 구조적으로 변경하는 것도 넛지 효과를 응용한 방식이다. 2023년 나이트연구소Knight Institute는 가짜뉴스에 대해서 단순 팩트체크나 경고 문구 대신 알고리즘을 통해 노출을 제한하는 것이 가짜뉴스의 활성도를 줄이는 데 효과가 크다는 결과를 발표했다. 알고리즘을 이용하면 가짜뉴스의 참여도가 50%가량 감소한다고 했다. 이 방식은 가짜뉴스 게시물을 플랫폼에서 직접 삭제하지 않고 알고리즘을 통해 노출 축소를 유도하기 때문에 넛지 이론을 활용한 것이라 볼 수 있다.

이 방식에 따라 페이스북은 가짜뉴스를 노출한 계정에 점수를 매기고 팩트 체커를 연동시켜 허위 판정을 받는 콘텐츠는 노출 순위가 떨어지도록 플랫폼을 설계했다. 트위터와 틱톡은 하나의 가짜뉴스가 허위로 판정되면 그와 유사한 콘텐츠도 동시에 노출이 제한되도록 유사도에 기반한 억제 알고리즘을 이용했다. 이용자가 '이 콘텐츠는 오해의 소지가 있다'라는 메시지를 전달하면 다른 유사한 콘텐츠도 이용자에게 노출이 되지 않도록 설계했다고 한다.

알고리즘을 통한 구조 변경 결과 페이스북은 허위 콘텐츠의 노출량이 80% 줄었다고 밝혔다. 유튜브는 2020년에서 2022년 사이 가짜뉴스 시청률이 70% 감소했다고 발표했다. 하지만 이 같은 개입에도 불구하고 이들 소셜미디어에서는 지금도 가짜뉴스가 홍수기의 강물처럼 넘치고 있다. 그 이유에 대해서는 다음 장에서 후술하기로 한다.

긍정 부정이 교차하는 넛지 효과

　　　　　넛지 이론에 기반한 가짜뉴스 대응 방안은 아직 효과가 온전하게 입증되지 않았다고 볼 수 있다. 그 이유 중에는 넛지가 다른 방법과 결합된 형태로 진행되기 때문에 순수 효과를 측정하기 어렵다는 이유도 포함된다. 또한 넛지를 통한 가짜뉴스 개입은 맥락에 따라 효과에 차이가 있으며, 어떤 때는 긍정적인 효과와 부정적인 효과가 교차하기도 한다.

　2017년 페이스북이 가짜뉴스 게시물에 대해 '사실 확인 결과 거짓'이라는 경고 라벨을 붙이자 재공유하는 비율이 80% 이상 줄었다고 한다. 라벨을 붙이는 행위가 넛지에 해당되는데, 여기서는 긍정적인 효과를 보였다. 반면 라벨을 붙이지 않은 다른 가짜뉴스는 진짜라는 오해를 불러일으키기도 했다. 넛지가 특정한 가짜뉴스를 선택한 사이 특정되지 않은 다른 가짜뉴스는 낙인 면제를 받은 셈이다.

　정치 성향이 강한 가짜뉴스에서는 경고 라벨이 붙은 콘텐츠를 더 많이 공유하는 현상도 벌어진다. 팩트체크 전문 기관이나 언론사에서 제공하는 팩트체크 정보를 플랫폼에서 쉽게 확인할 수 있도록 제공하는 것도 넛지 이론에 토대를 둔 대응 방식인데, 팩트체크의 유효성은 콘텐츠의 내용과 이용자, 콘텐츠 전달 상황 등에 달라 평가가 엇갈린다.

효과가 검증되지 않았다고 해도 넛지 이론의 활용 범위는 무한대라고 할 수 있다. 예를 들어, 부지불식간에 가짜뉴스를 클릭하도록 만드는 다크 패턴Dark Patterns을 탐지하고, 이를 방지하는 넛지를 통해 가짜뉴스 확산을 억제할 수 있다. 가짜뉴스 세력들은 자신들의 콘텐츠를 많이 확산시키기 위해 콘텐츠 게시 방식에서도 이용자를 기만하는 수법을 쓰는데 콘텐츠 주변에 '구독 취소'나 '거부'와 같은 버튼을 아주 작게 만들거나 숨기는 것을 다크 패턴이라 부른다.

2021년 영국에서 코로나 감염병과 관련된 가짜뉴스가 온라인에서 검색 상단에 올랐을 때 영국 보건 당국은 기사 게시 화면에 출처를 강조하는 아이콘을 눈에 띄게 붙여달라고 포털 운영 회사에 당부했다. 뉴스의 출처를 돋보이게 하자 출처를 밝히거나 신뢰도 높은 언론사가 게시한 콘텐츠 클릭률이 40% 이상 올라가고, 미확인 출처 게시물은 50%가량 줄었다. 이는 출처를 숨겨오던 가짜뉴스의 다크 패턴 전술에 맞대응한 성공적인 개입 사례로 꼽힌다.

외골수 탈피 방법 제시한 사회정체성 복합화
Social Identity Complexity
이론

앞 장에서 가짜뉴스가 확산되는 현상을 설명하는 이론 중 하나로 사회정체성 이론을 소개했다. 이번에는 그 정체성으로 인해 가짜뉴스를 극복하지 못할 경우 어떻게 탈피해야 할지에 대한 이론을 알아본다.

사회정체성 이론은 개인이 자발적으로 집단 정체성을 선택하는 현상에 주목했다. 집단 내부의 제재가 두려워 가짜뉴스를 택한다고 보는 집단동조 이론과는 구분이 된다. 자발적으로 정체성을 선택했다면 자발적으로 포기하기도 쉬운 것 아닌가. 이러한 가정은 사회정체성 복합화複合化 이론 주창자들에게 많은 시사점을 던져줬다.

집단 정체성으로 인해 가짜뉴스에 집착하는 사람들에게 어떻게 하면 그 집착을 버리게 할 수 있을까. 이에 대한 단초를 제공한 실험은 2005년 미국에서 진행됐다. 미국의 사회심리학자 매릴린 브루어M. Brewer는 다양한 배경을 가진 실험 참가자들을 두 그룹으로 나눠 한 그룹에게는 '당신이 가장 중요하다고 생각하는 정체성은 무엇인가'라는 질문을 던졌고, 다른 그룹에게는 '당신이 소속된 집단에는 어떤 것들이 있는가'라는 질문에 대답하게 했다. 이 대답을 받아낸 후 이주민과 관련된 가짜뉴스나 선거 조작 음모론이 담긴 영상과 기사를 읽게 한 뒤 신뢰도와 감정 반응을 측정했다. 그 결과 두 번째 그룹, 즉 복수의 집단 소속감을 표시한 참가자들에서 음모론 신뢰도가 낮게 나왔고 외부 집단에 대한 관용도가 높게 나왔다. 자신의 정체성을 여러 개로 인식하는 것만으로도 종전의 편견을 바꿀 가능성을 확인한 실험이었다. 여기에서 브루어는 개인들이 사회 정체성을 복수로 만드는 것을 '사회 정체성 복합화'라고 불렀다.

다중 정체 인식만으로
음모론 신뢰 하락

정체성 복합화 이론은 2017년 레비A. Levy와 그 동료들이 가짜뉴스에 대한 실험과 반응에서도 다각도로 검증했다. 연구팀은 정치 성향이 다양한 실험 참가자 508명을 상대로 정체성이 다양해지면 음모론을 담고 있는 가짜뉴스에 대한 신뢰가 어떻게 달라지는지 조사했다.

실험에서는 참가자들의 다중 정체성을 측정했다. 자신이 소속된 집단이 많다고 답한 사람들에게는 사회적 정체성 복합화 정도가 크다고 보고 6점을, 소속 집단이 적다고 응답한 사람들에게는 1점을 주는 방식이었다. 이어 음모론을 담은 가짜뉴스를 보여주고 그 뉴스를 얼마나 신뢰하는지를 조사했다. 실험에서 제시된 가짜뉴스는 '버락 오바마 전 대통령의 이슬람 신봉설과 타국 국적설' 등이었다.

오바마 전 대통령은 하와이에서 태어났기에 대통령 자격이 충분하다고 누누이 설명했지만 미국 공화당 캠프는 대선 때마다 오바마의 자격 시비를 다룬 가짜뉴스를 뿌려 지지층을 결집하면서 그 효과를 누렸다. 오바마 전 대통령은 흑인인데다 아버지가 케냐 출신이어서 미국 공화당 입장에서는 이민자에 대한 혐오를 바탕으로 가짜뉴스를 뿌리면 백인 유권자층에서 지지 세력을 끌어올릴 수 있다고 판단했다. '오바마는 개고기 식용을 허용했다'라는 가짜뉴스, '이슬람 출신이어서 기독교를 믿지 않는다'라는 등의 가짜뉴스도 이러한 배경에서 오바마 퇴임 이후에도 계속 쏟아져 나왔다.

그런데 레비의 실험에서 반전의 가능성이 나타났다. 공화당을 지지한다고 밝힌 참가자 중에서도 다중 정체성을 인식하는 참가자들이 이러한 가짜뉴스를 믿지 않는다고 응답한 비율이 높아졌다. 보수층 중 사회적 정체성이 여러 개로 많다고 생각할수록 우파에 유리한 음모론이라도 신뢰도가 낮게 나타난 것이다. 민주당 지지층도 비슷한 경향을 보였다. 민주당에 불리한 음모론이라도 다중 정체성을 의식하는 사람들은 가짜뉴스 신뢰도가 낮았다.

전체적으로 살펴보면 정체성 복합화 수준이 낮은 하위 25% 그룹은 음모론 신뢰도가 평균 4.09포인트(10포인트 만점)로 나온 반면, 복합화 수준이 높은 상위 25% 그룹은 2.1포인트로 나왔다. 이 수치는 가짜뉴스를 믿던 사람들에게 정체성을 여러 개로 인식하도록 하면 가짜뉴스 불신 효과를 얻는다는 점을 보여준다.

당파성
뛰어넘는 효과

사회정체성 복합화에 따른 효과 실험은 가짜뉴스 대응에서 교육 수준이나 정치 성향을 뛰어넘는 효과를 나타내 많은 전문가의 관심을 끌었다. 레비는 가짜뉴스에 붙어 다니는 음모론 신뢰도 실험에서 참가자들의 교육 수준도 측정했는데, 그 영향력은 크지 않았다. 통상 교육 수준이 높으면 음모론을 덜 신뢰한다고 생각할 수 있는데, 이 실험에서는 음모론을 물리치는 데 다중 정체성 인식이 교육 수준보다 효과가 큰 것으로 나타났다.

정체성 복합회 인식은 또한 정치 성향을 뛰어넘는 것으로 나타났다. 이는 고질적인 정치 양극화를 극복하기 위한 대안을 찾는 사람들에게 희망의 불씨를 던져 주었다. 이 실험에서 진보주의자들은 보수주의자보다 음모론 신뢰도가 낮았다. 그런데 진보주의자들이 음모론을 불신하는 정도는 정체성 복합화 인식만큼 크지 않았다. 쉽게 말해 두 가지 이상 정체성을 느끼는 보수주의자가 한 가지 정체성만 고집하는 진보주의자에 비해 음모론을 덜 믿는다는 것이다. 흑인을 비하하는 음모론은 백인들이 더 믿는다고 알려져 있다. 하지만 오로지 민주당에서만 귀속감을 느끼는 흑인은 다양한 단체에 귀속감을 느끼는 백인보다 음모론에 더 빠져들 수 있다는 것이 이 이론이다.

복수의 소속감을
의식시키는 질문법

양극화 사회에서 집단 간 대립과 그에 따른 편파적 뉴스 편식에서 관용의 씨앗을 발견한 것은 이 이론의 장점이다. 이 이론에 따르면 기독교 단체에서만 정체성을 느낀다고 밝히는 사람은 기독교와 교사 단체, 사회민주당 모두에 소속감을 느끼는 사람보다 외부 집단의 말을 경청할 확률이 더 낮다. 단일 정체성을 고수하는 외골수는 음모론과 같은 터무니없는 뉴스를 수용할 가능성이 더 높다. 이 이론의 주창자들은 사람들에게 다중 정체성을 유도하는 개입만으로도 차별과 혐오의 태도가 바뀐다고 주장한다.

다중 정체성을 유도하는 개입 중 하나는 사회적 정체성의 다층적 구조를 의식시키게 하는 질문법이다. 예를 들어 실험 참가자들에게 먼저 "당신이 소속된 집단에는 어떤 것들이 있나"라고 묻고 응답지에 모두 적으라고 한다. 종교, 지역, 정치, 취미 등 복수 응답이 나오도록 유도한 뒤 "이 집단들은 어떻게 서로 관련돼 있나"라는 질문을 추가로 던져 정체성 간 상호 관련성을 구조화한다. 이와 동시에 "이 정체성들이 충돌하거나 조화를 이룬 경험이 있나"라는 질문을 던져 복수 집단의 구조를 경험 속에서 의식하도록 한다는 것이다.

가짜뉴스 대응에 관심이 큰 전문가들은 이 이론을 토대로 가짜뉴스 대응 프로그램에서 다중 정체성을 의식하도록 하는 내용을 편입시킬 것을 권고하고 있다. 또한 정책 홍보 과정에서도 '우리'와 '그들'로 편 가르기를 지양하고 다양한 소속감을 강조하면 소통 과정에서 왜곡 현상이 줄어든다고 주장한다.

약발은 잠시, 원점 회귀 경향

그렇지만 사회정체성 복합화 이론은 자체 한계를 드러냈다는 평가를 받고 있다. 이 이론의 주창자였던 브루어와 레비는 개입 효과가 얼마 가지 못하고 약발이 떨어진다고 자인했다. 예를 들어 단일 정체성을 가진 사람에게 다수의 정체성을 인식하도록 유도한 직후에는 음모론을 믿지 않으려는 경향이 일시적으로 보였지만 며칠 지난 뒤에는 음모론에 대한 신뢰가 다시 높아졌다. 개입 효과가 시간이 지나면서 떨어져 인식 상태가 제자리로 돌아가려는 경향이 나타난다는 것이다.

한 개인이 가진 복수의 정체성이 서로 충돌하는 경우에도 역효과가 나타날 수 있다. 예를 들어 기독교 신념과 성소수자의 권리가 개인의 의식에서 상충할 경우 개인은 다중 정체성을 유지하기보다는 기독교나 성소수자의 권리 중 어느 한 정체성을 강화할 수 있다는 것이다. 브루어는 "복수의 정체성이 갈등하는 상황에서는 정체성 복합화가 약해진다"라고 지적했다.

다중 정체성을 가진 개인들이 스트레스나 불안 등 위기 상황을 겪을 때도 이 이론의 효과가 한계를 드러냈다. 다중 정체성을 유지하는 것은 엄청난 인지적 부담이라고 심리학자들은 말한다. 앞에서 설명했듯이 다중 정체성을 의식하는 과정에서는 많은 인지적 노력이 필요하다. 그런데 이 상태에서 다른 스트레스나 불안은 인지적 자원의 부족 사태를 가져온다. 이런 경우에는 위기 대처가 먼저이기 때문에 다중 정체성 유지는 후순위로 밀리고, '우리'와 '그들'로 분리하는 단순 정체성으로 회귀할 가능성이 다시 커진다.

2015년 유럽에서 아프리카 난민들이 밀려들 때 독일에서 그와 같은 현상이 목격됐다. 독일은 당시 난민을 가장 많이 수용하던 국가였다. 앙겔라 메르켈 당시 총리는 난민에 대한 관대한 정책을 펴면서 인도주의적 시민 정신과 다문화주의의 가치를 공유하자고 알렸고 독일 국민도 적극 호응했다. 지역마다 난민 교육 센터를 세우고 이런 정책을 긍정적으로 받아들이는 듯했다.

그런데 그 이후 아프리카 난민들이 끊임없이 독일로 유입되고 일부 난민들이 지역 사회에서 성범죄 등을 일으키자 독일 우파 정치인들은 이민자 범죄를 과장하는 가짜뉴스를 뿌렸다. 이들은 "난민으로부터 독일인을 보호해야 한다"라며 자국 중심의 민족주의 감정을 자극했다. 그 결과 독일에서는 우파 민족주의 세력이 정치적 기반을 확대하면서 다민족, 다문화에 대한 관대성이 점점 떨어졌으며 AfD와 같은 극우파 정치 세력의 의회 내 의석 점유율이 계속 올라갔다. 독일 우파 세력들은 "다문화 사회와 난민들의 입장을 존중해야 한다"라는 사회민주주의 정치인에 대해 반박하면서 지지기반을 급격히 확대했다. 우파 세력들은 "다문화에 대한 선호 편향은 교정되어야 하며, 독일인의 생존이 우선이다"라고 주장하며 선거 때마다 득표율을 끌어올렸다.

다중 정체성 의식이
이분법 사고로 역행

2020년 코로나19가 발생했을 당시 미국과 유럽에서 중국인 혐오주의가 확산된 것도 사회정체성 복합화 이론의 한계라는 시각에서 분석할 수 있다. 코로나가 발생되기 전, 미국인과 유럽인들은 중국인과 아시아인에 대해 비교적 관대하고 개방적인 태도를 보였다. 하지만 코로나19가 중국에서 발생했고 코로나 확산 주범이 중국인이라는 뉴스가 퍼지면서 이 같은 관대성은 순식간에 혐오로 변했다. 중국인으로 오인된 한국인들이 미국과 유럽에서 지역 주민들로부터 공격을 받았다는 뉴스가 보도된 것도 그 무렵이다.

코로나 팬데믹 이전 다수의 미국인에게서 "우리는 다양한 인종과 함께 살아간다"라는 의식이 우세했지만, 도널드 트럼프 전 대통령이 "중국발 코로나"라는 메시지를 자주 언급하자 공화당 지지자들을 중심으로 "우리는 희생자, 중국은 가해자"라는 이분법적 정체성 의식이 확산됐다. 그러는 사이 다중 정체성에 대한 인식이 약화됐다고 풀이할 수 있다.

한국처럼 "우리는 한 민족이다"라는 의식이 굳게 자리 잡은 사회에서는 다른 나라에 대한 다중 정체성 인식이 효과를 발휘하기 어렵다고 이 이론의 주창자들은 설명한다. 다른 나라와 타국 이주민에 대한 가짜뉴스를 잘 가려내려면 정체성 복합화라는 환경에 들어가 "우리는 세계인"이라는 의식과 개방성이 필수라고 한다. 하지만 한반도를 둘러싸고 벌어지는 미국과 중국의 갈등, 공급망 재편 경쟁 등이 끊이지 않는 상황에서 개방성에 대한 기대는 낮을 수밖에 없다. 타국에 대한 정체성이 서로 충돌하는 환경에서 정체성 복합화를 시도해도 성과를 거두기 힘들다는 것이다.

면역 효과 입증한 인지 백신 이론
Inoculation theory

아직까지 가짜뉴스에 노출되지 않았거나 노출 정도가 심하지 않은 사람들에게 가짜뉴스 확산 수법과 전략을 미리 알려주면 어떻게 될까. 이런 생각에서 출발하여 가짜뉴스 대응 효과를 입증한 연구 결과가 인지 백신 이론이다.

인지 백신 이론은 자연과학에서 사용하는 백신의 원리를 가짜뉴스 예방과 대응책에 응용한 것이다. 백신 주사를 통해 인체에 면역 체계가 만들어지면 진짜 감염균이 침입할 때 우리 몸은 면역 기전에 이해 감염균과 싸운다. 인지 백신 이론에서 백신 주사 역할을 하는 것은 사전 노출Prebunking이다. 이는 가짜뉴스가 퍼지기 전에 미리 가짜뉴스에 노출될 가능성, 그 유형과 수법을 알려주는 행위이다. 이렇게 하면 심리적 면역체계가 생겨 가짜뉴스에 노출되더라도 속아 넘어가지 않고 저항력이 생긴다. 여기에서 저항력은 사람들이 가짜뉴스에 대한 불신이나 반박 근거를 갖추는 것을 뜻한다.

인지 백신 이론은 다양한 실험을 통해 그 효과를 확인했다. 2017년 반 데어 린덴Van der Linden과 그 동료들은 미국 성인 2000명을 대상으로 기후변화 과학에 대한 신뢰도 측정에 들어갔다. 참가자들을 4개 그룹으로 나눠 첫 번째 그룹에게는 '기후변화는 인간에 의해 진행됐다고 믿는 과학자가 97%에 이른다'라는 사실 정보를 제공했다. 두 번째 그룹에는 '기후변화는 사기이며 과학자 3만여 명이 반대 성명을 냈다'라는 허위 정보를 제공했다. 세 번째 그룹에는 아무런 정보를 제공하지 않았고, 네 번째 그룹에는 사전 노출 기법을 썼다.

실험에서 네 번째 그룹 참가자들만 인지 백신을 맞은 것이다. 인지 백신 그룹은 사전에 허위 정보 수법에 대한 핵심적인 설명과 음모론의 대표 사례에 대한 설명을 듣고 '기후 과학을 약화하려는 시도가 존재한다'라는 정보를 미리 들었다. 이 실험에서 기후변화에 대한 과학적 신뢰도(7점 만점)를 측정한 결과 네 번째 인지 백신 그룹(5.8점)의 점수는 두 번째 허위 정보 제공 그룹(3.2점)에 비해 2.6점이나 높았다. 허위 정보 신뢰율(100% 만점)은 인지 백신 그룹(23%)이 허위 정보 그룹(61%)에 비해 38%포인트 낮았다. 가짜뉴스 확산 의도도 인지 백신 그룹에서 낮게 나왔다. 이 실험에서 보수와 진보 등 당파 차이는 유의미한 수준으로 나타나지 않았다.

이 이론의 주창자들은 이 같은 실험 결과가 인지 백신을 통한 면역 효과라고 주장했다. 사전에 이미 경험한 가짜뉴스에 대한 면역 반응이 실험에서 자동으로 활성화했다는 것이다.

백신에 의해
정치선전 신뢰도 절반 추락

인지백신 프로그램을 통해 정치인에 대한 선전과 가짜뉴스도 줄일 수 있다는 실험 결과도 나왔다. 바나스J. Banas 등은 2009년과 2010년 실험 참가자들에게 진보당 후보와 보수당 정치인을 비난하는 선전 문구를 보여주고 인지 백신 실험에 들어갔다. 선전 문구는 "자유주의자 후보 A는 당신의 세금을 외국인 복지에 낭비하려고 한다. 그는 미국 경제를 파괴하는 급진적 사회주의자이다"와 같은 내용으로 구성되었다. 감정과 애국심에 호소하면서 복잡한 정책 논의를 정략적 대립 구도로 단순화한 문구다. 이 문구만 읽은 실험 참가자들의 정보 신뢰도는 62%(만점 100%)였다. 반면, 이 문구를 읽기 전에 인지 백신을 맞은 참가자들의 신뢰도는 28%로 낮게 나왔다. 이 같은 결과로 볼 때 백신은 가짜뉴스의 신뢰도를 떨어뜨리는 데 강력한 효과를 입증했다고 볼 수 있다.

인지 백신 그룹에게는 사전에 '대부분의 선전 문구는 의도적으로 과장된 것이며 이분법적이다'라는 글과 함께 '어떤 사람들이 A를 사회주의자라고 주장할 수 있지만 그러한 주장은 종종 왜곡에 근거하고 사실이 아니다. 복지 프로그램을 지지한다고 해서 사회주의가 된다고 할 수 없다'라는 반박 근거를 제시했다. 참가자가 정치선전에 반박하는 비율도 백신 그룹이 다른 모든 대조군보다 높았다. 가짜정보에 대한 저항력이 가장 높았다는 의미이다.

바나스와 그의 동료들은 당시 이와 유사한 연구 54개를 재분석한 결과 백신 그룹의 저항 효과가 중간 수준 이상을 나타냈다고 밝혔다. 다시 말해서 인지 백신을 맞은 사람들은 정치선전에 저항할 가능성이 평균적으로 높다는 것이다. 인지백신 효과를 추가로 입증한 셈이다.

대규모 캠페인으로
현장 효과 입증

세계 최대 검색 플랫폼인 구글Google은 이 같은 백신 효과를 토대로 2022년부터 2024년까지 가짜뉴스에 대응하는 캠페인을 진행해왔다. 이 캠페인을 추진한 구글의 조직은 직소JIGSAW라는 팀인데 이 팀은 유튜브에 가짜뉴스의 조작 기법을 이용자들에게 미리 알려주는 교육을 실시해 왔다. 가짜뉴스가 공포를 조장하거나 허위 전문가의 글과 말을 인용한다는 내용과 함께 음모론에 의해 사실이 왜곡되는 현상 등을 미리 알려주는 캠페인이었다.

이 역시 사전 노출에 의한 면역 효과를 얻어내기 위한 교육이다. 직소가 지역 대학이나 전문가들과 협업하여 제작한 5개의 동영상을 시청한 이용자들을 대상으로 교육 효과를 조사한 결과 가짜뉴스에 속을 가능성이 30%가량 줄었고 가짜뉴스에 대한 신뢰도와 재공유 의향 모두 낮아졌다. 미국에서는 90초짜리 유튜브 광고 방식의 사전 노출을 통해 100만 명 이상이 이 캠페인에 참여했으며, 그 결과 허위 정보를 인식하는 정확도가 5~10%가 올랐다고 한다.

직소의 캠페인은 러시아가 우크라이나와의 전쟁을 계기로 허위 정보 유포를 통한 심리전 수준을 올리는 동안 유럽연합 각국의 선거에서 적지 않은 대응 성과를 올렸다고 한다. 2024년 유럽의회 선거 당시 친親러시아 성향의 허위 정보 유포 세력들은 타국 선거 개입 작전을 대대적으로 전개했다. 이에 유럽연합은 직소 방식에 따른 허위 정보 방지 캠페인과 사전 교육을 각국에서 실시하도록 했다. 로이터통신에 따르면 유럽연합은 2024년 의회 선거를 앞두고 그해 3월부터 대형 플랫폼과 검색 엔진에 허위 정보 등 불법 콘텐츠에 대한 대응을 의무화하는 디지털서비스법을 각국에 도입하도록 했다.

이 캠페인에 적극 참여한 국가는 독일, 프랑스, 이탈리아, 폴란드, 벨기에 등 5개국이었다. 직소팀은 영국의 케임브리지대학과 브리스톨대학의 전문가들과 함께 사전 노출 기법을 개발했으며 틱톡TikTok 등 다른 플랫폼과 공동으로 사전 노출 광고를 전파했다. 페이스북과 인스타그램은 사전 경고 콘텐츠를 카드뉴스 식으로 제작해서 전파했다. 틱톡에서는 젊은 층을 겨냥한 짧은 동영상을 이용했으며 유머와 음악도 곁들였다. 아메리카 대륙 청소년들에게 선풍적인 인기를 끌었던 왓츠앱WhatsApp과 같은 소셜미디어는 챗봇을 통해 '이런 주장은 믿을 만할까요?'와 같은 질문을 던지는 등 퀴즈 형식으로 면역 반응을 유도했다.

이런 광고를 가장 많이 청취한 곳은 폴란드, 체코, 슬로바키아 등 동유럽권 국가였다고 한다. 이들 국가에서는 사전 노출 기법이 들어간 가짜뉴스 예방 동영상이 3900만 회나 노출됐다. 2024년 직소 캠페인은 EU 시청자를 위해 24개 언어로 번역된 광고로 제작됐으며 캠페인 기간은 1개월 이상으로 설정됐다. 유럽 각국은 이 캠페인으로 러시아의 부당한 선거 개입을 막는 데 성공했으며 유권자들이 가짜뉴스의 수법을 미리 익혀서 재확산 의향도 떨어졌다고 자평했다.

페이스북도 사전 경고 콘텐츠를 통해 가짜뉴스 공유율이 8~19% 떨어졌으며 특히 고령층에서 효과가 컸다고 자평했다. 영국 공영방송 BBC와 협업을 통해 사전 경고 메시지를 이용자에게 전달한 틱톡은 허위 콘텐츠 조회율이 줄고 올바른 해시태그가 증가했다고 밝혔다. 왓츠앱은 인터넷 보급이 저조한 디지털 취약 지역에서 정보 이해도가 40% 이상 올라갔다고 밝혔다.

부스터 샷도 맞아야
효과 기대

그러나 인지 백신 이론은 여러 가지 약점과 한계를 갖고 있다. 앞 장에서 살펴본 대로 가짜뉴스에 노출된 사람들이 정체성과 결합된 신념을 갖고 있으면 인지 백신의 약발이 더이상 통하지 않을 가능성이 제기됐다. 또한 감정적 선동에는 백신이 소용없다는 백신 무용론도 나왔다. 공포나 분노를 유발하는 정보에 노출되면 면역 기전이 발동되지 않을 가능성이 크다. 인지 백신의 유효 기간도 연구 대상이다. 실험 결과 인지 백신을 맞은 이후 며칠이나 몇 주가 지나자 면역 작용이 일어나지 않았다. 그때 가짜뉴스나 선전에 대한 신뢰도를 다시 측정했더니 사전 노출에 의한 효과가 사라졌다. 백신으로 이용된 매체별로 효과 감소에 차이가 있었는데, 문자를 통한 사전 경고 콘텐츠와 동영상은 그 효과가 4주 이상 지속되지 않았다.

면역 효과를 유지하기 위해 나온 방안이 부스터 샷Booster shot이다. 어릴 때 간염 백신 주사를 맞은 뒤 어른이 된 뒤에 효과가 사라지면 다시 주사를 맞아서 면역 기능을 유지하는 기전과 동일한 것이다. 가짜뉴스 방지에서 부스터 샷은 기억을 강화시켜주는 메시지로 구성된다. 3회 이상 부스터 샷을 맞으면 가짜뉴스에 장기적인 저항력이 생긴다고 주장하는 학자들도 있다. 인지 백신을 접종할 때 단순한 동영상보다 게임형 동영상의 효과가 더 오래간다고 알려져 있다.

음모론 막는
동기화 추론
억제 이론

앞 장에서는 가짜뉴스 수용과 확산에서 동기화 추론이 어떻게 작동하는지 살펴보았다. 세계 각국에서는 동기화 추론을 어떻게 막을 것인가에 대한 후속 연구가 한창 진행되고 있다.

편향적 정보 수용을 줄이기 위한 방법 연구는 2000년대 초반부터 진행됐다. 대표적인 학자는 레드로스크P. Redlawsk와 디토P. Ditto이다. 이들은 양당 구도 하에서 동기화 추론 현상을 발견하고 다양한 조건에서 이를 억제하는 방안을 연구했다. 레드로스크는 2002년 미국 대학생을 상대로 정치적 편향을 줄일 수 있는지를 실험했다. 가상의 시장 출마자 2명을 보여주고 출마자에 대한 단순 선호도를 조사했다. 그런 뒤 출마자에 대한 호의적인 정보와 비호의적인 정보를 번갈아 보여주고 대학생을 두 그룹으로 나누었다.

첫 번째 그룹에는 아무 메시지 없이 지지하는 후보를 선택하라고 했고, 두 번째 그룹에는 "잘 판단해 보라"는 메시지와 함께 후보를 선택하라고 했다. 이 실험 결과 첫 번째 그룹은 후보를 비난하는 정보를 접했을 때도 지지 후보를 바꾸지 않았으며, 비난 정보가 오히려 지지율을 높이는 역할을 했다. 두 번째 그룹에서는 약간의 변화가 일어났다. 실험 참가자의 20%는 출마자들을 비판하는 정보를 믿기 때문에 지지하는 후보를 바꿀 수 있다는 반응을 보였다. 이 두 번째 그룹이 가짜뉴스를 줄이는 단서를 제공했다.

정확성 동기로 '차가운 인지' 유도, 효과는 20%

레드로스크는 첫 번째 그룹의 반응을 뜨거운 인지Hot cognition로, 두 번째 그룹의 반응을 차가운 인지Cool cognition로 불렀으며, 차가운 인지 상태에서는 동기화 추론이 억제된다고 주장했다. 여기서 "잘 판단하고 선택하라"는 메시지는 정확성 동기이다. 이 정확성 동기를 추기했을 때 편향이 일부 억제된다는 것이 이 실험의 핵심이다.

하지만 정확성 동기는 다른 방법에 비해 가짜뉴스 차단 효과가 떨어지고, 동기화 추론 억제 시도가 역효과로 나타날 때가 상대적으로 많다. 이는 동기화 추론 억제의 한계로 노출됐다. 정치 신념이 강한 사람들은 정확성 동기에 의한 설득이 오히려 종전의 편향을 강화하는 현상도 목격됐다. 정파와 관계없이 일정한 효과를 기대할 수 있는 방법이 오히려 역효과를 걱정해야 한다면 가짜뉴스 대응에 적용하기가 쉽지 않다. 이러한 한계 때문에 동기화 추론을 억제하기 위해서는 위에서 살펴본 정체성 복합화나 인지 백신을 병행해야 효과를 거둘 수 있다는 주장이 나오고 있다.

역효과 속출하는 미디어 리터러시 교육

언론의 속성을 미리 알고 보도 방식과 내용에 대한 이해도를 높이는 교육을 받으면 가짜뉴스를 줄일 수 있지 않을까. 이런 문제의식에서 출발한 것이 미디어 리터러시Media Literacy 교육이다.

리터러시는 원래 문자에 대한 해독력을 의미했다. 문자로 구성된 책자를 보급할 때 문해력을 높이면 소통이 원활해지고 교양 수준이 높아질 것으로 기대하고, 귀족 계층에게 실시하던 문해력 교육을 평민층으로 확대한 사례도 역사에 기록돼 있다. 그러나 이를 미디어라는 특수한 분야에 응용하면 어느 정도 효과를 거둘 수 있을까. 외국의 전문가들은 교육 내용과 대상자를 적정하게 선정하면 장기적인 성과를 거둘 수 있을지 몰라도 단기적 효과는 제한적이며 오히려 역효과가 나타날 가능성이 크다고 경고하고 있다.

하지만 한국에서 미디어 리터러시 교육은 문재인 정부와 윤석열 정부 당시 시민단체와 학계에서 붐이 일어나기도 했다. 언론에 대한 해독력을 높여 언론 종사자들이 알고 있는 미디어 속성을 일반 시민들에게 알려주면 가짜뉴스 생산과 유통이 줄어들 것이라 기대한 것이다.

최근 미디어 리터러시 교육은 단순한 문해력 수준을 넘어서 그 의미와 활용 범위를 확대하는 추세다. 언론 매체와 콘텐츠를 비판적으로 이해하면서도 콘텐츠에 대해 적극 소통하고 활용할 수 있는 '다층적인 능력을 키우는 과정'으로까지 해석된다. 이 같은 과정을 거치면 가짜뉴스를 퇴치하는 능력이 커진다는 낙관론이다.

일부 한국의 전문가들은 언론을 비판적으로 이해하면서도 적극적으로 소통하고 활용할 수 있는 다층적인 능력을 갖추면 가짜뉴스로부터 보호되며 올바른 정보 선택에 도움이 된다고 주장한다. 여기에서 다층 역량은 미디어에 대한 비판적 역량, 미디어 이용과 생산 역량, 사회적 소통 역량 등을 의미한다. 이러한 역량은 일반 언론에 대한 이해 수준뿐만 아니라 가짜뉴스 식별과 대응 수준도 높인다는 것이다.

하지만 이러한 신념과 낙관론은 미국처럼 정치적 양극화가 심화된 사회에서 이미 난관에 부딪혔다. 사회적 정체성과 동기화 추론에 따라 미디어 리터러시 교육의 효과가 떨어지거나 역효과가 나타나는 사례가 증가했기 때문이다. 교육 결과를 추적하던 미국과 유럽의 연구자들은 "미디어 교육으로 피교육자들의 기존 신념이 강화되거나 집단 보호 의식이 두드러졌다"라고 분석했다. 양극화 사회에서 리터러시 교육은 상대 진영에 대한 비판 능력은 높였지만 자기 진영의 허위 정보 비판에는 큰 변동이 없었다. 이 같은 선택적 비판과 무시는 가짜뉴스 세력이 이용하는 메커니즘이기도 하다.

중립적 교육일 때
가짜뉴스 공유 17% 감소

물론 미디어 리터러시 교육도 효과가 전혀 없지는 않았다. 2022년 엡스타인Epstein 등이 미국에서 정파적 맥락을 배제하고 중립적인 교육을 실시했을 때 허위 정보 공유 비율이 17% 감소했다. 하지만 이 같은 효과는 일회성에 그쳤다. 교육 참가자들의 인지 능력은 교육을 받을 때만 향상되고 그 이후 제자리로 돌아갔다. 가짜뉴스에 대한 태도는 크게 바뀌지 않았다.

미디어 리터러시 교육의 치명적 결함은 언론에 대한 신뢰가 크지 않을 때 역효과가 나타나며, 교육 이후 주류 언론에 대한 신뢰도가 더욱 떨어진다는 것이다. 미디어 시장 전체에서 보면 주류 언론에 대한 불신은 가짜뉴스 세력들이 활개 치는 공간을 넓히는 효과를 낸다. 2024년 취리히대학 연구진은 언론 불신이 큰 사람들이 리터러시 교육을 받고 언론 불신도가 높아졌다는 조사 결과를 내놓았다. 이러한 교육을 받은 사람들의 일부가 가짜뉴스 식별 능력을 배우기는 했지만, 뉴스 전반에 대한 불신도를 높일 위험이 크다는 것이 최근 외국 학자들의 연구 결과다. 2019년 미국의 비영리 연구단체인 랜드연구소는 미디어 리터러시 교육이 잘못 설계되면 미디어 전반에 대한 회의감을 심어주고 이는 언론 전반에 대한 냉소주의를 심화할 수 있다고 지적했다. 이런 것도 가짜뉴스 세력들이 선호하는 환경이다.

결국 가짜뉴스 전문가들이 지금까지 관찰한 결과 미디어 리터러시 교육은 효과가 미미하거나 불분명할 뿐만 아니라 양극화 사회에서 특정 진영에 기반한 가짜뉴스를 도와줄 수 있다. 또한 언론 불신이 심한 사회에서는 주류 언론에 더 심한 타격을 주고 가짜뉴스의 활동 무대를 넓혀줄 가능성이 큰 것으로 평가된다.

다양한 이론, 효과의 차이

앞에서 가짜뉴스에 속지 않는 방법과 확산을 막는 방안에 대한 이론적 근거들을 살펴보았다. 다양한 이론 중에서도 가짜뉴스에 대응하는 가장 효과적인 방법을 알려주는 이론은 무엇일까. 결론부터 말하자면 그런 만능 이론은 아직 등장하지 않았다. 대응 효과는 공동체가 처한 시대별로, 가짜뉴스가 확산되는 상황별로, 가짜뉴스를 믿는 인구의 속성별로 다를 수 있다. 그렇기에 이 모든 조건을 충족시켜 줄 이론이나 방법은 없다.

따라서 외국 학계는 정치학, 사회학, 경제학, 심리학, 언론학 등 모든 전문가를 동원한 다학제 간 연구Interdisciplinary Research에 착수했다. 하지만 아직 가짜뉴스에 대한 정확한 처방을 내리지 못하고 있다. 다만 부분적인 연구 진척 수준은 국내 언론계와 학계보다 몇 단계 더 앞서 있다. 이러한 한계를 고려하여 가짜뉴스 대응에서 효과가 검증된 이론 몇 가지를 소개했다.

그런데 여러 개의 이론과 대응책이 서로 경합할 경우, 어떤 것을 우선적으로 적용해야 할까. 당연히 효과가 크고 광범위한 것부터 적용해야 할 것이다. 이러한 점을 고려하여 조건에 따른 대응 방안을 설명하겠다.

양극화 환경에서는
내집단 효과 > 정확성 동기

동기화 추론을 억제하는 기제 중 하나인 정확성 동기는 가짜뉴스를 믿는 집단과 당파를 초월하여 안정적인 효과를 나타낸다는 장점이 있다. 하지만 정확성 동기도 정치적 양극화라는 조건에서는 정체성에 기반한 개입 효과보다는 떨어진다는 연구 결과가 나왔다.

2024년 클라라 프레투스C. Pretus 등은 미국과 영국 유권자들을 대상으로 진행한 실험 결과를 발표했다. 이 실험은 정치 양극화가 심각한 영국과 미국의 유권자와 그들의 정파성을 고려한 대규모 실험이었다. 실험 참가자들은 트럼프 미국 대통령이나 스타머 영국 총리 등 유명 정치인이 트위터에 올린 가상의 허위 정보를 보고 '이 트위터를 다른 사람들과 공유할 것인가?'라는 질문을 받았다. 참가자들은 트위터 글 아래에 뜬 '좋아요'와 같은 반응을 보고서 가짜뉴스 공유 의사를 밝혔다.

실험 설계자는 일부 참가자들에게 '당신이 반응하기 전에 이 트윗의 정보가 얼마나 정확인지 생각해달라'라는 문구를 먼저 읽게 했으며, 다른 참가자들에게는 이 문구를 보여주지 않았다. 넛지 이론을 활용한 개입 방식(문구 추가)으로 정확성 동기의 효과를 측정하기 위한 실험이었다. 그 결과 정확성 프롬프트를 읽은 참가자들이 가짜뉴스를 공유하고자 하는 의사는 읽지 않은 참가자들에 비해 5%가량 낮았다. 이 같은 결과는 미국이나 영국에서 비슷하게 나왔다. 미국에서는 중도나 진보층 유권자가 보수층 유권자보다 정확성 프롬프트의 효과가 약간 더 컸다.

트위터 반응 보고
공유 의사 25% 줄여

그런데 이 실험에서 정체성에 기반한 내內집단In-group 효과는 정확성 동기에 의거한 대응 효과보다 더 크게 나왔다. 실험 설계자들은 정체성에 기반한 개입 효과를 측정하기 위해 트위터 글 아래 '좋아요' 버튼 옆에 '사실 오도Misleading'라는 버튼을 추가하고 이들 아이콘을 누른 횟수를 표시했다. 사실 오도라는 문구는 영미권 온라인에서 가짜뉴스가 독자를 잘못된 방향으로 유도할 때 자주 사용하는 경고문인데 이 실험에서는 이를 반응 버튼으로 활용했다. 트위터의 글은 미국의 버니 샌더스 상원 의원이나 키어 로드니 스타머 영국 총리와 같은 정치인이 올린 것처럼 꾸몄다.

이 실험은 유명 정치인의 트위터를 그 추종자들이 자주 조회하고 '좋아요'와 같은 반응에 민감하게 반응할 것이라는 가정하에 진행된 것이다. 다시 말해서 미국 민주당이나 공화당의 유명 정치인의 트위터에 올라온 반응은 집단의 정체성을 반영한다는 것이다.

정치인 트위터의 반응에 따라 그 추종자들의 태도가 변한다는 가정은 실험에서 그대로 증명됐다. 보수당과 진보당 정치인의 트위터 글 아래에 '사실 오도' 버튼을 붙여놓고 버튼을 누른 횟수가 많은 것처럼 보여주자 실험 참가자들의 트위터 글 공유 의향이 평균 25% 줄었다. 이 결과는 정확성 동기에 의한 효과(5%)보다 크게 나왔다. 정체성에 기반한 개입 효과가 정확성 동기에 의한 효과보다 크다는 것을 의미한다.

내 집단 효과도 다시 확인됐다. 실험 설계자들은 '사실 오도' 버튼을 누른 숫자를 다르게 만들어 참가자들에게 보여줬다. 그 결과 '사실 오도' 버튼을 누른 숫자가 클수록 가짜뉴스 공유 의향 감소 비율이 평균보다 높게 나왔다. 사실 오도 버튼을 누른 횟수가 집단 내부의 규범으로 작동한 것으로 풀이할 수 있다. '이 뉴스가 가짜다'라는 반응이 집단 내부에서 크게 나올수록 그 뉴스를 공유할 가능성이 더 낮아진다는 가정이 사실로 확인된 셈이다.

양극화 정도에 따른 효과의 차이

정확성 동기 효과보다 정체성에 기반한 개입 효과가 큰 이유는 무엇일까. 실험 설계자들은 그 이유로 정치 양극화를 지목했다. 미국이나 영국은 정치 양극화가 심해서 숙고를 요청하는 개입(문구 삽입)은 한계가 있다는 것이다. 이런 환경에서는 정확성 프롬프트보다는 정파 내부의 사실 오도 버튼을 누른 추종자들이 많아야 가짜 뉴스 공유가 줄어든다. 그런데 실험 설계자들은 이 대목에서 흥미로운 점을 또 발견했다. 미국의 양극화 수준이 영국보다 심하다는 점이 같은 조사 결과에서 확인된 것이다.

실험 설계자들은 양국 참가자들에게 유명인들의 가상 트위터를 보여줄 때 집단 정체성을 자극하는 정보와 그렇지 않은 정보를 섞어서 보여줬다. 예를 들어 미국에서 이민 문제는 공화당 지지자들이 민감하게 반응하는 이슈이고 오바마케어 같은 보편적 의료는 민주당 지지자들이 환호했던 이슈다. 반면 철도나 도로 건설과 같은 사회간접자본 확충과 관련된 뉴스는 정파적 민감도가 떨어지는 이슈로 분류된다.

정파적으로 민감한 이슈와 관련된 허위 정보와 함께 그렇지 않은 허위 정보를 동시에 실험 참가자들에게 제시한 이후 공유 의향을 물었다. 그 결과 미국 공화당 지지자라고 밝힌 실험 참가자들이 이민 문제와 관련된 가짜뉴스를 공유하려는 의향이 22% 줄었다. 민주당 지지자도 보편 의료와 관련된 가짜뉴스를 공유하려는 의향이 18% 줄었다. 이에 비해 영국 참가자들은 정파적으로 민감한 의료 민영화나 덜 민감한 에너지 정책에 대한 이슈에서 공유 의향 감소 비율이 거의 차이가 없었으며 이슈 전반에 걸쳐 가짜뉴스 공유 감소 비율이 미국의 절반 수준으로 나왔다.

이 같은 결과에 대해 연구자들은 영국은 주요 이슈들이 집단 정체성에 덜 민감하고 양극화 정도가 미국보다 낮기 때문이라고 분석했다. 다시 말해 미국에서는 정치적으로 양극화가 심한 편이기 때문에 정파적으로 민감한 가짜뉴스를 줄이려면 '이 뉴스는 사실을 오도한다'라는 신호를 특정 정파 내부에서 보내야 효과가 크게 나타난다는 이야기다. 이 실험은 영국처럼 양극화 정도가 상대적으로 낮은 환경에서는 사회정체성에 기반한 내집단 효과가 더 적게 나올 수 있다는 점도 알려준다.

언론 불신 환경에서도 내집단 효과 우세

언론에 대한 불신도가 높은 사회에서 가짜뉴스를 퇴치

할 때, 사회정체성과 인지 백신 중 어느 것에 기반해서 대응해야 할까. 이 질문에 대한 대답 역시 어렵다. 학계에서 축적된 구체적 사례와 실험이 거의 없기 때문이다. 그렇지만 이 책에서 소개한 이론만으로 어느 정도는 추론할 수 있다.

인지 백신 이론가들은 실험을 통해 가짜뉴스의 수법을 미리 알려주고 가짜뉴스에 대한 대응 효과를 측정했는데, 상당히 높은 면역 효과를 입증했다. 그런데 긍정적인 효과는 기존 언론에 대한 신뢰가 높은 상태에서 나왔고, 언론에 대한 불신이 클수록 부정적인 효과가 크게 나왔다.

긍정적인 효과는 인지 백신에 의거한 대응이 사회정체성에 기반한 대응보다 약간 클 수 있다. 반면, 일반적으로 부정적인 효과는 인지 백신이 정체성 기반 대응보다 크게 나온다. 물론 정체성에 기반한 대응에서도 접근 방식이 잘못 설계되면 간헐적으로 부정적인 효과가 나타나기도 한다. 언론 불신 환경에서는 음모론이 번성하는데 음모론 신봉 집단에서는 인지 백신에 대한 거부 반응이 빈발하는 반면, 정체성에 기반한 내집단 효과는 크게 나온다. 이를 종합하면 언론 불신 환경에서는 일반적으로 정체성에 기반한 내집단 효과가 인지 백신 효과보다 크다고 추론할 수 있다.

그렇지만 이것은 추론일 뿐이다. 구체적인 실험과 검증이 진행된 후에야 확실한 효과 차이를 말할 수 있겠다. 또한 내집단 효과를 거두기 위해서는 가짜뉴스를 믿는 집단 내부에 들어가 설득해야 하고 메시지도 정교하게 준비해야 하는데, 이를 실행하기가 쉽지 않다. 반면 인지 백신은 교육이나 게임을 통해 실행 난이도를 낮출 수 있다.

Chapter
06

대한민국의
특수성과
가짜뉴스
대응 방안

DEBUBBLING

　　　　　　　　이번 장에서는 앞에서 설명한 이론 가운데 한국 상황에 적용할 수 있는 이론은 무엇인지, 지금까지 연구한 결과 중 효과가 클 것으로 예상되는 방법론을 소개하고 다른 나라에서의 검증 사례도 살펴본다. 이론에 기반한 가짜뉴스 대응법을 적용할 때 주의할 점도 설명했다.

　가짜뉴스에 대한 이론과 최신 연구는 미국과 유럽 국가들에서 활발하게 나오고 있다. 한편 한국은 효과적이고 다각적인 연구에 관한 한 거의 불모지에 가깝게 보인다. 가짜뉴스 확산에 따른 구체적 피해가 급증하고 기존 언론의 신뢰도를 위협할 뿐 아니라 국가 질서를 어지럽히고 있는 수준에 이르렀는데도 이에 대한 연구가 저조한 것은 납득하기 어렵다.

한마디로 한국은 가짜뉴스가 기승을 부리기 쉬운 환경에 처해 있다. 이런 상황에서 한국 내의 실증적 연구 결과를 마냥 기다릴 수 없으므로 외국의 이론과 최신 연구 사례를 한국적 상황에 적용해봤다. 예를 들어 한국에서 사회 갈등의 원인으로 지목된 정치적 양극화는 가짜뉴스 확산 세력들이 입지를 넓히기에 최적의 환경을 제공한다. 양극화 상황에서 가짜뉴스 확산에 따른 피해는 일반 국민에게 돌아간다.

명백한 가짜뉴스임에도 정치적 양극화를 이용해 확산시키고 이를 저지하지 않는다면 국가의 중대한 정책 결정이 미뤄지면서 사회적 비용을 증가시킨다. 정책 결정의 지연에 따른 기회비용은 물론, 합의와 동의를 구하는 과정에서 동원된 자원이 낭비되고 그것은 고스란히 국민이 낸 세금으로 메워진다. 가짜뉴스가 기생하기 좋은 양극화 사회에서는 어떠한 이론에 근거한 대응 방식이 효과가 있을지 검토해보겠다.

필자는 몇 가지 조건과 환경을 임의적으로 선별했는데, 한국 사회에서 심각하다고 거론되는 일부 범주에 불과하다. 또한 이 조건이 가짜뉴스 확산을 설명하는 데 있어 객관적으로 어느 정도 적정한지, 또한 이론에 기반한 대응 방법이 실제로 한국에서 얼마나 효과가 있을 지에 대해서는 추가 검증이 필요하다.

양극화 사회에서의 가짜뉴스 대응법

한국 사회에서 정치적, 사회적 양극화는 점점 심해지고 있다. 2025년 1월 동아시아연구원이 18세 이상 1,514명을 대상으로 '양극화 인식 조사'를 실시한 결과 더불어민주당과 국민의힘에 대한 비호감도가 각각 54.1%와 68.7%로 집계됐다. 이는 4년 전보다 각각 10.4%포인트, 20.9%포인트 증가한 수치이며, 국민의힘 지지자와 민주당 지지자의 상대 정당에 대한 비호감도는 각 93.5%와 94.6%를 기록했다. 전체 응답자의 57.8%가 1년 후 정치권 갈등이 더 심해질 것으로 내다봤다.

다른 나라와 비교해서 한국의 양극화 수준이 어느 정도 수준인지 알려주는 국제적인 지표는 찾기 어렵다. 경제협력개발기구 OECD가 회원국을 대상으로 이 지표를 10년 이상 조사해왔는데, 조사 대상국 중에 한국이 빠져 있기 때문이다. 그렇지만 양극화 수준을 가늠할 수 있는 간접 지표들은 많다. 2020년 로이터 저널리즘연구소가 발표한 디지털뉴스 리포트가 그런 사례이다.

이 보고서에 따르면 한국은 '나의 관점과 같은 뉴스 선호'라고 응답한 사람이 44%를 차지해 40개 조사 대상국 가운데 4위를 기록했다. 한국의 앞순위는 튀르키예, 멕시코, 필리핀이었으며, 한국은 양극화 심각 단계로 진단받은 미국(나의 관점과 같은 뉴스 선호 30%)보다 높은 수준이었다. 한국은 '나의 관점과 다른 뉴스를 선호하는 사람'이 4%에 불과했다. 한국인들의 뉴스 편식은 가짜뉴스가 생산되고 확산되기 위한 필요 조건이다. 미국과 똑같이 한국은 가짜뉴스 확산에 따른 피해가 국가와 사회, 개인 부문으로 확산된다 해도 전혀 이상하지 않은 국가가 됐다.

효과적 대응법은
동기화 추론 억제, 인지 백신 등

양극화가 심해진 국가에서 가짜뉴스를 줄이는 대응법은 앞 장에서 일부 설명했듯이 동기화 추론, 인지 백신, 사회정체성 이론 등이다.

우선 자신의 정치적 신념과 맞지 않는 뉴스를 배척하고 신념과 일치하는 뉴스만 수용하는 동기화 추론은 정확성 프롬프트와 같은 개입을 통해 억제 효과를 볼 수 있다. 인지 백신은 가짜뉴스의 잠재적 피해자들에게 면역 기능을 활성화하여 가짜뉴스를 접해도 쉽게 속아 넘어가지 않도록 도와준다.

사회정체성 이론은 내內집단 효과in-group effect로 가짜뉴스를 억제하는 것이다. 이는 진짜 언론을 지키려는 입장에서 이이제이以夷制夷 방식과 유사하다. 가짜뉴스를 믿거나 퍼뜨리는 집단 내부에서 가짜뉴스 퇴치를 설득하면 그 효과가 크다는 것이다. 예를 들어 가짜뉴스를 믿는 집단 안에서 '이 뉴스가 잘못된 방향으로 우리를 오도할 수 있다'라는 메시지를 집단 지도자나 구성원들이 공유하면 가짜뉴스에 대한 신뢰도가 떨어진다. 이는 외국 전문가들이 수차례 그 효과를 검증한 내용이다.

양극화 사회에서 가짜뉴스에 대한 대응법을 알려주는 이론은 각각 적용하는 맥락이 다르다. 또한 각 이론의 장단점이 있고 효과와 비용의 차이도 있다. 그렇기에 어떤 대응법을 우선으로 골라야 하는지에 대한 사회적 선택의 문제도 전제해야 한다.

동기화 억제로

공유 20% 감소

우선 동기화 추론 억제 전략에서 정확성 프롬프트 개

입은 다른 수단에 비해 적용하기 쉽고 비용이 저렴하다는 장점이 있다. 정확성 프롬프트는 뉴스를 읽기 전에 '이것이 정확하다고 생각하나?'라는 간단한 질문을 던지는 글이다. 이같은 문구는 소셜미디어 팝업이나 댓글 표시 카운터에 간단하게 붙일 수 있다. 이 간단한 문구 하나로 가짜뉴스 공유가 33%에서 16%로 줄었다는 연구 결과(페니쿡과 랜드, 2021)가 이미 나왔다. 즉각적이고 실질적인 효과라 할 수 있다. 정확성 프롬프트는 특히 보수 성향 이용자에게 효과가 크다는 후속 연구 결과(페니쿡 등, 2022)도 나왔다. 페이스북에서 가짜뉴스에 노출된 보수주의자들은 팝업 창에 '이 뉴스가 정확하다고 생각하나?'라는 문구를 올리자 가짜뉴스 공유율이 15~20% 정도 낮아졌다. 하지만 공유율을 낮추는 효과는 시간이 지나면 떨어지고 같은 시도를 반복하면 개입 대상자들의 피로감이 쌓여 무감각해진다는 연구 결과도 나왔다.

동기화 추론 억제 전략에서 무엇보다 주의해야 할 점은 역효과이다. 정확성 프롬프트는 역효과가 비교적 적은 것으로 알려져 있었지만 강한 정치적 신념을 갖고 있는 집단에서는 이 프롬프트가 방어심리를 자극할 수 있다. 특히 보수층에서는 분노 반응을 일으켜 가짜뉴스를 더 많이 공유했다는 연구(게스 등, 2020)도 나왔다. 동기화 추론을 억제하는 대응에서 이 같은 역효과는 "당신의 믿음이 틀렸다"고 직설적으로 반박할 때 강하게 나타난다고 외국 전문가들이 분석했다. 반박의 주체가 적대적 집단으로 인식되어도 즉시 거부 반응이 나올 수 있다. 가짜뉴스를 믿고 있는 사람들이 강한 정체성을 유지할 경우에도 섣부른 동기화 추론 억제가 역효과를 초래하는 것으로 관찰된다. 이는 종교적 신념이 충만한 신자들에게 "신은 존재하지 않는다"고 말하는 상황과 유사하다고 볼 수 있다. 나이한(B. Nyhan) 등은 이라크 전쟁이 끝난 2010년 미국인을 대상으로 "이라크에는 (미국 행정부가 전쟁 명분으로 주장했던) 대량 살상 무기가 없었다"는 사실을 제시하고 그 반응을 관찰했다. 그 결과 공화당 지지자 중심의 보수층에서 "대량 살상 무기가 있었을 가능성이 더 크다"고 응답하는 사람들이 늘었다. 역효과가 발생한 것이다. 이는 기존 신념을 오히려 더 강화하는 백파이어 Back fire 효과다.

인지 백신, 가짜뉴스 신뢰도 20% 하락

양극화로 인해 가짜뉴스가 확산되는 사회에서는 인지 백신 이론에 근거한 대응법이 가장 효과가 뚜렷하고 지속력도 크다고 전문가들은 말한다. 2020년 샌더 L. 판 데르 린덴 등은 15만 명의 참여자들에게 가짜뉴스의 수법을 가르쳐주는 배드 뉴스 게임(Bad news game)을 하도록 하고 그 결과를 관찰했다. 케임브리지 대학이 2018년 개발한 이 게임은 참여자에게 가짜뉴스 제작자 역할을 맡겨 감정 유발, 양극화 이용, 불신 조장, 음모론 확산 등 가짜뉴스 수법을 잘 활용할수록 많은 점수를 받도록 설계했다. 이 과정을 통해 게임 참여자는 가짜뉴스의 수법을 자연스럽게 익힌다. 이 프로그램의 목적은 참여자들이 가짜뉴스에 노출됐을 때 심리적 면역 기능이 활성화하도록 돕는다는 것이다. 인지 백신 이론을 게임으로 응용한 것인데, 일반인들이 쉽게 접근하고 몰입도가 높기에 학습 효과도 뛰어나다는 평가를 받아왔다. 이 게임을 통해 가짜뉴스 수법을 익힌 참여자들은 가짜뉴스에 대한 불신도가 21%가 올라갔다. 면역 지속 효과도 최대 2개월간 유지됐다. 이 게임의 가장 큰 장점은 정치 성향이 좌파이든 우파이든 효과가 비교적 일정하게 나타났다는 점이다. 이는 양극화가 심해지는 사회에서 정파를 불문하고 폭넓게 적용할 수 있다는 점을 시사한다. 인지 백신에 기반한 설득은 지금까지 광범위한 대중을 상대로 수차례에 걸쳐 실험한 결과 교정 효과가 일정하게 나타난 방식이다.

하지만 인지백신 역시 적용의 한계와 부작용이 나타날 수 있다. 먼저 양극화가 심하다 보니 인지 백신에 담긴 메시지가 진영에 따라 다르게 해석될 수 있다. 또한 그 메시지가 집단의 정체성을 위협하면 이에 대한 반발과 함께 가짜뉴스에 대한 신념을 더 강화할 수 있다. 우드Wood 등은 2019년 코로나 백신 접종에 대한 가짜뉴스를 미리 알려주는 메시지를 정치권 인사들에게 보냈다. 진보층 인사 상당수는 이 메시지를 보고 납득했지만 보수층은 "정부 주도의 통제 메시지"라고 오해하며 종전의 태도를 고수했다. 특히 인지 백신 메시지가 "우리 집단을 공격한다"고 해석될 경우 심한 반발이 나타난다고 한다. 코로나 바이러스가 확산될 당시 트럼프 전 대통령과 일부 공화당 지지자들은 캘리포니아와 같은 주 정부의 방역 수칙에 반대하며 집회를 이어간 적이 있다. 미국 보건 당국이 "코로나 백신 부작용은 가짜뉴스"라고 설득하자 트럼프 추종자들이 설득 메시지를 공화당에 대한 공격으로 받아들였다고 전문가들이 분석했다. 이 같은 부작용을 예방하기 위해서는 내 집단 효과를 활용하여 같은 집단의 지도자나 전문가가 메시지를 전달하고 "당신 생각이 틀렸소"와 같은 당사자의 신념을 부정하는 메시지 대신, "당신을 위해 정확한 정보가 필요하다"고 설득하면서 가급적 인지부조화를 유발하지 말아야 한다고 전문가들이 조언한다.

내집단 설득, 수용률 50%에 역효과도 35%

양극화 사회에서 가짜뉴스가 확산될 때 사회정체성 이론에 기반한 대응은 맥락에 따라 강력한 차단 효과를 볼 수 있는 방식으로 알려져 있다. 집단의 정체성을 개인의 신념과 같다고 믿고 있는 사람들은 자신의 정체성과 직결된 가짜뉴스를 맹신할 가능성이 크다. 사회정체성 이론가들은 이러한 현상을 역이용하자고 제안한다. 가짜뉴스가 집단 정체성으로 인해 확산된다면 그 방지도 정체성을 이용하면 효과가 있다는 게 이들의 주장이다.

정치 루머 전문가인 베린스키A. Berinsky 등은 2017년 같은 정보라도 같은 정당 소속 정치인을 통해서 제시하면 정보 수용률이 최대 50%까지 높아진다고 분석했다. 미국에서 코로나 백신을 둘러싼 가짜뉴스가 퍼질 때 공화당 지지자들은 보건 당국이 '이것은 가짜뉴스'라는 메시지를 전달할 때보다, 공화당 성향의 의사나 친親트럼프 성향의 폭스뉴스 앵커가 메시지를 전달할 때 더 많이 수용했다고 한다.

사회정체성 이론에 기반한 대응 역시 역효과에 대비해야 한다. 양극화가 심한 미국에서는 이 이론에 의해 사람들을 설득할 때 그 주제가 총기나 백신으로 지정되면 역효과가 나올 비율이 최대 35%로 치솟았다는 실험 결과도 있다. 이에 따라 전문가들은 사회정체성 이론에 기반한 설득 과정에서는 주제에 대한 세심한 선별과 접근이 필요하다고 강조한다.

특이한
뉴스 생태계,
효과적인
대응 방법

한국은 OECD 회원국 중 특이한 뉴스 유통과 생산으로 인해 가짜뉴스에 취약한 구조를 지니고 있는 나라로 꼽힌다. 한국의 뉴스 콘텐츠 유통을 좌우하는 곳은 네이버나 다음과 같은 포털이다. 영국 옥스퍼드대학 부설 로이터저널연구소가 2024년 펴낸 '디지털 뉴스리포트 2023'에 따르면 한국인들의 디지털 뉴스 이용 경로에서 포털이 무려 66%를 차지한다. 뉴스를 포털에서 보는 비율은 OECD 조사 대상국 46개국 중 한국이 최상위다. 뉴스 생산은 언론사가 하는데 그것으로 비즈니스를 주도하는 곳은 포털이다. 반면 주요 언론사 자체 웹사이트 이용은 6% 미만으로 최하위권이다.

포털은 뉴스 편집에 대한 공격을 받을 때마다 "우리는 언론사가 아니다"라고 주장하며 뒤로 빠진다. 하지만 포털은 일상에서 어떤 뉴스를 메인 화면에 노출시킬지를 결정하며 뉴스 소비 시장의 주도권을 행사한다. 포털은 뉴스 선택 시 콘텐츠 생산자의 비중이나 언론사의 뉴스 가치를 크게 고려하지 않는다. 포털 이용자가 선호하는 뉴스를 전진 배치해 클릭에 비례하는 광고 수익을 올리면 그만이다.

포털은 주류 언론사나 신흥 매체나 'N분의 1'로 취급한다. 현장에서 공들여 뉴스를 만드는 언론사도 포털 앞에서는 그저 콘텐츠 공급자의 하나일 뿐이다. 다른 언론사의 콘텐츠를 복제하거나 심지어 가짜뉴스를 재가공하는 매체도 주류 언론과 동등한 대우를 받는다. 포털의 뉴스 가치는 알고리즘이라는 기준과 도구로 정해지는데, 이는 포털의 영업비밀로 세밀한 내용은 공개되지 않는다.

포털의 알고리즘은 뉴스 내용의 유익성과 관계없이 뉴스를 읽는 사람의 클릭을 증가시키고 댓글과 반응이 늘어나도록 구성된다. 감각에 호소하고 자극적인 내용이어야 이용자의 클릭수를 끌어올릴 수 있다. 이와 반대되는 콘텐츠가 이용자에게 선호될 가능성은 희박하다. 이것이 콘텐츠의 다양성을 가로막는 필터 버블이다.

이러한 환경은 가짜뉴스가 발흥할 기회를 준다. 다른 OECD 국가에서는 좀처럼 찾기 힘든 드문 사례다. 가짜뉴스를 생산하거나 유포하는 세력들은 포털을 통해 콘텐츠를 노출시킨다. 가짜뉴스를 뿌려 소기의 목적을 달성할 확률이 다른 나라보다 월등히 높다. 광우병 괴담이나 '사드 전자파를 맞은 참외' 같은 가짜뉴스가 쉽게 유포된다.

주류 언론사가 만든 품질 좋은 기사 10개는 가짜뉴스 1개를 당해내지 못한다. '다음' 같은 포털 화면에서는 뉴스 출처보다 제목을 먼저 보여주기 때문에 가짜뉴스는 출처 확인이라는 관문도 쉽게 통과한다.

포털이 뉴스를 지배하는 환경에서 독자들은 뉴스에 댓글을 달며 뉴스 소비 시장에 참여하는 주인공인 된 것인 양 착각한다. 하지만 앞 장에서 소개했던 카너만이나 페니쿡 등의 이론에 따르면 독자들은 포털이 제공하는 콘텐츠만 읽는 수동적 소비자에 불과하며, 특히 뉴스의 진위와 그 품질에 대해서는 속을 가능성이 높다. 페니쿡에 따르면 플랫폼의 콘텐츠는 마치 검증이 끝난 것처럼 자동으로 수용되기 쉽다.

가짜뉴스 세력은 포털에서 특별한 대접을 받는다. 감각을 자극하거나 선동에 이용되는 콘텐츠는 포털 알고리즘이 환영하는 요소다. 이와 같은 콘텐츠는 더 큰 반응을 유도해 클릭수를 늘려주기 때문이다. 가짜뉴스 세력들은 이 기회를 이용해 비즈니스와 세력 확장 등 수많은 혜택을 보았다. 또한 국가와 사회를 어지럽히고 면책 특권까지 누렸다. 한국 사회에서 가짜뉴스의 폐해가 시민들의 안전은 물론 민주주의를 위협할 수준에 이르렀음에도 수십 년 동안 다양한 이유로 상당 부분 방치되어왔다.

허브 차단으로 도달률 60% 감소,
편향 논란도 야기

전문가들은 이러한 환경에서 한 가지 이론이 아니라, 총체적인 가짜뉴스 퇴치 방안을 실행에 옮겨야 한다고 강조한다. 대규모 유포자부터 소규모 생산자까지 초기부터 무력화시켜야 한다는 것이다.

일단 앞 장에서 설명한 네트워크 이론을 토대로 가짜뉴스의 생산과 유포의 진원지를 찾아내서 그 중심(허브)을 차단하는 방식이 권장된다. 2020년 유럽연합EU은 EU 외곽에서 보내는 가짜뉴스 허브 40여 개를 탐지했다. 코로나바이러스와 우크라이나와 관련된 가짜뉴스 진원지는 대부분 러시아였고, EU 내부에는 허브에서 받은 가짜뉴스를 뿌리는 2차 유포자들도 있었다.

EU는 역외域外 허브 중 22개 채널을 차단하거나 콘텐츠 노출을 제한했다. 2021년 EU가 차단 효과를 측정한 결과, 역내에서 뿌려지는 2차 가짜뉴스 유포량이 40% 가까이 줄었다. 또한 페이스북과 유튜브에서 공유하던 링크도 평균 43% 줄었다. 브라질은 2020년부터 소셜 미디어 왓츠앱에서 허브 역할을 하는 가짜뉴스 유포자 계정 500개를 제한하거나 경고 처리하는 작업을 진행했는데, 그 결과 가짜뉴스 평균 도달률이 60%가량 줄었다고 한다.

그러나 네트워크 이론에 기반한 대응은 한계와 부작용을 수반한다. 유럽에서 가짜뉴스 허브를 차단하자 다수의 허브가 3주 안에 새로운 도메인 이름이나 다른 채널로 바꿨다. 또한 EU 역내에서는 가짜뉴스의 폐해를 심각하게 받아들이지 않는 사람들을 중심으로 "채널 차단이 표현의 자유를 제한할 수 있고 검열 수단이 될 수 있다"라는 반발이 일어났다. 특정 정치 성향의 채널 제한이 정치 편향 논란으로 이어져 갈등을 유발할 수 있다는 것이 전문가들의 의견이다. 이와 같은 이유로 허브 차단은 대상 선정은 물론 논란과 반발을 최소화할 수 있는 수단과 병행되어야 그 목적을 달성할 수 있다.

10초 생각으로 가짜뉴스 신뢰도 19%포인트 하락

포털이 사실상 뉴스의 생사여탈을 관장하는 언론 환경에서는 포털 이용자가 가짜뉴스에 적극 대처하도록 돕는 방안도 강구할 수 있다. 이는 가짜뉴스 생산과 유통의 주체에 대한 직접적인 제재가 아니고 소비자가 자율적으로 가짜뉴스를 가려내는 방식이다.

포털은 사실과 의견이 뒤섞인 채 일부 사실에다 허위 정보를 끼워 넣은 교묘한 가짜뉴스에 취약하고, 종종 가짜뉴스에 관대한 방식으로 대응한다. 이는 한국이나 다른 나라나 마찬가지다. 교묘한 가짜뉴스가 클릭 수를 늘려주고, 그에 따라 포털 수익이 늘어나기 때문이다. 한국은 이러한 포탈을 규제할 때 정계와 업계, 언론단체 간에 각종 이해관계에 얽혀 문턱에서 중단되는 경우가 많다.

포털을 통제하지 못한 상태에서 뉴스 소비자의 방어를 지원하기 위해서는 앞 장에서 언급한 카너만과 페니쿡의 이론을 응용할 필요가 있다. 카너만에 따르면 뉴스 소비자가 정치 선전물에 쉽게 속는 것은 뉴스 정보를 시스템1로 자동 처리하기 때문이다. 숙고 과정에 해당하는 시스템2로 뉴스 정보를 처리하려면 시간과 노력이 필요하다. 정치 선전물을 10초만 생각하고 판단하면 어떨까. 이 실험은 2020년 페니쿡 등이 진행했다. 참가자 1,700명을 두 그룹으로 나눠 뉴스 제목을 보여주고 10초간 생각한 그룹과 그렇지 않은 그룹 간 차이를 조사했다. 조사 결과 10초간 생각한 그룹의 가짜뉴스 신뢰율은 33%에서 14%로 19%포인트나 떨어졌다.

이와 유사한 방식으로 뉴스를 누가 만들었는지를 살펴보는 과정을 거치면 가짜뉴스 공유 의향이 줄어든다는 분석도 나왔다. 2020년 게스Guess 등은 미국의 페이스북 이용자들이 볼 수 있는 팝업창을 하나 올렸다. 팝업창에 올린 글은 '이 정보의 출처를 확인해 보셨나요?'였다. 이 팝업창 하나로 가짜뉴스를 공유하는 이용자가 24% 줄었다고 한다. 이 효과는 이용자의 정치 성향과 관계없이 유지됐다. 이 같은 방식은 뉴스 소비자가 뉴스를 접할 때 포털의 의도대로 자동으로 판단하지 않는다고 해서 '탈자동화De-automating 뉴스 판단'이라고 부르기도 한다. 그렇지만 일상이 바쁜 포털 이용자들이 뉴스가 뜰 때마다 이 같은 수고와 노력을 기울일 수 있을지 실효성을 의심하기도 한다.

음모론
돌출 조건에서
대응 방안

한국 사회의 음모론이 어느 정도 심각한지에 대한 객관적인 비교 지표는 나오지 않았다. 그렇지만 경계를 늦추지 말아야 할 이유는 많다. 음모론 전문가들의 견해에 따르면 감정과 정치 선동에 기반한 신종 음모론이 과거의 고전적 음모론을 대체하고 있다.

고전적 음모론은 어느 정도 사실에 근거하고 논리적 정합성도 갖추고 있었다. 기본적으로 음모론은 진실을 가로막고 재난 대응을 방해하지만, 사실에 근거한 일부 음모론은 진상 규명에 동력을 제공할 수도 있다. 이는 앞의 동기화 추론에서 살펴봤듯이 정확성 목적과 유사하다. 정확성 동기가 작동하면 가짜뉴스를 믿는 대신 진짜를 선택하는 비율도 높아진다.

반면, 최근의 신종 음모론은 사실이나 논리도 없이 감정 분출이나 선동으로 치닫는다. 이는 1인미디어로 급부상한 유튜브 등에서 분출되는 내용 때문인 것으로 보인다. 앞에서 언급한 양극화와 특이한 뉴스 생태계는 신종 음모론이 기승을 부리는 운동장 역할을 할 수 있다. 다른 나라와 비교할 수는 없지만 언제나 경계해야 할 지점이 이 대목이다. 사회가 양극화로 분열되고 네트워크 기반이 가짜뉴스에 취약한 상태에서는 정치 선동과 음모론이 활개를 친다는 것이 가짜뉴스 전문가들의 분석이다.

수단과 방법 다중 동원,
사안별로 대응

한국에서는 세월호 참사와 같은 대형 재난이나 대선, 총선 같은 정치적 이벤트가 벌어지면 거의 예외 없이 음모론이 등장했다. 법률적 판단이 끝난 뒤에도 그 음모론은 반복된다. 5·18 민주화운동에 대한 음모론이나 천안함 음모론은 사건 발생 이후 상당한 시간이 흘러도 수차례에 걸쳐 고개를 내밀었다.

2025년 8월, 일본 아시히신문은 일본어를 쓰는 한국 유튜버들의 움직임에 주목했다. 이 유튜버들은 평소에 한국 문화를 소개하는 동영상을 올렸는데, 2024년 12월 윤석열 전 대통령이 비상계엄을 선포하자 그를 지지하는 집회에 대해 음모론을 폈다는 것이다. 이들은 이 집회를 '반일 세력과의 싸움'으로 규정하고 거대 야당에 의한 국정 마비와 함께 중국의 부정 선거 개입 의혹을 제기했다.

신문이 하나의 사례로 소개한 '지금, 한국 국민 1000만 명이 반일파와 싸우는 이유 이야기합니다'라는 제목의 콘텐츠는 2025년 3월 공개된 이후 조회수가 168만 회를 기록했다. 이 콘텐츠에는 '일본 미디어가 1㎜도 보도하지 않는 것에 공포를 느낀다', '중국 탓에 일본도 위험하다' 등의 일본어 댓글이 달렸다. 아사히신문은 '음모론'의 저자인 하타 마사키 오사카경제대학 교수의 말을 인용해, "일본에 우호적인 윤 전 대통령을 옹호하고 싶은 사람이 계엄을 선포한 이유를 이해하지 못해 '이면에 뭔가가 있다'라고 믿는 것은 이상하지 않은 현상"이라고 말했다.

하타 마사키 교수의 주장은 음모론에 기반한 가짜뉴스를 분석하는 이론에도 등장한다. '이면에 무엇인가 있다'라고 믿는 것은 비례성 인지 편향Proportionality bias에 가깝다. 대형 사건에는 반드시 그에 상응한 대형 원인이 있다는 믿음이다. 음모론은 이런 편향을 극한까지 몰고 간다.

음모론에 최적화된 방어 이론은 아직까지 나오지 않았다. 음모론은 시시각각 그 유형이 달라지며, 사건이 일단락된 후에 그 유형과 콘텐츠, 수용자 상황을 분석하는 것이 쉽지 않기 때문이다. 이러한 현실에서는 콘텐츠별로 대응하는 방안을 고려할 수 있다. 정치 선전을 일삼는 가짜뉴스는 앞에서 설명한 인지 백신, 정체성 복합화, 동기화 추론 억제 등의 이론에 기반해 대응책을 마련할 수 있다.

선전성 가짜뉴스에 노출되기 전에 가짜뉴스의 전술과 반박 논리를 미리 알려주는 인지 백신은 뉴스 소비자의 저항력을 높여 준다. 음모론이 단일 정체성을 중심축으로 삼고 있다면 정체성 복합화 이론에 기반한 대응과 동기화 추론 억제도 고려할 수 있다.

지역갈등 상황에서 가짜뉴스 대응하기

한국에서 지역을 기반으로 한 정권이 번갈아 집권하면서 지역갈등은 수면 아래로 내려간 듯 보이지만 아직도 지역갈등을 이용해 검증되지 않은 콘텐츠를 뿌리거나 그에 반응하는 세력이 적지 않다. 특히 유튜브를 통한 1인미디어 시대가 열리면서 가짜뉴스 대응이 더욱 어려워졌다.

신문과 방송 같은 전통 미디어에서는 지역갈등에 대한 보도가 상당히 절제되어 있지만 일반인들이 느끼는 양상은 크게 달라지지 않은 것으로 분석된다. 2023년 한국리서치의 조사에서 응답자의 80%(복수 응답)가 "수도권과 지방의 갈등이 크다"라고 답했으며, 73%는 "영남과 호남 간 갈등도 크다"라고 응답했다.

2021년 9월 국가인권위원회가 온라인 혐오 표현 인식조사 결과를 발표했는데, 응답자들(복수 응답)이 온라인에서 접한 혐오 표현 대상 중 특정 지역 출신 혐오가 76.9%로 여성 혐오(80.4%) 다음으로 많았다.

혐오 표현의 원인으로는 '우리 사회의 구조적 차별'(86.1%)과 '일자리 등 경제적 어려움을 약자에게 표출'(82.4%), '언론의 보도 태도'(79.2%) 등을 꼽았다. 주목할 대목은 언론의 보도 태도이다. 전통 미디어의 절제에도 불구하고 언론의 보도 태도를 혐오 표현의 원인으로 지적한 것은 뉴스의 출처가 전통 매체가 아닌 다른 인터넷 매체라는 점을 시사한다. 특히 인터넷 매체의 댓글을 살펴보면 지금도 지역 비하 표현이 상당한 비중을 차지하고 있음을 실감한다.

전통 미디어는 현장에서 기자가 올린 기사에 대해 사실 검증 과정을 어느 정도 거친 뒤 보도한다. 그렇지만 신생 인터넷 매체나 유튜브 대부분은 이런 과정을 생략하거나 콘텐츠를 전문적 수단에 의해 검증하지 않는다. 이에 따라 특정 지역에서 돌고 있는 루머나 인상비평이 온라인을 타고 그대로 사용자들에게 노출된다.

법률적 대응은 역효과, 다중 정체성은 긍정 효과

지역갈등이 심한 사회에서는 가짜뉴스에 대해 단순한

팩트체크를 통한 사실 제시와 명예훼손 소송과 같은 법적인 대응이 역효과를 초래할 수 있다. 여기에 더해 집단 정체성에 기반한 혐오와 응징 프레임도 생성된다. 전문가들은 이럴 경우 정체성 복합화 이론에 기반한 대응이 가장 효과가 크다고 말한다.

2005년 마릴린 브루어M. Brewer 등은 A지역과 B지역 출신 사람들을 모아 두 그룹으로 나누고 그중 한 그룹에게만 다중 정체성을 인식시키는 실험을 했다. 예를 들어 A지역 출신의 한 그룹에게 "당신은 A지역에서 왔지만 농부이고 등산 동호회 회원이기도 하다"라고 알려줬고 다른 그룹에는 이런 과정을 생략했다. 그런 다음 특정 지역을 혐오하거나 왜곡하는 기사를 제시했다. 이 실험 결과 사전에 다중 정체성을 인식한 그룹은 그렇지 않은 그룹보다 허위 정보에 대한 신뢰도가 17% 떨어졌다. 허위 정보 공유도 다중 정체성 인식 그룹에서 22% 떨어졌다.

정치적, 문화적 배경은 한국과 다르지만 지역갈등이 여전히 사회통합을 가로 막고 있는 이탈리아에서는 2018년부터 정체성 복합화 이론에 기반한 가짜뉴스 대응 프로그램을 가동하고 있다. 이해를 돕기 위해 이탈리아의 지역갈등을 잠깐 설명하면, 이탈리아 북부인들은 "남부인들은 게으르고 미개하면서 마피아 문화에 젖어 있다"라는 편견을 갖고 있다. 남부인들은 "북부인들은 오만하면서 돈만 알고 파시즘을 선호한다"라는 편견을 지니고 있다.

이 같은 편견은 지역갈등을 이용한 가짜뉴스 유포의 원동력이 되었다. 2020년 코로나바이러스가 유행하던 당시 "남부 출신의 이민자가 바이러스를 퍼뜨렸다"라는 가짜뉴스가 돌았다. 이 가짜뉴스로 인해 로마 주변 지역에서 폭력 사건까지 일어났다. 이탈리아 정치인들은 지역갈등에 휘말린 주민들을 볼모로 삼아 총선에서 의석수 쟁탈전을 벌여왔다.

북부 출신 정치인들은 남부 출신에게 좌파 프레임을 씌우면서 보수층의 표심을 자극했다. 극우 정당은 2018년 총선에서 "밀라노(북부) 시민은 세금을 내고, 나폴리(남부)의 빈둥거리는 사람들은 복지로 살아간다"라는 메시지를 온라인과 방송에 뿌리며 득표율을 올렸다. 2022년 총선에서는 극우 정당이 '침략을 멈춰라'라는 포스터를 만들었다. 아프리카에서 몰려오는 난민이 일자리를 빼앗는 침략자라고 규정한 것이다. 극우 정당이 이런 캠페인을 벌인 결과 총선에서 승리하고 조르자 멜로니 총리가 배출되었다. 지역갈등을 이용한 가짜뉴스의 승리를 확인하는 순간이었다.

정치권이 지역갈등을 이용해 정략적 목표를 달성하는 동안 이탈리아 시민들은 중서부의 라치오주에서 '차이를 생각하자Mind the Gap'라는 프로젝트를 실행했다. 이 프로젝트를 통해 고등학생과 청년들이 10주 동안 지역갈등을 극복하기 위한 시간을 가졌다. 프로젝트에 참가한 청년들은 남부와 북부라는 서로의 정체성을 성찰하고, 소셜 미디어에서 가짜뉴스를 탐지하는 교육 과정도 거쳤다.

이 과정을 마친 청년들의 난민 관련 가짜뉴스 동조율이 프로젝트

이전 59%에서 이후 29%로 떨어졌다. 이와 함께 지역에 대한 부정적 인식이 48%에서 26%로 떨어지는 현상도 일어났다. 프로젝트에 참가한 청년들은 소셜 미디어에서 혐오 콘텐츠를 보면 종전에는 72%가 방관하며 지나쳤다고 했지만, 가짜뉴스 교육을 받은 뒤에는 그 비율이 41%로 떨어졌다고 답했다. 이 같은 실험이 이탈리아 전반의 지역갈등과 그로 인한 가짜뉴스 확산을 막는 데 크게 기여하지는 못했지만, 그것을 해소하는 데 작은 실마리를 제공했다.

다중 정체성 인식으로
허위 정보 신뢰 18% 하락

종교 간, 지역 간 갈등 문제가 복잡하게 얽혀 있는 인도에서도 이 같은 시도가 있었다. 2014년 힌두교 근본주의 성향의 인도 인민당BJP이 집권한 이래 지역갈등이 끊이지 않았고, 그 갈등을 올라타고 가짜뉴스 콘텐츠가 기승을 부렸다. 산업화 시기 물이나 전기 등 자원 배분을 놓고 작은 마을끼리 대립하는 소지역 갈등도 해소되지 않고 있다.

2018년 인도의 시골 마을에서 폭포를 구경하던 청년 2명이 영문도 모른 채 부족 마을 사람들에게 잡혀 집단 폭행을 당했다. 당시 소셜 미디어 왓츠앱WhatsApp에는 '어린아이가 유괴되어 자동차 안에 감금되어 있다'라는 가짜뉴스가 퍼져 있었다. 가짜뉴스를 믿고 있던 부족 마을 사람들은 폭포 구경을 마치고 자동차로 귀가하던 청년들을 범인으로 오인해 집단 폭력을 휘두른 것이다. 타지인에 대한 근거 없는 비방과 가짜뉴스에 속아 범죄 행위에 가담한 셈이다.

이 같은 사회 환경에서 인도의 사립대인 아쇼카대학은 복수 정체성 훈련 프로그램을 도입해 소기의 성과를 거두었다. 지역갈등을 겪고 있는 지역의 청년들을 다중 정체성을 인식시키는 프로그램에 참여하도록 유도했다. 그 결과 프로그램을 마친 참가자들의 허위 정보 신뢰도는 예전보다 18% 낮아졌다. 지역갈등에 뿌리를 둔 가짜뉴스에 동조하던 사람들의 비율도 63%에서 32%로 절반가량 떨어졌다. 가짜뉴스를 보고 반박하던 사람들의 비율은 9%에서 27%로 늘어났다.

그러나 전문가들은 정체성 복합화 이론에 기반한 대응에 한계가 있다고 밝혔다. 즉 인지 욕구가 낮을 경우 정보 과부하가 걸려 복합 정체성 인식 노력이 오히려 혼란이나 반감을 초래한다는 분석이다. 2007년 레비Levy 등은 정치에 대한 관여도가 낮은 사람들에게 다중 정체성은 설득력이 떨어진다고 밝혔다. 특히 극단적 정체성을 고수하는 사람들에게 정체성 복합화에 기반한 대응은 역효과를 초래할 수도 있다.

유럽의 극우 정당 지지자들은 다양한 정체성을 받아들이는 사람들에게 '정체성이 혼탁한 사람'이라고 비난하며 배타성을 더욱 강화시켰다. 현실적 차별을 뚜렷하게 인식하는 지역에서도 정체성 복합화에 기반한 대응은 오해를 불러일으킬 수 있다. 미국의 지역갈등 연구자들은 흑인 거주지역에서 "우리는 모두 미국인"이라는 캠페인을 벌인다면 흑인들이 차별받고 있는 현실을 은폐하려는 시도로 인식될 수 있다고 경고한다.

감정 조절 개입으로
가짜뉴스 신뢰도 30% 추락

지역갈등이 두드러진 사회에서는 정체성 복합화와 함께 인지 백신과 동기화 추론 억제를 동시에 진행하는 것이 역효과를 줄이고 가짜뉴스에 대한 대응을 극대화하는 방안이다. 지역갈등에서 적용되는 인지 백신은 감정조절과 관련된 개입 수단이다. 2013년 바나스Banas 등은 실험 참가자들에게 가짜뉴스를 보여주기 전에 "이 콘텐츠는 감정을 자극하기 때문에 여러분의 판단을 흐리게 할 수 있다"라는 사전 경고 메시지를 먼저 전달했다.

이 경고문을 읽은 참가자들의 가짜뉴스 신뢰도는 30%가량 떨어졌다. 마텔Martel 등은 2020년 실험 참가자들에게 가짜뉴스를 보여주면서 "심호흡하며 사실 중심으로 판단하라"라는 메시지를 전달했다. 그 결과 참가자들의 가짜뉴스 공유 의향이 35% 줄었으며 정서적 반응도도 25% 감소했다. 종족 감정에 토대를 둔 지역감정이 심하고 이에 편승한 가짜뉴스가 끊임없이 유포됐던 스리랑카에서는 콜롬보대학 등이 감정 유발성 콘텐츠에다 사전 경고 메시지를 추가하는 실험을 했다. 그 결과 지역감정 자극형 뉴스에 대한 신뢰도가 30% 떨어졌다고 한다. 다만 감정 몰입이 극단적일 경우 인지 백신도 효과가 없었다.

앞 장에서 살펴보았듯이 감정조절은 동기화 추론 경로를 약화시키는 완충재 역할을 한다. 가짜뉴스를 접할 때 감정이 강할수록 확증편향이 강화된다는 점은 동기화 추론 이론이 입증했다. 동기화 추론 억제 전략은 지역갈등에 뿌리를 둔 가짜뉴스 대응에도 적극 적용할 것을 전문가들은 권고한다. 이를 위해 앞에서 살펴본 내집단 효과를 활용하는 것이 권장되고 있다. 사회정체성 이론에 기반한 내집단 효과는 양극화 조건이나 지역갈등 조건에서 모두 통용할 수 있는 수단이다.

지금까지 살펴본 대로 같은 이론이라도 가짜뉴스가 편승하는 조건에 따라 적용 방향이 약간씩 다르다. 이를테면 동기화 추론 억제는 정치적 양극화 조건과 지역갈등 조건에서 다르게 적용해야 한다. 다양한 이론이 제시한 방법에 의거해서 가짜뉴스 대응 방안을 내놓고 이를 실행하는 단계에서도 가짜뉴스 신봉자의 반감과 역효과를 고려해야 한다.

Chapter 07

비대칭 대응에 따라 파괴력 높인 가짜뉴스

사회 범죄
관여와
조장

이번 장에서는 고도화 단계에 들어선 가짜뉴스가 지구촌 일상에 어느 정도 피해를 주고 있는지 그 양상을 중점적으로 살펴보고 가짜뉴스에 대한 효과적 대응이 얼마나 시급하고 절실한 과제가 됐는지 알아보겠다.

2024년 7월 말과 8월 초, 선진국으로 불리는 영국의 국민들은 근래에 보기 드문 폭동 사태에 시달렸다. 폭동의 발단은 그해 7월 29일 리버풀 북쪽의 작은 마을 사우스포트에서 일어난 흉기 난동 사건이었다. 한 흑인 소년이 흉기를 들고 이 마을 어린이 댄스 교습장에 들어가 어린아이 3명을 찔러 숨지게 했다. 영국 경찰은 용의자가 17세 미성년자라는 이유로 신원을 공개하지 않았다.

용의자는 르완다에서 온 이민자 가족 출신으로 뒤늦게 밝혀졌다. 피의자 가족은 모두 독실한 기독교 신자들이었다. 경찰이 신원 공개를 미루는 사이 소셜미디어에는 "범인은 이슬람교를 신봉하는 난민 신청자"라는 가짜뉴스가 떠다녔다. 가짜뉴스를 접한 영국의 청년들은 희생자 추모 모임을 난민 정책에 대한 항의 집회로 이어갔고, 경찰이 이를 저지하자 맥주병과 돌로 경찰을 공격했다. 이들은 금방 폭도로 변했다. 영국 북부와 북아일랜드 12개 도시와 남부 해안 도시에서 대규모 집회를 열어 정부의 난민 정책을 성토하고 지역 난민 시설을 공격했다. 그해 8월 초까지 이어진 이 폭동으로 수많은 경찰서가 폭도들의 습격을 받았다.

이 폭동으로 난민과 관련 없는 공공건물과 상점으로도 피해가 확산됐다. 영국 경제지 〈파이낸셜타임스〉는 2024년 8월 6일 폭도들은 단체 메신저 방을 통해 불법 이민자를 수용하는 이민자센터와 난민 신청자에 도움을 주는 법률센터, 이민자 자선단체 등 36곳을 공격 목표로 삼았다고 보도했다. 이들이 공격 대상으로 삼은 곳 중에는 당초 설정된 공격 목표와는 전혀 관련 없는 시설도 포함되어 있었다. 일부 지역에서는 호텔과 도서관이 불에 탔으며 시위대 일부는 상점에 들어가 진열된 상품을 약탈했다.

가짜뉴스로 걷잡을 수 없는
폭동 발생

　　　　　영국 전역을 뒤흔든 이 폭동은 가짜뉴스에 의해 사회 질서가 한순간에 붕괴될 수 있음을 보여준 사례다. 이와 함께 영국 경찰과 언론이 가짜뉴스의 영향력을 과소평가하다가 피해를 키웠다는 비판도 눈여겨봐야 할 대목이다.

　영국 경찰은 흉기 난동 사건에 따른 폭력 집회가 열리자 폭력 가담자에 대한 경고 등 평상시 하던 대로 원칙적이고 안이한 대응으로 일관했으며, 현장에서 폭력을 막는 데에만 급급했다. 영국 경찰은 흉기 난동 사건 다음날 용의자가 가짜뉴스의 주장처럼 이슬람 난민 신청자가 아니라 영국에 정착한 르완다 가족 출신이라고 밝혔다. 그렇지만 폭동은 바람 부는 날 산불처럼 영국 전역으로 번졌다. 가짜뉴스에 대한 대응책은 폭동 사태가 정점을 치달았던 8월 6일 나왔다. 영국 정부는 소셜미디어와 가짜뉴스가 이번 사태를 어떻게 확산시켰는지 조사하고 있다고 밝혔다. 당시 영국 국가범죄청은 소셜미디어와 가짜뉴스에 대한 조사에 들어갔다고 엄포를 놓았지만 폭동 사태가 일어난 지 6개월이 지나도 뚜렷한 조사 결과를 내놓지 못했다.

　영국의 대표적인 공영방송 〈BBC〉는 가짜뉴스가 폭동을 촉발했음에도 불구하고 폭동 발생 원인을 두고 "소셜미디어뿐만 아니라 다양한 요인이 작용하고 있다"라며 가짜뉴스를 전파한 매체의 책임을 덜

어주기도 했다. 물론 이 폭동의 근저에는 브렉시트 이후 반反난민 정책을 내세우며 정치적 영향력을 확대하고 있던 영국 극단주의 세력이 있었던 것은 사실이다. 하지만 살인 사건이 대규모 폭동으로 비등할 때 가짜뉴스의 핵심 역할을 빼놓고는 이 사태를 제대로 설명하기 어렵다. 이 점에서 영국 언론들도 가짜뉴스의 부작용을 상대적으로 경시했다는 비판을 피할 수 없다.

꼬리 감춘 가짜뉴스,
무고한 피해자 속출

2024년 영국 폭동 사태에서 가짜뉴스는 누가 만들었고, 어떻게 급속하게 확산되었으며, 폭동의 불씨를 영국 전역에 어떻게 뿌렸는지 2025년 상반기까지 명확하게 밝혀지지 않았다.

흉기 난동 사건의 용의자가 이슬람 출신의 난민 신청자라는 글을 올렸던 사람은 영국 한 기업의 임원으로 지목돼 사법 처리 대상에 올랐지만, 그는 그런 글을 올리지 않았다며 무죄를 주장했다. 영국 언론들은 폭동이 확산될 때 가담자들이 외부인의 접근이 불가능한 폐쇄 사이트를 이용했기 때문에 가짜뉴스 진원지에 대한 추적이 불가능하다고 보도했다.

가짜뉴스를 공유하며 폭동을 부추긴 사람들은 영국의 극우 정치인들과 유명 인플루언서로 지목됐다. 가짜뉴스를 크게 확산시킨 매체는 미국 테슬라 최고경영자인 일론 머스크가 운영하는 사이트 X였다. 머스크는 X에서 폭동에 원인을 제공한 가짜뉴스가 퍼지는 것을 방조했다는 비난을 받았다. 그는 X에 글을 올려 '내전은 피할 수 없다'라고 주장했다. BBC 등 영국 언론들은 가짜뉴스를 확산시킨 주체가 영국에서는 추적이 불가능한 익명 계정을 운영하는 외국 사이트일 가능성을 배제하기 어렵다는 뉴스를 내보내기도 했다.

악의적인 가짜뉴스를 만들어 확산시킨 세력은 꼬리를 감춘 채 세계 선두의 문명 국가는 방화와 약탈, 공권력 무력화를 겪으며 한순간에 혼란에 빠졌다. 가짜뉴스가 사회 범죄에 개입하면 무고한 희생자가 발생할 수 있다는 사실은 영국 폭동에서 여실히 드러났다. 폭도들이 지나다닌 골목에 있던 상점들은 영국의 이민 정책과 아무런 관련이 없었지만 상품을 약탈당하는 등 재산상의 피해를 봤다. 아프리카 출신 난민을 수용했던 호텔들은 폭도들이 저지른 범죄에 의해 건물이 화염에 휩싸였으며 그 직원들은 불법 행위가 날뛰는 현장에서 1주일 이상 공포에 떨었다. 시위대가 지나가던 도서관과 택시도 폭도의 습격을 피할 수 없었다.

인격 파탄 몰고 가고
파생 범죄도 야기

허위 정보는 인터넷에 의한 정보 공유와 함께 인공지능

이 발달할수록 더욱 기승을 부릴 가능성이 높으며, 그 결과 허위 정보의 표적으로 오른 개인은 인격 파탄에 몰린다. 2024년 8월 한국의 걸그룹 트와이스는 허위 정보의 피해자가 됐다. 트와이스의 얼굴과 신체를 정교하게 합성한 음란 영상물이 소셜미디어에 확산되자 트와이스 소속사인 JYP엔터테인먼트는 선처 없는 강력한 법적 대응에 나서겠다고 밝혔다.

해당 영상물은 인공지능 기술로 만들어진 딥 페이크Deep Fake였다. 딥러닝Deep learning과 페이크(가짜)의 합성어인 딥 페이크는 인공지능 기술을 활용해 인물의 얼굴과 몸을 실물처럼 조작할 수 있다. 딥 페이크가 확산되면 연예인들은 대중 이미지에 치명적인 손상을 입고, 딥 페이크가 허위로 밝혀질 때까지 인격 파탄을 맞게 된다.

2024년 미국에서는 팝스타 테일러 스위프트가 딥 페이크의 피해자가 됐다. 스위프트의 얼굴이 들어간 조작된 음란물은 하루도 지나지 않아 X와 같은 소셜미디어에서 조회수 4500만을 기록했다. 스위프트 측에서 음란물 삭제를 요청했지만 X는 관련 법이 없다며 삭제를 거부하다가 한참 뒤에야 성 착취물 단속센터를 신설했다.

온라인에 올라온 딥 페이크 성범죄는 기술 전파 속도 이상으로 피해자를 양산하고 있다. 한국여성인권진흥원이 운용하는 성범죄 피해자 지원센터에 따르면 딥 페이크 피해자 지원 건수가 6년간 11배 늘었다.

딥 페이크 기술에 의한 성착취물은 그 자체도 범죄이지만 온라인을 통해 새로운 파생 범죄를 낳고 있다는 점에서 심각한 문제로 떠올랐다. 2024년 대전지방법원 재판을 통해 성범죄 가해자로 알려진 김모 씨는 소셜미디어인 텔레그램에서 딥 페이크 음란물을 볼 수 있는 대화방을 만들었다. 그는 여성 1명에 대한 음란물을 만들어 이 여성의 가족 전화번호와 함께 대화방 참가자 2000여 명에게 뿌렸다. 모르는 사람들로부터 문자와 메시지를 받은 이 여성과 가족은 형언할 수 없는 고통을 호소하며 경찰에 고발했다.

과학도
부정하며
공중 보건 위협

2025년 1월 취임한 도널드 트럼프 미국 대통령이 백신 전문가들의 반대에도 불구하고 로버트 케네디 주니어를 보건복지부 장관으로 임명하자 미국 과학계에서 비탄의 목소리가 나왔다. 케네디 주니어 장관은 백신에 대한 검증된 증거도 없이 가짜뉴스를 퍼뜨린 장본인이었기 때문이다. 존 F. 케네디 전 대통령의 조카인 케네디 주니어는 2024년 12월 보건복지부 장관으로 지명된 이후에도 코로나19 팬데믹 기간에 자신이 저질렀던 과오를 인정하지 않았다.

케네디 주니어는 코로나바이러스뿐만 아니라 다른 질병을 막는 백신도 어린아이에게 자폐증을 유발한다며 가짜뉴스를 퍼뜨리며 언론의 이목을 끌었다. 그는 2005년 일부 백신의 보존제로 사용하는 티

오메르살Thiomersal이 자폐증을 일으킨다는 사실을 미국 정부가 은폐하고 있다며 음모론을 제기했다. 미국 과학계는 그의 음모론이 검증되지 않았다며 즉각 반박했으며 온라인 뉴스 매체는 그가 올린 글을 내렸다. 그럼에도 그는 자신의 글을 내린 것은 정부 관료와 제약업체의 압력 때문이라며 또 다른 음모론을 제기했다. 여기에서 더 나아가 백신 접종을 히틀러 집단이 저지른 홀로코스트에 비유하기도 했다.

백신이 자폐증뿐만 아니라 주의력결핍과잉행동장애ADHD와 암, 자가면역질환을 일으킨다는 가짜뉴스도 잇달아 퍼뜨렸다. 케네디 주니어는 2019년 남태평양의 사모아를 찾아가 백신 거부 운동에 불을 붙였다는 비난도 받고 있다. 당시 이 섬나라에서 영아 2명이 숨졌는데 케네디는 사망 원인이 MMR(홍역 볼거리 풍진) 혼합 백신이라고 주장했다. 그는 미국에서 확산되던 가짜뉴스를 이 섬나라에도 전염시켰다. 그러한 활동의 결과 그해 사모아 지역에서는 박멸된 것으로 알려진 홍역이 다시 발생해 주민 70명 이상이 사망하는 사태가 벌어졌다.

케네디 주니어가 퍼뜨린 가짜뉴스는 코로나19 팬데믹 기간에 미국에서 기승을 부렸다. 그의 가짜뉴스에 편승한 백신 접종 거부 운동이 미국에서 확산되면서 코로나 피해는 눈덩이처럼 불어났다. 전 세계 인구의 3.2%를 차지하는 미국의 코로나 감염자 비중은 세계의 14%로, 인구 대비 감염 비율이 상대적으로 높게 나타났다. 코로나 감염으로 인한 미국 사망자는 120만 명으로 세계 사망자 비율에 비해 훨씬 더 높은 것으로 나타났다. 과학자와 전문가의 조언을 무시한 트럼프의 가짜뉴스와 그를 추종하던 세력도 감염 확산에 가담했지만 케네디 주니어의 고집스런 방역 거부 캠페인도 피해를 늘린 요인으로 빼놓을 수 없다.

비과학 탄로 나면
음모론 연속으로 꺼내

당시 트럼프 대통령은 팬데믹 기간에 방역에 앞장섰던 앤서니 파우치 전 국립알레르기·감염병연구소장에게 사퇴하라고 압력을 가했는데, 이에 앞서 케네디 주니어는 "파우치 소장이 빌 게이츠 마이크로소프트 창립자와 함께 코로나 백신으로 막대한 이익을 챙기고 있다"라는 가짜뉴스를 퍼뜨렸다.

케네디 주니어가 가짜뉴스에 필요한 데이터를 모아 파우치에 대한 책자를 내놓자 이 책자가 아마존 베스트셀러 반열에 오르기도 했다. 당시 방역을 방해하던 세력은 케네디 주니어가 발간한 책자에 열렬한 지지를 보냈다. 지지자에 힘입어 이 책자는 100만 권 이상 팔렸다. 케네디 주니어의 가짜뉴스에 힘을 실어준 주역은 트럼프였다. 트럼프는 코로나바이러스를 '중국 쿵후 바이러스'라고 부르며 뉴스의 중심에 서고자 했다. 그러면서 말라리아 치료제인 하이드록시클로퀸을 코로나 특효약이라고 주장했다. 또한 주방 소독제를 쓰면서 자외선을 몸에 주입하면 코로나를 막을 수 있다면서 마스크도 쓰지 않고 파우치 소장 해고에 앞장섰다.

코로나 백신이 보급되기 전인 팬데믹 시기 초반, 세계보건기구WHO는 가짜뉴스 주의보를 내렸다. 이 기구는 2020년 1월부터 3월까지 가짜뉴스로 인한 사망자가 800명에 이른다는 자료를 내놓았다. 이 기구의 분석에 따르면 이 기간 5,800명이 소셜미디어에 노출된 잘못된 정보를 그대로 따라 하다 병원에 입원한 것으로 나타났다. 주로 메탄올이나 알코올 소독제를 마시면 병을 예방할 수 있다는 내용을 믿고 그대로 따른 경우가 많았다. 이 기구는 온라인에서 떠도는 가짜뉴스를 점검한 뒤 코로나와 관련된 잘못된 정보가 확산되는 '인포데믹Infodemic' 현상이 벌어지고 있다고 경고했다.

인포데믹은 '정보Information'와 '유행병Epidemic'의 합성어로 가짜뉴스가 전염병처럼 번지는 현상이다. 2020년 당시 코로나를 막기 위해 메탄올을 마셔 사망한 사람만 525명에 이른다는 발표가 나오기도 했다. 그럼에도 헤어드라이어의 뜨거운 바람으로 바이러스를 퇴치할 수 있다는 등 검증되지 않은 가짜뉴스가 소셜미디어와 인터넷을 통해 빠르게 확산했다. 한국에서도 코로나바이러스를 예방한다며 종교 시설 안에다 소금물 스프레이를 뿌린 한 종교 단체에서 집단 감염이 발생했는데 가짜뉴스와의 관련성은 확인되지 않았다.

WHO가 코로나 초기에 조사한 결과, 87개국에서 25개 언어로 된 2,311건의 잘못된 정보가 떠돌아다녔다. 잘못된 정보 중에는 증상과 전파, 사망률에 관한 잘못된 정보가 24%로 가장 많았다. 감염병을 막는 방법이 21%, 치료법이 19%, 감염병의 기원이나 유래에 관한 정보가 15%였다.

코로나와 관련된 이러한 가짜뉴스는 의료 정보처럼 위장해 대중들을 유인하는 경우가 많았다. 가짜뉴스 피해자들은 감염을 예방하기 위해 소의 소변을 마시면 좋다고 하거나 마늘을 많이 먹을수록 좋다는 식의 허위 정보와 뉴스에 속았다. 이 허위 정보는 의료 정보처럼 포장돼 있었다.

일자리까지 없애는 가짜뉴스 피해

가짜뉴스에 따른 피해가 사회와 정치 분야에서 막대한 규모로 늘어나고 있지만 실제로 구체적인 피해 규모에 대한 분석은 가짜뉴스 확산 속도만큼 진척되지 않았다. 외국에서는 5G 통신과 관련된 통신 시설 파괴나 코로나 백신 허위 정보에 따른 피해가 확산되었지만 경제 전체에 대한 파급 경로나 경제 주체별, 산업별 피해액이 산정되지 않았다.

마이크로소프트MS는 2016년과 2019년 사이 소프트웨어 음모론에 시달렸다. 당시 '코로나 백신 접종과 함께 MS의 소프트웨어를 최신형으로 바꾸면 감시 칩이 자동으로 설치돼 24시간 감시당한다'라는 등의 가짜뉴스가 소셜미디어에서 퍼졌다. 이 루머에 의해 MS의 소프트웨어 업데이트가 중단되고 이용자 보안이 취약해졌다. MS는 허위 정보에 대해 강력하게 부정하기는 했지만, 이후 가짜뉴스에 따른 구체적인 피해 규모는 발표하지 않았다. 그 대신 가짜뉴스에 대응하는 프로그램을 내부에서 마련하고 사실 확인 기능을 강화하고 있다.

MS가 소극적으로 대응한 것은 다른 사정도 있었겠지만 피해 규모를 산정하는 기준 때문이었을 것으로 추정할 수 있다. 가짜뉴스 피해는 일반 언론의 오보와는 달리 확산 경로를 측정할 수 없고 인과 관계를 밝히는 것도 불가능에 가깝다. 그럴 경우 피해 규모 산정도 어려워진다.

한국에서는 2017년 현대경제연구원이 가짜뉴스 피해 규모를 연간 30조 900억 원으로 추정했다. 이는 2015년 한국의 명목 GDP의 1.9% 수준이었다. 현대경제연구원은 이 같은 결과를 도출하기에 앞서 국내의 가짜뉴스가 언론 보도의 1%를 차지한다고 가정했다. 이어 가짜 기사를 유형별로 분류한 후 개인·기업 등 당사자 피해액과 사회적 피해액을 구분해 추산했다. 연예인 및 운동선수·정치인·일반인은 월 평균 소득을, 기업은 상장 기업의 하루 평균 매출액을 가짜 뉴스로 인한 손실로 간주했다. 사회적 피해액의 경우 정보통신망법상 명예훼손에 따른 벌금(평균 4,000만 원) 및 징역형 1심 선고(최대 5년) 건수를 금액으로 산출했다. 이 같은 기준으로 피해 규모를 산출한 결과, 개인과 기업의 피해 금액은 각각 5,400억 원, 22조 2,300억 원 등 모두 22조 7,700억 원으로 나왔고 사회적 피해액은 7조 3,200억 원이었다.

하지만 이 같은 피해 산정 규모는 현실적인 추산으로 보기 어렵다. 우선 한국의 가짜뉴스가 전체 뉴스의 1%를 차지한다는 가정에 대한 어떠한 근거도 제시하지 않았다. 그야말로 단순 가정에 불과하다. 또한 현대경제연구원이 의존한 사법연감이나 언론중재위원회의 데이터는 한국 사회의 현실을 반영하지 못한다.

예를 들어 가짜뉴스 피해자들이 언론중재위원회에 제소하지 않으면 통계로 집계되지 않는다. 가짜뉴스의 피해를 보고도 언론중재원에 정정보도나 이의 신청을 하지 않는 사람들이 의외로 많다. 언론중재원이 가해자에게 관대하거나 편향된 판정을 내린다고 생각되면 피해자는 결과를 뻔히 예상할 수 있기 때문이다.

반면 정치인이나 연예인처럼 권력과 돈을 가진 사람들은 적극적으로 중재를 신청한다. 언론 중재 신청자 가운데 정치인이나 연예인이 인구 분포에 비해 유난히 많은 것이 이러한 현실을 보여준다. 무엇보다 출처를 감추거나 교묘한 방식으로 유포하는 허위 정보는 일반 서민들이 언론중재위나 법원에 피해 사실을 호소하기 매우 어렵다. 가해자가 밝혀지지 않았거나 청구 취지가 명확하지 않다며 거절당하기 일쑤이다. 이는 고발장을 접수하는 경찰이나 검찰도 마찬가지다. 이 같은 현실을 감안할 때 법원과 언론중재위의 통계는 가짜뉴스의 피해를 과소 측정하는 데이터가 될 수 있다.

가짜뉴스 타격받는
서비스업 일자리

　가짜뉴스 전문가들은 그럼에도 불구하고 경제적 피해에 대한 측정은 계속 시도해야 할 과제라고 말한다. 피해 규모를 정확하게 가늠해야 사회나 국가가 사회적 합의를 토대로 가짜뉴스 퇴치에 관한 경제적 자원을 배분할 수 있기 때문이다. 최근 미국과 유럽에서는 사회적 정치적 피해 산정과 별도로 간접 피해 규모에 대한 심층 분석이 한창 진행되고 있다.

　이들 국가에서는 가짜뉴스가 여론을 왜곡하며 민주주의의 근간을 흔들 뿐만 아니라 일자리를 줄인다는 분석 결과도 내놓았다. 프랑스의 툴루즈카피톨대학의 아센차T. Assenza 교수 등은 2024년 가짜뉴스가 곧바로 실업률 상승으로 이어진다고 밝혔다. 이들은 미국에서 유포된 가짜뉴스 중 세금이나 기술 관련 가짜뉴스가 거시경제에 미치는 영향을 분석했다. 연구진은 가짜뉴스가 거시경제에 미치는 영향을 파급 경로별로 측정했다.

　분석 결과 기술과 세금 관련 가짜뉴스는 외생적 충격 변수로 작용했다. 특정 산업에서는 가짜뉴스의 출현으로 거시경제의 불확실성이 높아지고 고용이 감소했으며, 산업 생산이 줄어드는 등 부정적 효과가 두드러졌다. 아센차에 따르면 가짜뉴스 유포에 따라 부정적 효과가 가장 크게 나타나는 산업은 여행, 숙박, 소매업 등 서비스 관련 분야라고 지적했다. 서비스 관련 산업에서 가짜뉴스가 유포되면 소비심리가 위축되고 산업 수요가 급감한다. 이에 따라 채용 공고가 줄면서 고용이 위축된다.

가짜뉴스의 충격파는 단기적으로는 실업률 변동성의 50%를 설명할 수 있고, 1년이 지난 뒤에도 지워지지 않고 가짜뉴스에 따른 변동성 비율이 33% 남게 된다고 한다. 코로나 발생 초기였던 2021년 2월 중국 제약업체 보루이생물의약BrightGene Bio-Medical Technology은 당시 치료제 후보 의약품으로 떠올랐던 렘데시비르Remdesivir를 대량 생산했다고 발표했다. 하지만 그해 3월 블룸버그통신에 따르면 이 회사는 실제 생산능력이 없으면서 가짜뉴스를 뿌려 주가를 띄웠던 것으로 드러났다. 이 가짜뉴스로 이 회사의 주가는 하루에 20% 떨어졌다.

최근에는 가짜뉴스 1건이 주식 시장 피해 규모를 수십조 원 단위로 늘리고 있다. 2022년 11월 미국의 제약사인 일라이릴리 명의로 "당뇨 환자들의 필수 의약품인 인슐린을 무료로 공급한다"라는 트윗이 올라왔다. 이 소식은 수천 건의 '좋아요'를 얻으며 빠르게 퍼져 나갔지만 결국 가짜뉴스로 판명됐다. 가짜뉴스 1건으로 릴리의 주식은 하루 만에 6%(230억 달러) 하락했다. 아센차의 분석을 적용하면 가짜뉴스의 피해는 주가 하락에서 끝나지 않는다.

위에서 언급한 치료제 가짜뉴스의 경우 그 여파가 중국 제약산업 전체에 미쳐 코로나 치료제에 대한 투자 위축과 신규 채용 중단으로 이 분야의 일자리까지 사라지게 된다는 것이 경로 분석 전문가들의 시각이다. 2022년 다국적 제약사 길리어드 사이언스가 세계 시장에서 판매한 렘데시비르는 37억 달러 규모에 달한다. 이 정도 매출액을 올리는 중국 제약사는 7만 명의 근로자를 채용하는 것으로 추정된다. 보루이생물의약의 가짜뉴스가 없었다면 다른 중국 제약사들이 코로나 치료제에 대한 추가 투자로 지금보다 더 많은 일자리를 창출했을 가능성이 있다. 다만 중국은 서방만큼 자본주의 원리를 따르지 않으며 가짜뉴스의 파장 경로도 서방과는 다를 수 있다.

여론 왜곡과
피해의
연쇄 고리

최근의 가짜뉴스들은 간단한 딥 페이크 영상 하나로 정부 신뢰도를 한순간에 15% 정도 떨어뜨릴 정도의 파괴력을 갖췄다. 이 같은 파괴력 예측은 2023년 미국과 싱가포르에서 동시에 진행한 실험 결과에서 나왔다. 아흐메드Ahmed 등 연구자들은 미국과 싱가포르에서 다리가 붕괴되는 장면을 딥 페이크 기술로 정교하게 만들어 각국 실험 참가자들에게 보여줬다. 영상에서 붕괴된 다리는 각각 미국과 싱가포르의 연안을 배경으로 세밀하게 조작됐다.

이 실험 결과 딥 페이크 영상을 본 미국 참가자들은 정부에 대한 신뢰도가 15%가량 떨어졌다. 싱가포르에서는 이 영상을 시청한 실험 참가자와 그렇지 않은 참가자 사이에서 통계적으로 유의미한 차이는 나타나지 않았다. 연구진은 싱가포르에서는 정부에 대한 신뢰도가 워낙 높기 때문에 딥 페이크 영상 하나로 불신도가 높아지지 않았지만, 미국처럼 미디어 환경이 분열된 사회에서는 파괴력이 크다고 분석했다.

정부에 대한 불신도가 올라가면 시민들이 필요로 하는 사회간접자본에 대한 정책 추진도 어려워지거나 지체되고 사회적 비용도 증가한다. 한국에서는 정권에 따라 바뀌는 도로 노선 등이 이러한 사례에 해당한다. 가짜뉴스로 인해 도로 인근 마을 주민들의 의사가 왜곡된 것은 물론, 이 도로 주변에서 혼잡을 겪은 다른 지역 주민들도 공사 지체에 따라 피해를 봤다. 공사 지체에 따라 국가 예산도 추가로 투입될 가능성이 크기 때문에 결국 전 국민이 손해를 보는 구조다. 그러나 엉뚱한 방식으로 문제를 촉발한 가짜뉴스에 대한 책임 추궁은 없다. 가짜뉴스를 전략적으로 이용한 세력만 이득을 얻는다.

최근의 가짜뉴스는 이처럼 사회 분열을 조장하여 정부와 제도에 대한 불신도를 높이고 사회적 비용을 불린다. 앞에서 살펴보았듯이 가짜뉴스의 피해는 정확하게 산출하기 어렵다. 현재의 사회제도가 가짜뉴스라는 재난 상황에 대비하지 않았기 때문에 그 재난에 따른 직접적 피해뿐만 아니라 사회가 장래에 치러야 할 비용을 예상하지 못하기 때문이다.

이와 같은 사례는 영국민들의 브렉시트Brexit 결정에서 찾아볼 수 있다. 영국은 2016년 6월 국민투표를 통해 유럽연합EU에서 탈출했지만

9년이 지난 뒤까지 "후회한다"라는 여론에 직면해야 했다. 2025년 1월 실시된 여론조사에서 국민의 55%가 "브렉시트 결정을 후회한다"라고 응답했다. 2016년 브렉시트 투표 당시 투표율은 72%, 찬성율은 투표자의 52%였다. 영국은 브렉시트 결정에 따라 수출입 통관 비용 등으로 무역 규모가 줄어 연간 국민총생산(GDP)에서 152조 원을 손해 보고 있다. 또한 외국인 근로자 33만 명이 직장을 잃고 본국으로 돌아가는 바람에 인력난에 시달리고 있으며 그로 인해 2023년 1,900개소 이상의 외식업체가 문을 닫았다.

사회 분열과 제도 불신 조장하는 가짜뉴스

영국 국민들이 후회하는 결정을 내린 이면에서 사회 분열과 제도 불신을 조장했던 가짜뉴스의 역할을 간과할 수 없다. 그러한 가짜뉴스를 멀리서 찾을 필요도 없다. 브렉시트를 선동한 정치인이 보리스 존슨 전 총리이다. 〈타임스〉 기자 출신인 존슨 전 총리는 '움직이는 가짜뉴스 제조업자'였다.

그는 기자로 일하면서 유럽연합의 획일적 규제에 반대하다는 취지를 알리기 위해 '유럽연합이 콘돔 사이즈조차 16㎝로 통일시키려고 한다'라는 가짜뉴스를 스스럼없이 만들었다. 또한 영국이 유럽연합에 내던 분담금 규모를 부풀려 선전 문구를 만들고, 이 문구가 붙은 빨간 버스를 타고 영국 각지를 돌아다녔다. 국민투표를 앞두고 실시된 여론조사에서 영국 국민들의 절반이 존슨의 거짓말을 사실로 믿고 있었다. 결국 존슨의 말에 따라 브렉시트는 성공했지만 돌이킬 수 없는 손해와 후회는 영국 국민들의 몫으로 남았다. 존슨의 거짓말에 대한 응징은 뒤따르지 않았으며 오히려 총리로서 승승장구하는 길을 터주었다.

외국발 가짜뉴스와 영국의 저질 언론들도 존슨 못지않은 기여를 했다. 유럽의 분열을 원했던 러시아는 홍보 회사 IRA를 내세워 브렉시트 찬성 여론을 유도했다. IRA는 소셜미디어 트위터에서 계정 2700개를 만들었고, 그중 400개는 브렉시트와 관련된 글을 수시로 올려 영국 국민들을 현혹했다. 영국 언론 〈가디언〉이 조사한 결과 브렉시트 찬성을 유도하는 트위터 계정 대다수가 러시아 정부의 지원을 받고 있었다. 일부 블로거들은 러시아에 매수당해 브렉시트를 찬성하는 가짜뉴스를 기계적으로 퍼뜨렸다.

주류 언론들도 가짜뉴스에 오염됐다. 영국의 유서 깊은 언론사 〈텔레그래프〉나 〈메트로〉는 브렉시트에 찬성하는 러시아발 트윗을 수십 차례 인용하며 가짜뉴스를 전파하는 매개체 역할을 수행했다. 언론 신뢰도가 낮았던 타블로이드 신문들은 영국 부유층이 동조하는 이민자 문제를 파고들며 가짜뉴스를 뿌려댔다. 〈데일리메일〉은 틈만 나면 이민자 송출 비중이 높았던 루마니아나 불가리아에서 영국으로 가는 항공권과 버스표가 매진됐다는 가짜뉴스를 지면에 실었다. 반

反이민 정서를 부추겨 보수 성향 독자들의 관심을 끌겠다는 의도였지만 항공권이나 버스표가 매진됐다는 뉴스는 모두 가짜였다. 이들 신문은 영국의 민간 기구인 언론불만처리위원회의 기사 수정 권고도 받아들이지 않았고, 가짜뉴스를 사실 보도라고 우기면서 브렉시트 찬성 여론의 저변을 지지했다.

영국의 가짜뉴스 영향력은 길고도 깊었다. 2019년 12월에 실시된 영국 총선에서 브렉시트 찬성파는 압승을 거뒀다. 브렉시트 투표 당시 유럽연합 잔류를 주장하던 노동당 하원의원이 총기 테러를 당해 숨졌지만 찬성 여론에 묻혀 표심에는 큰 영향을 미치지 못했다.

건전한 여론 형성 방해, 회복 불능의 폐해

가짜뉴스는 사회적 합의 구조를 무너뜨리고 민주주의의 필수 요소인 건강한 여론 형성을 방해한다. 이에 따른 피해도 막대하고 회복이 거의 불가능하지만 이 역시 측정하기 어렵다. 최근 회복 불능과 산정 불능의 가짜뉴스 폐해가 숱하게 목격되고 있다.

2016년 1월 독일에서 발생한 리자Lisa. F 사건에 관한 가짜뉴스도 그와 같은 사례로 볼 수 있다. 유럽에서 가장 관대하고 유연한 이민자 수용 정책을 실시했던 독일은 이 사건에 따른 파장과 유사 사건으로 종전의 이민 정책이 크게 흔들렸다. 당시 13세였던 리자는 러시아계 독일 소녀였다. 이 소녀가 연락처도 남기지 않고 가출하자 그의 부모는 독일 경찰에 실종 신고를 했다. 이 소녀는 신고 다음날 집에 돌아와 "남성 3명에게 납치됐고 경찰에게 구타와 강간을 당했다"라고 말했다.

독일 경찰은 이 소녀의 전화 기록을 토대로 "가출 후 알고 지내던 언니 집에 머물렀고 납치나 강간 피해가 없다"라고 즉각 해명했다. 하지만 러시아 언론들은 '동포 소녀가 성 노예로 구금됐다'라는 가짜뉴스를 대대적으로 유포했고, 세르게이 라브로프 러시아 외무부 장관은 "독일 경찰이 이 사건을 은폐하고 있다"라고 비난했다. 독일 외무부 장관이 "러시아 측의 주장은 정치 선전"이라고 강하게 되받아쳤지만, 가짜뉴스는 더욱 광범위하게 확산됐다. 가짜뉴스를 믿고 있던 독일 극우주의 정치인들과 러시아계 독일인들은 베를린 등 주요 도시에서 시위를 이어갔다.

경찰 조사 결과 리자는 가출 이전에 터키계 독일 남성 2명과 합의된 성 접촉을 가졌고, 납치된 사실이 없음에도 가족에게 거짓말을 했다. 그런데도 러시아 외무부는 거짓말로 짜 맞추어진 가짜뉴스를 이용해 긴장을 고조시켰고, 독일 극우 세력들은 5일간 이어진 시위와 집회에서 "우리의 아이들이 불안하다"라고 주장하며 반(反)이민 정서에 불을 붙였다. 이 사건에서 가짜뉴스는 독일 시민과 이민자 간의 융합 정책에 구멍을 냈으며, 독일 극우 정치권은 반이민 정서를 기반으로 전국 각지에서 세력을 키워나갔다.

독일에서 이민자에 대한 부정적인 인식이 온 나라에 퍼지자 아프리카 난민들이 넘어오던 모든 육로 국경은 2024년 9월부터 통제되기 시작했다. 이민자에 대한 근거 없는 비방과 혐오로 인해 이민자들이 자기 가족을 독일로 초대해서 함께 생활하는 가족 재결합도 제한됐다. 독일 의회도 대안당AfD와 같은 극우 정당의 진출 비중이 높아지자 망명 신청자를 국경에서 즉시 거부하는 내용을 담은 결의안을 통과시켰다. 가짜뉴스는 독일 사회 내부를 분열시켜 유연한 이민 정책을 물거품으로 만들었다. 이와 함께 사회 내부에서 극단주의적 사고를 확산시키는 데 주도적으로 기여했다. 2025년 독일은 외국인 노동력 부족에도 2016년과 같은 이민자 수용 정책을 펼 수 없는 국가가 됐다.

산업 현장을 움직이던 외국인에 대한 반목과 추방을 외치는 목소리만 크게 들리는 가운데 이 정책을 수립하면서 이룩한 사회적 합의 구조도 대부분 깨졌다. 이 정책을 다시 추진하려면 외국인 수용을 반대하는 노동 단체를 새로 설득하고, 외국인 혐오 정서를 퍼뜨리는 극우 정치집단에 동의를 구해야 한다. 독일에서 일하는 외국인 근로자들은 1980년대처럼 언제 자신들의 거주지에 화염병이 날아올지 마음을 졸이며 살아가고 있다.

비대칭적
대응력에 따른
반복된 폐해

가짜뉴스 지원 세력은 주어진 환경에 맞춰 민첩하게 콘텐츠를 유포한다. 이를 막아내는 대응 체제가 갖춰져 있지 않으면 어떻게 될까. 가짜뉴스 피해가 끝없이 증폭되고 그 지원 세력이 뜻하는 대로 일이 진행된다는 게 전문가들의 관찰 결과이다. 이미 가짜뉴스 피해를 대규모로 경험한 사회에서 과거의 학습 효과에 따라 어느 정도 대비 태세를 갖춘 사회에서 유사한 가짜뉴스가 또다시 출현하면 어떻게 될까. 이에 대한 전문가의 대답도 '치밀한 준비로 대응하지 못하면 가짜뉴스가 방어망을 뚫을 가능성이 높다'로 나온다.

2020년과 2024년 미국 대선에서 활개를 친 가짜뉴스가 그랬다. 앞서 2016년 미국 대선 이후 가짜뉴스로 몸살을 앓았던 미국 정부와 민주당은 러시아의 지원을 받는 가짜뉴스 유통 채널을 상당 부분 차단했다. 페이스북도 사회 체제를 흔든 가짜뉴스의 유통경로였던 허위 계정을 삭제하는 등 이에 보조를 맞췄다. 하지만 '아동 성애자들이 미국을 움직인다'와 같은 가짜뉴스는 폐쇄형 미디어로 활동 무대를 옮겼다. 또한 '바이든 치매'와 같은 텍스트에 대해 단속에 들어가자 가짜뉴스 세력은 치매에 걸린 바이든의 사진을 유포해 단속망을 피해 갔다.

이와 같은 가짜뉴스의 자생력을 보면 정규전에 출몰하는 게릴라가 연상된다. 게릴라는 정규군으로 편성되지 않아 상대방이 정보를 업데이트하지 않으면 대응하기 힘들다. 이런 경우 게릴라는 비대칭 전력이 되어 상대방이 미처 예상하지 못했던 영역에서 치명적인 타격을 가할 수 있다. 가짜뉴스에 대한 대응도 비대칭 구조로 남아 있으면 가짜뉴스가 게릴라처럼 날뛰게 되는데, 반복 출현해도 대책이 없는 상황을 맞는다. 한국과 같은 가짜뉴스 취약 국가가 그런 상황으로 가고 있다.

가짜뉴스에 대한 비대칭적 대응은 백신 음모론과 같은 허위 정보에 자생력을 불어넣는다. 마이크로소프트 창립자인 빌 게이츠의 백신 음모론은 다양한 형식과 내용으로 변형돼서 2015년부터 2025년까지 10년 이상 확산되어 왔다. 2015년 빌 게이츠는 캐나다 밴쿠버에서 열린 강연에서 "앞으로 수십 년 안에 천만 명 이상 죽게 된다면, 그것은 전쟁 때문이 아니라 전염력이 강한 바이러스 때문일 것"이라고 말했다.

전염병에 대비하자는 제안이었는데 백신 도입을 반대하던 가짜뉴스 이용 세력들은 커뮤니티 사이트에 "빌 게이츠가 인구를 줄이려고 계획한다"라는 음모론을 퍼뜨렸다. 코로나가 확산되던 2020년과 2021년 당시에는 '빌 게이츠가 백신에다 작은 칩을 넣어 백신을 맞은 사람을 추적한다'라는 가짜뉴스가 또 출현했다. 이 가짜뉴스는 페이스북 그룹에 공개 포스팅됐고 수백만 번 공유됐다.

페이스북이 음모론 노출을 제한하자 이번에는 동영상 공유 앱인 틱톡으로 번졌다. 코로나 백신이 개발돼 팬데믹 시기가 끝나자 '게이트 재단이 제약사와 결탁해 돈을 번다'라는 음모론이 또 불거졌다. 이 음모론은 미국 보건복지부 장관인 케네디 주니어가 계승했다. 백신 음모론에 관한 한 가짜뉴스 세력은 이제 게릴라가 아닌 막강한 화력을 갖춘 정규군 클래스에 올랐다고 볼 수 있다.

이처럼 콘텐츠 형식과 확산 경로에 대한 비대칭적 대응에서 가짜뉴스 세력은 대부분 승리의 궤적을 남겼다. 그뿐만 아니라 국내 규제와 외국 규제의 비대칭 구조도 민첩하게 이용하고 있다. 러시아-우크라이나 전쟁 당시 '젤린스키 우크라이나 대통령이 망명했다'라는 가짜뉴스가 떠돌자 유럽 국가들은 즉각 차단에 나섰다. 하지만 러시아가 이 가짜뉴스를 유럽이 아닌 다른 국가의 서버를 통해 유포하자 더 이상 막을 방법이 없었다. 국가 간 규제와 단속의 차이와 그 맹점을 활용하는 방식은 보이스피싱 범죄와 비슷하다.

날아다니는 가짜뉴스,
기어다니는 대응 체제

2024년 인도 총선에서 유포된 가짜뉴스는 집권 세력이 가짜뉴스 세력과 연합해서 정치적 이득을 반복적으로 챙겨가는 현실을 그대로 보여준다. 종교와 카스트제, 지역 갈등이 가짜뉴스로 분출되는 인도는 세계에서 가짜뉴스 생성과 유포 순위에서 최상위권을 달리는 국가로 분류되고 있다. 이 나라의 인터넷 사용자는 2019년 6억 명이고 트위터와 왓츠앱, 페이스북 등 소셜미디어 이용자도 크게 늘어 가짜뉴스 유포를 위한 인프라도 모두 갖추고 있다.

2010년대 이 나라에선 종교 갈등으로 인한 가짜뉴스로 대규모 폭동이 일어났고 소수 민족과 개인을 향한 집단 테러가 빈번하게 자행돼 왔다. 가짜뉴스에 따른 피해가 끊이지 않자 당시 인도 정부는 인터넷에서 가짜뉴스를 차단하는 법률적 근거를 마련하고 정부 기관에 사실 확인 부서를 따로 두고 가짜뉴스를 감시하는 등 제도적 대응도 진행하고 있다.

인도에서 사실 확인 작업은 비즈니스로 자리 잡았다. 〈인도투데이그룹〉이나 〈타임스인터넷〉과 같은 미디어 회사도 팩트체크 부서를 운영하고 있으며 페이스북과 협업을 진행하고 있다. 구글은 인도에서 가짜뉴스에 대응하기 위해 이용자들이 뉴스 출처를 확인하고 정보를 스스로 평가할 수 있는 기능을 제공하고 있다. 인도인들의 팩트

체크를 돕기 위해 타밀어 뱅골어 등 다국어 번역 시스템도 지원하고 있다.

인도인들이 자주 사용하는 왓츠앱은 오인 정보로 인한 살인 사건 등 가짜뉴스의 피해를 키우는 통로로 인식되자 자체적으로 메시지를 전달하는 사람의 수를 제한하거나 계정 정지 등 강력한 조치를 발동하기도 했다. 이 같은 준비 태세에도 불구하고 2019년 실시된 총선은 가짜뉴스로 뒤덮였다. 당시의 가짜뉴스는 주로 집권당인 인도국민당 BJP이 뿌렸다.

힌두 민족주의를 표방하는 BJP는 광범위한 인터넷망과 매체, 통제 수단을 갖고 있었기 때문에 가짜뉴스 확산에서 절대적 우위를 유지했다. 선거 과정에서 왓츠앱은 수많은 가짜뉴스를 실어 나르는 배달부 역할을 했다. 야당인 인도 국민회의당INC은 "왓츠앱에 의한 가짜뉴스 선거"라고 항의했지만 아무 소용이 없었다. 왓츠앱은 한국의 카카오톡 단체방처럼 폐쇄형이고 내용도 암호로 바뀌어 전달되기 때문에 외부인이 회원으로 초대받지 않으면 무슨 내용인지 알 수 없고 제3자가 차단하기도 어렵다. 가짜뉴스 세력은 집권당의 지원을 받으면서 이런 맹점을 이용했다. 2019년 인도 총선 결과는 가짜뉴스 세력과 집권당의 승리였다. 가짜뉴스의 우위는 하원에서 BJP의 과반수 확보라는 결과로 나타났다.

2019년 총선 이후 나렌드라 모디 총리가 이끄는 BJP는 종교와 지역 갈등으로 인심을 잃었으나 2024년 총선에서 재기했다. 재기의 비결은 '맞춤형 가짜뉴스'였다. 선거 초반 집권당은 수천만 명의 자원봉사자에게 왓츠앱을 쓰게 하고 가짜뉴스의 내용을 종교별 지역별 신분별로 맞추어 전달하도록 했다. 예를 들어 힌두교와 이슬람교의 갈등이 심한 선거구에서는 '이슬람 상인이 힌두 여성을 이슬람 단체로 유인하고 있다'라는 가짜뉴스를 뿌려 힌두교 유권자를 결집시켰다. 카스트제도에 들지 못한 신분인 불가촉천민 출신이 후보로 출마한 지역에서는 유권자들에 '반대표를 던져야 자존심을 지킬 수 있다'라며 가짜뉴스 내용을 변형시켰다.

2021년 선거 때와 비교하면 변형 기술도 첨단으로 바뀌었다. 일어나지도 않은 폭력 장면을 감쪽같이 조작해서 마치 야당이 일으킨 것처럼 꾸며서 전달했다. 반면 인도 야당은 2021년 가짜뉴스에 그렇게 당하고도 이번 역시 열세를 만회하지 못했다. 야당 선거 캠프는 왓츠앱이나 페이스북 대응팀을 두고 있었지만 여당에서 뿌리는 가짜뉴스에 실시간으로 대응할 수 없었다. 인도 야당은 집권당과 연합한 가짜뉴스 세력에 무릎을 꿇었다. '날아다니는 가짜뉴스'에 '기어다니는 대응 체제'라는 비대칭적 구도에서 선거 과정과 결과를 바꾸어 놓을 수 없었다.

효과적인 대응의
필요성

가짜뉴스 전문가들은 이미 가짜뉴스가 순식간에 폭동의 불씨가 될 수 있다는 점을 예견했다. 미국의 저명한 전문가인 캐스 선스타인은 정치적 동기에서 촉발된 테러 사건과 총기 난사를 목격하고 음모론의 위험성을 알렸다. 선스타인은 이 책 앞부분에서 소개했듯이 '가용성 폭포' 현상을 이론으로 입증한 전문가다. 가짜뉴스가 인터넷에 한 번 적중하면 왜곡된 정보가 폭포수처럼 쏟아지는 현상이 가용성 폭포다.

그는 그 같은 왜곡된 정보에 기름을 부어 넣는 음모론이 양극화 사회에서 극단주의를 유발한다고 경고했다. 정치 진영 간 대화가 단절된 상태에서는 어느 진영, 어떤 환경에서든 음모론이 비등하고, 그렇게 퍼진 음모론은 합리적 의견을 배척하면서 그에 오염된 사람들에게 극단적 행동을 촉발한다는 것이다. 그렇기에 음모론이 퍼지면 다양한 수단과 방법을 통해 즉각 개입해야 한다는 것이 그의 시각이다. 그는 음모론을 퍼뜨리는 사람을 찾아가서 그 방식의 적절성을 떠나 어떻게 해서든 대화의 물꼬를 트고 설득을 해야 한다고 강조했다. 음모론 신봉자나 확산자를 만나는 사람으로 공무원보다는 민간 전문가가 낫지만, 음모론자 설득 도중 민간 전문가를 관리하지 못하면 그 부담이 정부에 돌아온다는 조언도 내놓았다.

이와 같은 가짜뉴스 전문가의 의견에도 불구하고 영국이나 미국에서 가짜뉴스로 인한 폭동과 테러는 멈추지 않았을 뿐 아니라 시간이 지날수록 위험도를 높여 왔다. 그 이유는 국가와 사회가 가짜뉴스의 폭발 잠재력을 과소평가하고 전문가의 의견을 반영하지 못했을 가능성, 전문가 의견을 수용했다고 해도 사회적 자원을 동원하지 않았을 가능성, 대응 자원과 수단을 알고 있으면서도 대응 체제를 갖추지 못했을 가능성 등 여러 가지로 분석할 수 있다. 어떠한 이유로 설명하든 가짜뉴스의 폭발력은 지구촌 곳곳에서 현존하는 위험이 됐고 그 피해는 통제할 수 없는 수준에 이르렀다.

가짜뉴스의 악폐는 물리적 피해를 증폭시키는 데 그치지 않는다. 피해 규모를 산정하기도 어려운 일자리 박탈과 경제적 파장을 넘어서 다른 나라 선거에 끼어들거나 다른 나라 사람들의 생각과 여론에까지 영향을 미쳤다. 이 책에서 수차례 언급했듯이 국경을 넘나드는 여론 왜곡과 정책 마비 사태도 가짜뉴스와 그 후원자들이 일으켰다.

이보다 더 큰 문제는 심각한 폐해를 목격하고도 사회나 국가가 날아다니는 가짜뉴스를 통제하지 못해 피해가 반복되고 누적된다는 점이다. 사회가 가짜뉴스를 방어할 대응 체계를 갖추지 않았거나, 대응 체계가 있다고 해도 효과적으로 방어하지 못하기 때문이다.

Chapter 08

지금 당장 디버블링

DEBUBBLING

　　　　　　　　　　지금까지 해외에서 입증된 가짜뉴스 메커니즘과 그에 대한 효과적인 대응 방법을 알아보았다. 이제 개별적인 대응 방법을 어떻게 적용할 수 있을지 종합적으로 살펴보고자 한다.

　먼저 이 책에서 소개한 메커니즘 가운데 가짜뉴스의 생산, 유통, 수용 단계에서 한국에 잘 알려지지 않은 것을 핵심 발견 사항으로 정리했다. 이론 편을 처음 접한다면 신기한 현상을 숱하게 확인할 수 있겠지만, 여기서는 필자의 시각에서 잘 알려지지 않았다고 판단되는 것을 골라서 정리했다.

　이어 이론 차원에서 살펴본 효과적인 가짜뉴스 대응 방안을 실제로 사용하는 방법을 살펴보고, 가짜뉴스 대응 주체별로 유의할 사항을 정리했다.

주목할 만한 가짜뉴스 메커니즘

지금까지 이 책의 가짜뉴스 논의에서 주목할 만한 메커니즘과 양상을 정리하면 아래와 같다.

가짜뉴스 생산 단계

- 멀티미디어와 인공지능의 발전으로 가짜뉴스는 언론의 뉴스 기사 형태이든, 단문 메시지 형태이든 어떤 상황에서도 변신이 가능하다. 따라서 표현의 자유나 규제를 이유로 가짜뉴스를 특정 형식으로 한정하는 것은 적정하지 않다.

- 가짜뉴스가 현실에 존재하지 않는 허구의 이야기를 여러 개 덧붙일수록 더 많은 신뢰를 얻는 역설이 이론으로 입증됐다. 전반부에 소

개된 결합 오류가 그러한 사례로, 최근 가짜뉴스는 이러한 메커니즘을 활용해서 뉴스 이용자들을 속이고 있다.

- 인공지능을 이용하는 가짜뉴스는 몇 초 만에 제작하는 영상을 통해 사실을 감쪽같이 조작하고 사실과 허위를 검증하기 어려운 수준으로 뒤섞는다. 사실과 허위의 배합 비율이 어느 정도일 때 사람들이 가장 잘 속는지도 입증됐다.

- 고도화 단계에 들어선 가짜뉴스는 사실과 의견, 현재와 미래, 검증 가능 영역과 불가능 영역 사이를 넘나드는 경계성 콘텐츠로 뉴스 이용자를 유인한다.

- 소셜미디어 이용자 증가에 따라 1인 미디어가 뉴스 시장에 본격 진출한 뒤부터 가짜뉴스의 파괴력이 비등했다. 뉴스 생태계 밖에서 맴돌던 가짜뉴스의 생산 주체가 자립적인 생태계로 들어갔고 이에 대한 제어와 대응은 더욱 어려워졌다.

가짜뉴스 유통 단계

- 가짜뉴스가 반복해서 노출되면 그걸 믿는 사람들이 늘어나는 현상이 벌어진다. 이는 히틀러가 실험했고 이론에서도 입증됐다.

• 트럼프가 가짜뉴스 전략으로 두 차례에 걸쳐 대선에서 승리함으로써 합리주의에 기반한 언론 가설이 현실과 멀어지고 있다.

• 가짜뉴스가 산업계에 확산되면 그 업계에서 일자리가 줄어들 정도로 피해가 극심해진다. 가짜뉴스에 효과적으로 대응하지 못하면 피해가 누적되면서 통제할 수 없는 수준에 이른다.

• 필터 버블 환경에서 감정을 자극하는 가짜뉴스가 카카오톡 단체방과 같은 폐쇄 사이트에서 공유되면 폭동이나 테러와 같은 사태도 일어날 수 있고, 대응책이 미흡하면 피해자와 그 대상이 무차별로 확산된다.

• 가짜뉴스가 유통되는 네트워크 허브를 차단하면 일시적 효과는 크지만 가짜뉴스는 다른 사이트로 우회한다. 차단 요청자가 공공기관이면 편향 논란과 반발이 일어난다.

• 콘텐츠 이용자는 거대 플랫폼을 이용할 때 가짜뉴스에 속지 않기 위해 탈자동화와 같은 방식으로 대응할 수 있지만 그 효과는 미미하다.

가짜뉴스 수용 단계

- 가짜뉴스에 잘 속는 사람들은 교육 수준과 상관성이 없다. 당파성에 충실한 고학력자는 의도적으로 가짜뉴스를 선택하기도 한다.

- 가짜뉴스를 보고 10초만 생각하게 해도 믿는 비율이 떨어진다. 그러나 편향이 강한 사람을 잘못 설득하면 가짜뉴스를 더 믿게 된다.

- 가짜뉴스를 자발적으로 믿고 있는 사람이 다중 정체성을 인식하면 가짜뉴스에 대한 태도를 바꿀 수 있다.

- 하나의 사회 정체성을 고수하는 사람은 음모론을 믿을 가능성이 높다. 음모론에 붙어 다니는 가짜뉴스는 인지 백신을 통해 예방할 수 있지만 뉴스 수용자의 태도, 뉴스 내용에 따라 차단 효과가 떨어질 수 있다.

- 가짜뉴스에 동조하는 뿌리 깊은 선입견도 바뀔 수 있다. 그러자면 개인의 관여도를 높여야 하고 설득 방법이 정밀해야 한다.

- 양극화 사회에서는 집단 내부에서 가짜뉴스를 믿지 말자고 설득할 때 감소 효과가 크다. 그렇지만 설득하러 나선 내부자가 '배신자'로 몰리는 등 부작용도 설득 효과에 못지않게 크게 나타날 수 있다.

사전 대응 vs. 사후 대응

이론에 기반한 가짜뉴스 대응법은 이 책 후반부에서 설명했다. 이 대응법을 가짜뉴스 유포 시점을 기준으로 보면 사전 대응과 사후 대응으로 구분할 수 있다. 전문가들의 분석에 의하면 보통 사전 대응법의 효과가 사후 대응법보다 큰 것으로 입증됐다. 그런데 효과가 높은 사전 대응법이라도 현실에서 적용할 수 없으면 무용지물이 된다. 효과가 입증된 대응 방식도 어떤 수단에 따라 어떻게 적용할지 살펴봐야 실효성을 확보할 수 있다. 이 같은 관점에서 대응 방식을 선택하면 최적 방안이 도출된다.

사후 대응과
역효과

최근까지 한국에서 가짜뉴스 논란이 일어나면 피해자라고 주장하는 사람들이 '법적 대응' 운운하며 으름장을 놓아왔다. 하지만 법적 대응은 가짜뉴스 이용 세력들에게 면죄부도 줄 수 있다.

앞에서 살펴봤듯이 '피해 호소인들'은 법적 대응이 가짜뉴스를 응징하는 강력한 수단이라고 생각하겠지만, 가짜뉴스 세력들은 이것을 기회로 여긴다. 사법부의 최종 심판까지 얼마나 걸릴지 아무도 모른다. 이 점을 틈타 가짜뉴스 이용 세력들은 현재의 이득과 미래의 손해를 비교하면서, 현재 가치로 할인한 손해까지 계산한다. 계산이 끝나면 시간과 발언권이 자기 편의 이익이 되도록 전략을 수정한다. 가짜뉴스 전문가 입장에서 보면, 법적 대응은 하수下手 중의 하수다. 법적 대응에 대한 집착은 가짜뉴스 속성에 대한 몰지각沒知覺에서 비롯됐다고 볼 수 있다.

사후 대책으로 나오는 법적 대응은 많은 부작용과 역효과를 동반한다. 이 책 6장에서 살펴본 대로 지역갈등이나 양극화가 심화하는 환경에서 특정 정파의 가짜뉴스에 대해 법적 대응으로 일관했을 때 그 가짜뉴스의 신뢰도가 오히려 올라간다. 가짜뉴스가 법정에서 심판받는다고 해도 시의성과 사회적 무관심 때문에 귀책 사유가 덜어지거나 아예 면책되는 사례가 빈발한다.

사후 대응에서 법적 대응이나 제재보다 효과가 큰 방식은 알고리즘 변경과 같은 기술적 개입, 팩트 체크 라벨과 같은 인지적 개입, 네트워크 이론에 따른 사이트 차단, 정정 기사 요청 등이다. 그런데 이러한 사후 대응에서도 가짜뉴스의 콘텐츠, 뉴스 소비자의 수용 환경과 조건을 따져봐야 한다. 이게 맞지 않으면 거의 예외 없이 역작용을 초래한다.

플랫폼 운영업체의 기술적 개입은 가짜뉴스 차단 효과에서 개인의 노력이나 참여보다 훨씬 강력한 효과를 나타낸다. 이는 이론과 실전 차원에서 이미 입증됐다. 플랫폼 운영업체가 가짜뉴스를 삭제하는 대신 노출 순위만 바꾸도록 알고리즘을 조정했을 때 가짜뉴스 노출량은 최대 80% 떨어지고 조회율도 크게 떨어진다.

플랫폼 운영업체가 가짜뉴스를 반복적으로 올리는 계정을 삭제했을 경우에도 비슷한 결과가 나온다. 그렇지만 플랫폼에 대한 개입까지 각종 논란과 역풍도 감당해야 한다. 플랫폼이 대응 주체로 나서 차단할 콘텐츠를 선택할 때는 '사적私的 검열' 논란에 휩싸일 수 있다. 플랫폼은 콘텐츠로 장사를 하는 사기업인데, 무슨 자격으로 공익의 대변자로 나서서 마음대로 뉴스를 솎아내고 표현의 자유를 제한할 수 있냐는 논란이다.

2023년 유럽에서 디지털서비스법DSA이 시행될 때 프랑스 사회단체들이 그 같은 논거로 헌법소원을 신청했다. 프랑스 인터넷 이용자들은 "허위 정보로 분류될 수 있다는 우려만으로 콘텐츠 게시를 줄이는 자기검열이 강화되고 있다"라며 불만을 쏟아냈다. 프랑스 헌법재판소는 가짜뉴스 규제에 대해 합헌을 유지하면서도 "가짜뉴스의 중대한 해악이 입증될 때만 법원이 삭제 명령을 내려야 한다"라는 조건을 달았다. 결국 프랑스에서 최종 삭제 권한의 주체가 플랫폼에서 법원으로 바뀐 셈이다. 승자는 역시 가짜뉴스였다. 개별적으로 제기되는 소송에서 '중대한 해악' 공방과 다툼이 끝날 때까지 시간을 벌었기 때문이다.

 이 책 4장과 5장(넛지 이론과 동기화 추론 억제)에서 살펴본 대로, 가짜뉴스로 의심되는 콘텐츠에 팩트 체크나 경고 라벨을 붙이는 것은 독자와 시청자의 숙고를 유도하는 사후 대응책이다. 그런데 이러한 사후 대응책은 뉴스 소비자에 따라 효과 차이가 생기고, 특정한 환경에서는 부정적인 효과가 나타난다는 점도 설명했다.

 가짜뉴스가 유포될 때 생산 매체에 수정을 요청하면 가짜뉴스 차단 효과를 장담할 수 없다. 가짜뉴스를 생산하는 세력이 워낙 다양해서 매체를 찾아내기도 어렵고, 수정을 요청해서 정정 기사를 올리게 하는 것은 더 힘들다. 사후 수정은 무엇보다 첫머리(초두) 효과 때문에 가짜뉴스를 지우는 효과가 미약하다. 초두 효과는 이 책 4장 휴리스틱 이론에서 소개됐다. 가짜뉴스 수정 노력은 그래도 법적 대응보다 긍정 효과를 더 많이 기대할 수 있다.

사전 대응의 효과 크기와 실행 난관

가짜뉴스를 설명하는 이론은 사전 대응이 사후 대응보다 훨씬 효과가 높고 가짜뉴스의 순환고리를 끊는 데 적절하다고 알려준다.

사전 대응에는 가짜뉴스 노출 이전에 면역 기능을 활성화하는 인지 백신, 네트워크에서 유포 가능성을 미리 줄이는 기술적 예방, 법률적 제도적 규제, 커뮤니티 차원의 사회 문화적 예방 활동, 미디어 리터러시 교육 등이 있다.

이 중에서 기술적 예방은 가짜뉴스 퇴치 효과가 가장 광범위하고 다른 대응 방안보다 효과가 큰 것으로 확인됐다. 2019년 초 유튜브는 경계성 콘텐츠에 대한 규제에 나섰다. 유튜브가 그러한 콘텐츠를 배제하는 알고리즘을 도입하자 경계성 콘텐츠에 노출되는 비율이 크게 떨어졌다. 페이스북도 알고리즘 변경으로 가짜뉴스 도달률을 80%가량 줄인 적이 있다.

알고리즘 변경은 유튜브 플랫폼에 새로 진입하려던 가짜뉴스를 예방하는 데 방패 역할을 했다. 인공지능을 활용하고 있는 첨단 가짜뉴스가 기존의 방패를 뚫는 것은 또 다른 기술적 문제다. 그렇지만 거대 플랫폼은 사업의 본성상 가짜뉴스 유통을 통한 클릭 증가와 수익 증대를 언제든지 환영하기 때문에 자발적인 예방조치를 기대하기 어렵다. 이런 맥락에서 거대 플랫폼에 대한 엄격한 규제 논리가 힘을 받는다.

플랫폼 규제를 포함한 법률적, 제도적 규제는 넓은 의미에서 사전 대응에 해당된다. 이러한 규제를 담은 법이 유럽연합EU의 DSA다. 이 법은 2023년부터 단계별로 시행되고 있다. 1단계 시행 대상은 유튜브, 메타(옛 페이스북), 틱톡과 같은 거대 플랫폼인데 이들 플랫폼은 DSA 시행 이후 저마다 가짜뉴스에 대한 대응 성과를 발표했다. 유튜브는 2024년 허위정보 관련 경고와 삭제 조치가 전년에 비해 15% 늘었다고 했고, 메타는 팩트 체크를 표시한 콘텐츠 비율이 10% 올랐다고 했다. DSA 시행에 따라 규제 효과가 일부 나타나는 것으로 보인다.

그렇지만 플랫폼 규제법 시행 전후 다수의 국가에서는 기본권 침해 논란에 휩싸였다. 프랑스에서도 DSA 시행 이후 기본법 침해 논란이 새롭게 제기됐다. 이런 과정을 지켜본 플랫폼들은 프랑스 내 가짜뉴스에 대한 이행 실적 데이터 공개를 회피하고 있다. 이처럼 온전한 사회적 합의에 이르지 못하거나 입법이 불충분한 채 시행되는 규제는 그 논란에 따른 부작용도 엄밀하게 계산해야 한다.

DSA와 유사한 법을 한국에서 시행하면 가짜뉴스를 방지할 것이라고 주장하는 사람들은 이러한 진통을 외면하거나 법으로 모든 게 해결될 것이라는 잘못된 믿음에 빠져있다. 이 믿음이야말로 이 책 4장에서 소개한 가용성 편향이다. 이는 오류의 폭주를 예고한다. DSA와 유사한 법이 시행돼도 종이호랑이처럼 가짜뉴스 퇴치에 효과가 없으면 또다시 시행착오를 겪을 것이다. 입법을 통한 가짜뉴스 대응은 고도의 사회적 합의가 필요할 뿐만 아니라 제도적 흠결을 제거해야 실효를 거둔다. 한국에서 그러한 환경과 조건이 충족됐다고 볼 만한 근거는 제시되지 않았다.

가짜뉴스 규제 입법은 갖가지 찬반 여론과 전문가 의견을 수렴하고 정치권의 이해타산 과정을 거치는 장기적인 과제다. EU에서도 2015년 집행위원회의 태스크포스팀 구성부터 2023년 DSA 시행까지 8년이 걸렸다. EU는 러시아발 가짜뉴스에 공동 대처하기 위해 처음에는 각국에다 자율 규제를 권고하다가 막판에 입법을 서둘렀다. 한국에서 벼락치기 입법으로 추진되면 입법 목적을 달성하기 어려울 것이다. 다른 사회적 장치와 제어 수단을 무시하고 외국의 법과 유사한 법률에 매달리면 가짜뉴스 세력들은 입법의 공백 지대를 파고 들어가 그 세력을 더 키운다.

가짜뉴스 세력에게 활개 칠 기회를 주지 않기 위해서는 입법이 완성되기 전까지 지금 당장 쓸 수 있는 방식과 수단을 찾는 편이 더 현실적인 대책이다. 그중에서도 이론으로 검증되고 실전에서 효과를 확인한 방법을 우선 적용하자는 것이 필자의 제안이다. 이 책 5장에서 소개한 인지 백신에 기반한 대응이 그러한 수단 중의 하나다. 이 대응법은 사전 예방 대책으로 그 효과가 이미 확인됐다. 특히 게임형 학습을 통해 가짜뉴스 수법을 미리 알아둔 사람들은 허위 영상 인식률이 25%가량 높아졌다. 인지 백신은 그러나 양극화와 음모론이 심하고 언론에 대한 불신이 큰 사회에서 역효과도 감안해야 한다는 점은 앞에서 살펴본 바와 같다.

인지 백신에 기반한 대응이 역효과를 상쇄하고 앞으로 사회적 비용을 줄일 수만 있다면 과감하게 시도해 볼 필요도 있다. 이는 효과가 불확실한 누더기 규제보다 모험 확률이 낮다.

활용 어려운
세밀한 메커니즘

가짜뉴스 퇴치 방법을 알려주는 이론과 실증 사례를 보면 개개인의 예방과 대응은 불확실하거나 효과가 크지 않다. 심리학에 의존한 모델들은 가짜뉴스의 속이기 수법에 관한 메커니즘을 세밀하게 보여주지만, 대응 단계에서는 개인별 편차를 맞추기 어려워 일관된 효과를 기대할 수 없다. 또한 휴리스틱이나 동기화 추론 이론에서 살펴본 대로 가짜뉴스에 속는 개인은 다수인 반면 거기에서 탈피하는 사람은 소수다.

소수를 구조하기 위해 이 메커니즘을 무차별로 적용했다가는 결국 부정적 효과가 긍정적 효과를 압도할 가능성이 매우 높다. 정교화 가능성 모델에서 가짜뉴스 퇴치 가능성을 높이는 분석적 사고는 그 조건이 무척 까다롭고 빈도도 약하다. 이론으로 입증된 메커니즘은 인공지능의 도움으로 정교한 적용 모델로 활용될 가능성이 있다.

가짜뉴스의 속성을 많이 알면 그걸 막을 수 있다는 무지 이론은 설득 기반이 약해지고 있다. 이 이론에 기반한 가짜뉴스 대응 효과도 엇갈린다. 그럼에도 일부 단체들은 시민 개개인이 미디어 리터러시 교육을 받으면 가짜뉴스를 극복할 수 있다고 선전한다. 양극화 사회에서는 교육 효과가 떨어질 뿐만 아니라 교육자들이 특정 정파를 두둔하는 가짜뉴스 응원군으로 의심받을 수 있다는 점도 이미 설명했다.

현실에서
사용 가능한
최적 방안

가짜뉴스에 대한 현실적인 대응 방법을 마련할 때는 위에서 서술한 것처럼 사후 대응의 역효과, 사전 대응의 난점, 개별적 대응의 불확실한 효과를 감안해야 한다. 입법을 통한 사전 대응에 대한 기대 수준은 낮추는 것이 현실적이다.

입법이 미비한 상태에다 플랫폼의 자발적 대응도 기대하기 어려울 때 가짜뉴스가 기승을 부린다면 먼 미래가 아닌 현재 시점에서 가장 효과적인 방법을 찾아서 대응에 나설 필요가 있다.

이럴 경우 대응 주체가 누구든지 간에 대응 우선순위를 선택하면서 그 효과를 끌어올리기 위한 종합적인 실행 계획과 총괄 센터가 필요하다. 총괄 센터가 가짜뉴스에 대해 구조적으로 대응해야 합산 효과를 긍정으로 바꿀 수 있다. A라는 가짜뉴스 대응에서 긍정적인 효과를 거두었다고 해도 B라는 유사 가짜뉴스 대응에서 부정적 효과가 더 크다면 이 대응은 실패한 것이다. 이 책의 제목에 들어간 디버블링Debbubling은 바로 이와 같은 총체적 대응 상황에서 작동되는 방식이자 원리다. 정보와 여론에 끼인 버블(거품) 하나하나에 대응하기보다는 모든 버블을 제거하도록 그 발생 구조와 환경을 바꾸는 과정이 디버블링이다. 가짜뉴스에 대한 대응 방식도 디버블링이 작동되는 구조 속에서 선택해야 합산 효과를 끌어올릴 수 있다.

자원과 수단 있어야
적용 가능

그런데 현실에서는 디버블링보다 가짜뉴스 대응에 이용할 수 있는 자원과 수단이 절실하다. 이론적으로 아무리 효과가 크고 정밀한 방식으로 입증됐다고 해도 자원과 수단이 없으면 적용할 수 없다. 자원과 수단을 찾아낸 뒤에는 실천하기 쉬운 대응 방법부터 차례로 선택하고, 가짜뉴스의 순환고리와 생태계 등 다방면으로 대응하는 것이 최적의 방안이다.

가짜뉴스 대응에서 가용 자원과 수단은 한정돼 있다. 특히 한국은 그러한 자원을 축적하지 않은 사회라서 가짜뉴스에 매우 취약하다고 이 책 후반부에서 설명했다. 기존 언론은 가짜뉴스 대응 단계에서 귀

중한 사회적 자원이 된다. 유럽처럼 언론에 대한 신뢰도가 높은 곳에서 가짜뉴스가 기승을 부리면 기존 언론을 통해 어느 정도 제어할 수 있다. 유럽은 양극화 정도도 다른 대륙에 비해 심하지 않아 가짜뉴스 대응을 위한 기본 자원과 환경이 마련됐다고 볼 수 있다. 그런데 언론 전반에 대한 불신과 양극화 정도가 높은 한국에서 유럽과 같은 대응 방식을 적용하면 대부분 양극화나 음모론 논리로 융해되면서 대응 당사자에 대한 반발과 불신이 쌓일 가능성만 커진다.

사회적 가용 자원과 수단이 고갈되는 상황에서는 사회정체성 이론에 기반한 대응법처럼 실행 난도가 높은 방법이라도 고려해야 한다. 코로나 팬데믹 상황에서 미국 극우주의 정치인들이 백신 유해론을 퍼뜨리자 미국 보건 당국은 극우주의자와 가깝게 지내던 폭스 뉴스 진행자에게 백신의 순기능을 알려달라고 호소해서 집단 방역 성과를 거뒀다. 이러한 대응은 특정 정파 내부에서 변화를 이끌어 가짜뉴스를 줄이는 방식으로 그 효과를 입증했지만, 내부 지도자나 여론 주도층을 설득하는 것이 난제다. 한국에서도 특정한 가짜뉴스에 대한 다른 수단과 대응법을 찾을 수 없다면 이처럼 실행 난도가 높은 방법도 준비할 필요가 있다. 실행 난도가 높더라도 효과가 입증됐기 때문에 역효과를 초래하는 맹목적인 수단보다는 우선적으로 선택할 것을 권장한다.

우군에서 적군으로
돌아서기도 하는 플랫폼

　　가짜뉴스 유통 단계에서 핵심적인 역할을 하는 거대 플랫폼은 가짜뉴스 차단에서 확실한 가용 수단이 되기 어렵다. 가짜뉴스로 수익을 올렸던 플랫폼은 가짜뉴스 퇴치 단계에서 우군友軍이 될 수도 있고 적군이 될 수도 있다. 플랫폼을 우군으로 끌어들이기 위해서는 제도적 장치를 마련하는 것이 시급하다. 제도적 장치라고 해서 반드시 법으로 명시할 필요는 없다. 플랫폼 재설계로 가짜뉴스 차단 성과를 올린 운영자에게 인센티브를 부여하는 것은 현행법을 고치지 않아도 가능하다. 플랫폼이 "우리는 언론이 아니다"라며 물러서거나 가짜뉴스 퇴치에 참여 의무가 없다는 이유로 적군으로 돌아설 때는 사회가 자동으로 개입하는 제도나 대책도 마련해 둘 필요가 있다.

　　플랫폼보다 규모가 작은 커뮤니티 사이트를 활성화하는 것도 가용 수단을 늘리는 방법이다. 방문자가 많은 커뮤니티가 가짜뉴스 퇴치를 위해 디자인을 변경할 때 공공기관이 지원하고 변경된 메뉴에서 가짜뉴스 퇴치 방식을 알리는 콘텐츠를 올리게 하는 것도 가능하다. 또한 인공지능 시대를 맞아 커뮤니티 로봇에게 객관적인 가짜뉴스 평가자료를 머신 러닝으로 익히게 하고 커뮤니티 이용자와 상호작용하게 하는 방식까지 고려할 수 있다. 이러한 커뮤니티에 독립적인 외부 정보 패널을 참여시켜 이용자에게 뉴스 정보의 맥락과 출처를 알려주는 것도 검토해 볼 만하다.

다만 이러한 커뮤니티는 정체성 논란에 휩쓸리지 않아야 순기능을 수행할 수 있다. 정파에 경도된 뉴스와 음모론이 쏟아지는 양극화 사회에서 이와 같은 커뮤니티 사이트가 특정 정파를 편든다는 평가를 받는 순간 가짜뉴스 동조자로 인식될 수 있다.

외부의 간섭을 받지 않는 독립적인 팩트 체크 단체도 가짜뉴스 퇴치 자원이 될 수 있다. 이러한 단체에서 다양한 뉴스나 의심되는 콘텐츠에 대해 사실 여부를 검증하거나 출처를 알려주게 한다면 퇴치 효과를 높일 수 있다. 출처 표시와 확인 과정에서 가짜뉴스를 줄이는 효과는 상당 부분 입증됐다. 중립적인 단체가 '이 뉴스가 사실인지 생각해보셨나요?'와 같은 정확성 프롬프트 문구를 붙인다면 가짜뉴스에 대한 신뢰도를 떨어뜨릴 수 있다. 정확성 프롬프트는 인지 백신에 비해 그 효과가 크지 않지만 수용자의 정파와 관계없이 가짜뉴스 감소 효과를 낸다. 이 같은 방식은 실행 난도도 낮고 소요 자원도 적기 때문에 가성비가 높다.

대응 주체별 역할과 책임

가짜뉴스 대응은 누가 나서서 하느냐에 따라 효과가 달라진다. 국가와 공공기관이 대응 주체로 나서면 강력한 효과가 발생할 수 있지만 그 역효과도 거세진다. 가짜뉴스의 순환고리로 작용하는 거대 플랫폼이 나서도 강력한 기술적 효과를 기대할 수 있다. 사회단체는 순환고리 바깥에서 정부나 플랫폼에 대응 압력을 행사할 수 있지만 보통 그 효과는 제한적이다. 그 대신 사회단체는 이용자의 반응을 수렴하거나 조직할 수 있다. 이용자 개개인이 가짜뉴스 대응에 나설 수는 있지만 의미 있는 효과를 기대하기 어려운 경우가 대다수이다. 아래에서는 대응 주체별로 유의할 점과 책임을 서술했다.

국가와
공공기관이 할 일

　　　　　국가가 가짜뉴스에 대응할 때는 표현의 자유 침해와 과잉 규제 논란에 대비해야 한다. 이러한 논란에 따라 대응 주체의 신뢰가 떨어질 수 있다. 그렇기 때문에 가짜뉴스에 대응하기 전 절차적 정당성과 투명성을 확보하고 대응에 착수할 단계에서 일어날 반작용의 크기와 정도를 사전에 예상하는 작업도 병행할 필요가 있다.

　보통 국가의 개입은 사후 대응 단계에서 빈발한 데, 이럴 경우 앞에서 설명했듯이 역작용이 순기능보다 커질 가능성이 상존한다. 2025년 9월 '가짜뉴스 차단' 명분으로 진행됐던 네팔 정부의 플랫폼 차단은 '의사소통 방해'라는 반발에 부딪혀 대규모 시위와 방화, 총리 교체로까지 이어졌다.

　이 같은 사정 때문에 가짜뉴스에 기인한 광범위하고도 현실적인 피해가 발생하지 않는 한 민간 전문가 그룹에게 사후 대응을 맡겨 역(逆)비난 위험을 완충할 필요도 있다. 정부 산하 공공기관이 대응 주체로 나선다고 해도 가짜뉴스의 속성과 전파 특성에 대한 숙지도가 낮으면 걷잡을 수 없는 역작용을 맞을 수 있다. 이 책에서 소개한 대로 2024년 8월 영국 댄스교습소 살인 사건 뒤에 일어난 영국 전역의 폭동 사태는 가짜뉴스의 폭발력에 대한 대비와 사후 대응이 얼마나 중요한지 보여줬다.

국가와 공공기관은 플랫폼에 가짜뉴스 대응을 요청하거나 공조할 경우 앞 장에서 언급한 풍선 효과가 일어나는지 모니터링해야 한다. A라는 플랫폼에서 가짜뉴스가 차단됐다고 할지라도 B라는 플랫폼에서 변형된 형태의 가짜뉴스가 새로 확산된다면 차단 효과가 사라진다. 이 같은 사태를 방지하기 위해 다중 플랫폼 간 협력 체제를 마련해 놓아야 한다. 이러한 체제에서는 가짜뉴스가 유포되는 사이트의 위험도를 평가하고 조기경보와 같은 대비 태세를 점검할 수 있다. 이와 함께 전문가들과 함께 가짜뉴스 방지를 위한 생태계 재정립과 같은 중·장기 계획도 점검할 필요가 있다. 이러한 활동 역시 디버블링의 일부다.

국가는 특히 인터넷 시대부터 전개된 주변국의 심리전, 그중에서도 중국의 회색지대 압박 전략, 러시아의 민주주의 훼손 전술, 미국의 가짜뉴스 파장에 대응할 책임이 있다. 이는 국가 이외 다른 대응 주체가 대신할 수 없고 국익과 민주주의에 심대한 영향을 미치는 사안이기 때문이다. 이 책 3장에서 설명했듯이 가짜뉴스를 동반하는 주변국의 심리전은 전시가 아닌 평시에도 진행되어왔으나 한국은 국방부를 중심으로 전시 작전 계획으로만 대응 체제를 마련해 둔 것으로 알려져 있다.

중국의 회색지대 압박 전략에도 소홀했다는 평가가 나온다. 중국 전투기의 카디즈 라인 출격으로 그 전략이 가시권에 들어왔지만, 한국 정부는 전투기 맞대응 출격으로 그치고 중국발發 가짜뉴스에 대한 대응에는 미흡했다. 트럼프 대통령의 재집권에 따라 미국 정부가 쏟아내는 가짜뉴스가 한국에 미치는 영향에도 대응해야 한다. 유럽의 전문가들은 트럼프 재집권 이후 미국 정부 발 가짜뉴스가 자국에서 여론 왜곡 수렴 등 민주주의 제도를 훼손했을 뿐만 아니라, 다른 국가에도 영향을 미치고 있다고 분석했다.

국제 사회에서 가짜뉴스에 대한 공조 체제를 구축하는 것도 국가의 책임이다. 이에 대해서는 2020년 전후부터 2024년까지 러시아발 가짜뉴스에 대해 유럽 국가들이 공동으로 대처한 사례를 참조할 수 있다. 2021년 코로나 팬데믹 때 미국과 중국 간 가짜뉴스 공동 대응에 실패한 사례도 반면교사로 활용할 수 있다.

가짜뉴스에 대한 국제 공조는 국내 가짜뉴스에 대한 효과적인 대응만큼 어려운 과제로 꼽힌다. 흔히 인용되는 모델은 게임이론의 죄수의 딜레마이다. 한쪽 국가가 가짜뉴스에 대한 공유 데이터를 주면 다른 국가가 너무 적게 받았다고 생각하고 상대국에 건네줄 데이터 분량을 줄인다. 이 과정이 몇 번 반복되면 공조가 무색해질 정도로 데이터 교환 분량이 줄어든다. 이는 가짜뉴스와 정보 주권에 대한 국가 간 개념 차이, 표준의 불일치, 거대 플랫폼에 대한 규제 차이로도 발생하는데 전문가들은 데이터 공유가 충분하지 않은 상태라도 상호 신뢰 메커니즘을 먼저 구축할 필요가 있다고 조언하고 있다.

사회단체, 언론사의 역할

양극화 사회에서 사회단체가 가짜뉴스에 잘못 개입하면 특정 정파 편들기 논란에 의해 불신을 받는 것은 물론 가짜뉴스를 더욱 확산시킬 위험이 있다. 그렇지만 정부와 플랫폼이 가짜뉴스 대응에서 자원을 동원할 수 없는 상황에서는 일정한 역할을 할 수도 있다. 사회단체는 정부와 플랫폼 이용자 사이에서 대응 방식을 중재할 수도 있다. 이럴 경우에도 사회단체는 동기화 추론 이론 등에서 제시한 대응 방법을 숙지하고, 공익적 기능을 망각하지 말아야 한다. 시민단체에서 정교하고 효과적인 대응법이 도출되지 않았을 때는 국내 정치와 관련된 가짜뉴스에 관여하지 않는 것도 단체의 신뢰를 지키는 길이다.

시민단체가 공공기관을 대신하여 인지 백신 이론에 기반한 사전 대응 방식을 회원들과 공유하면 긍정적인 효과를 기대할 수 있다. 시민단체가 가짜뉴스에 관한 교육 프로그램을 진행할 경우 정치적 중립 논란을 사전에 제거하는 것이 안전하다. 주제와 강사 선택에서 편향 논란이 일어나면 교육 목적의 정반대 현상이 일어난다는 것이 전문가들의 견해다. 사회단체가 중립적인 교육을 진행할 때도 부스터 샷의 유효기간 등 전반적인 메커니즘을 알고 있어야 부작용을 줄인다.

신문과 방송 등 기존 언론사도 가짜뉴스 대응에 나설 수 있다. 본문에서 살펴보았듯이 기존 언론사는 가짜뉴스의 과도한 의제화와 유포 작전에 무엇보다 주의해야 한다. 가짜뉴스 이용 세력들이 근거 없는 음모론을 유포할 때 전통 언론이 이를 그대로 보도하거나 중점 보도하면 가짜뉴스 세력들의 유포 작전에 이용될 위험이 있다. 이는 트럼프의 가짜뉴스 전술 등에서 상세하게 소개한 바와 같다.

전통 언론은 그 대신 중립적인 주제로 가짜뉴스 세력의 허구성을 고발하는 미디어 비평을 정기적으로 진행하는 것을 검토할 필요도 있다. 수많은 뉴미디어가 터무니없는 콘텐츠를 난발하는 상황에서 이와 같은 비평은 가짜뉴스에 대한 제동과 정화 장치의 기능을 수행할 수 있다. 전통 언론은 가짜뉴스 고도화 단계 이전까지 건전한 여론 광장과 정상적인 공론장 형성 과정에서 순기능을 수행해 왔지만, 그 이후 가짜뉴스의 횡포에 무대응으로 일관하는 장면도 목격되고 있다. 가짜뉴스는 여론 광장의 빈틈을 조금씩 차지하다가 어느 순간부터 그 광장의 주인처럼 여론을 흔들고 있다. 이러한 상황에서 전통 언론은 가짜뉴스에 대한 적정한 대응으로 여론 광장의 오염도를 낮출 수 있다.

개인이 해야 할 노력

민주주의 국가에서 가짜뉴스에 대응할 때 평범한 개인에게 일정한 역할을 기대하거나 책임을 물을 수 없다. 그럼에도 지금까지 플랫폼은 가짜뉴스 유포 책임이 개인에게 있는 양 그 책임을 전가해왔으며 각종 단체들도 개인들에게 의존하는 모습을 보이기도 했다. 그러나 이는 비현실적 기대였다. 가짜뉴스의 거대한 생태계와 유통구조 속에서 개인들이 방패 역할을 수행할 수 있었다면 지금쯤 가짜뉴스는 상당히 줄어들었을 것이다. 얼치기 전문가들의 의견에서 비롯된 비현실적 대응 방안은 가짜뉴스 세력을 도울 뿐이다.

그런데 가짜뉴스가 판치는 어이없는 여론 흐름을 보면 개인들도 뾰족한 대응 방안을 찾지 못해 갑갑해지거나 무엇인가 사회에 도움이 될 만한 것이 없을까 생각할 때도 있다. 이럴 때는 개인 차원의 대응법을 익히고 대응 능력을 키우는 것이 우선이다. 적절한 대응법을 모르거나 대응 능력이 부족한 상태에서 섣부른 행동에 나섰다가는 가짜뉴스에 말려들 가능성이 매우 크다. 거대 포털을 이용하는 개인들은 특히 그렇다. 가짜뉴스 메커니즘과 이론을 소개하는 곳에서 언급했지만 개인은 거대 플랫폼의 수많은 콘텐츠를 사실로 인식하기 쉬운 데다 바쁜 일상에서 그 콘텐츠를 수동적으로 소비하기 마련이다. 이따금 가짜뉴스로 보이는 콘텐츠에 반박 댓글을 올려도 '댓글 반응이 많은 뉴스'라고 선전하는 플랫폼에 이용당하는 경우가 다반사다.

개인 차원에서는 대응 능력을 먼저 키우고 실제 대응은 나중에 해도 늦지 않는다. 이 책 전반부에 소개된 개인과 사회 심리 메커니즘, 대응 방법의 기초를 익힌 다음 7장에서 설명한 탈자동화 방법으로 하나씩 연습해 보는 방법도 권장한다. 탈자동화는 플랫폼의 무책임한 가짜뉴스 노출에 개인들이 대응하는 방식이다.

예를 들어 동기화 추론의 원리를 알아본 뒤에 뉴스에 대한 반사적 반응을 줄이는 연습을 할 수 있다. 동기화 추론은 내가 원하는 결론을 미리 정해 놓고 뉴스를 받아들이는 습관을 강화하는 메커니즘인데, 가짜뉴스라도 내 생각과 같다고 생각되면 무조건 '좋아요' 반응 단추를 누르기 쉽다. 이렇게 하기 전에 뉴스를 만들어 올린 사람이 누구인지 잠깐 확인하거나 나에게 불리한 사실을 부정하려는 습관은 없는지 잠시 생각해 보는 것이 탈자동화 연습이다.

네이버나 다음에 올라온 의심스러운 뉴스를 보고 무조건 댓글을 다는 습관에서 벗어나는 것도 탈자동화의 수동적 방식이다. 내 생각과 다른 것처럼 보이는 뉴스와 댓글을 접했을 때 백파이어 효과가 나타나기 쉽다는 사실도 미리 알아두면 좋다. 백파이어 효과가 일어나면 가짜뉴스를 더 믿게 된다.

대응 효과가 적기는 하지만 '내가 정말 이 뉴스를 이해했을까'라며 뉴스 정보를 점검하는 개인들이 늘어나면 사회적 대응 자원이 커질 수 있다. 가짜뉴스를 접한 개인이 매사 숙고와 인지적 성찰로 가짜뉴스 확산을 줄이는 것은 비현실적 방식이라고 3장에서 지적했다. 하지만 가짜뉴스 메커니즘을 미리 알고 그에 대비할 능력을 갖춘 사람들이 많아지면 가짜뉴스 차단을 지지하거나 사회적 압력을 형성하는 저변 자원이 될 수 있다.

가짜뉴스 대응 주체를 분류할 때 특정 단체에 소속되거나 사회적 의견을 공유하는 모임에 들어간 개인은 단체의 구성원으로 간주된다. 그렇지만 단체에서 활동하는 개인도 이 책에서 소개된 가짜뉴스 현상과 효과적인 대응 방법을 숙지하면 언론 전반에 대한 이해를 넓힐 수 있다. 이 책에 소개된 이론으로 가짜뉴스를 집단으로 공유하는 현상을 분석할 수도 있다. 가짜뉴스 공유가 개인의 자발적인 선택에 의한 것인지, 내부의 압력에 따른 것인지를 따져보거나 그 동기가 개인의 소외 회피 의향이나 사회적 정체성을 유지하기 위한 것인지를 생각해 보는 것만으로도 효과적 대응법에 한 걸음 다가갔다고 할 수 있다.

디버블링을
시작할 때

지금까지 검증된 효과적인 대응법을 우리 현실에 적용하는 방식을 대응 시기별로, 자원과 수단별로, 대응 주체별로 구분하여 제시했다. 누가 대응 주체로 나서서 어떤 수단을 활용하여 어떻게 대응할지는 우리 사회의 선택에 달려 있다. 지금과 같은 여건에서 효과적인 대응 방식이 과연 도출될지, 그에 따라 가짜뉴스가 실제로 줄어들지에 대해 누구도 예측하기 어렵다.

그렇지만 대응 시기와 주체, 그 방식이 어떻게 되든지 가짜뉴스에는 적극적으로 개입하고 효과적으로 대응해야 한다는 것이 필자의 견해다. 7장에서 설명했듯이 가짜뉴스에 의한 폐해가 복구 불능과 통제 불능 상태를 지나 우리 사회의 구성 원리인 민주주의를 위협하기 때문이다.

필터 버블 환경에서 발생한 수많은 버블과 그 파생물은 무한 자기 복제 단계에 들어섰다. 그러한 버블은 가짜뉴스에 붙어 다니면서 민주주의를 지탱하는 여론을 오염시켰다. 그 결과 가짜뉴스를 '가짜'로 인식하지 못하고 '진짜'와 구별할 수도 없는 환경이 조성됐으며, 사람들의 관계와 의견 수렴도 압도적 버블이 지정하는 대로 유인되고 있다. 이러한 경로와 지배 구조를 바꾸기 위해서는 이제라도 디버블링을 시작해야 한다. 그 방식은 공론장의 합의에 따라 달라지겠지만, 이 책에서 제시한 방법과 조합하면 여론을 구조하는 지름길이 될 것이다.

참고문헌

【영문】

1. Allcott, H., & Gentzkow, M. (2017). Social media and fake news in the 2016 election. Journal of Economic Perspectives, 31(2), 211?236. https://doi.org/10.1257/jep.31.2.211.
2. Baissa, Bashayer 외, (2024). The news values of fake news, Discourse and Communication.
3. Baum Matthew 외, (2018). The science of fake news － Addressing fake news requires a multidisciplinary effort.
4. Beauvais, Catherine, (2022). Fake news: Why do we believe it?, ELSEVIER.
5. Brookings Institution. (2024). How misinformation shaped voter perceptions in the 2024 U.S. presidential election. Brookings Center for Governance Studies. https://www.brookings.edu.
6. Brewer, P. R., & Gross, K. (2005). Values, framing, and citizens' thoughts about policy issues: Effects on content and quantity.

Political Psychology, 26(6), 929?948. https://doi.org/10.1111/j.1467-9221.2005.00451.x

7. European Commission. (2024). Digital Services Act and misinformation: Evaluating impact on online platforms. https://digital-strategy.ec.europa.eu

8. Fridkin, K., Kenney, P. J., & Wintersieck, A. (2015). Liar, liar, pants on fire: How fact-checking influences citizens' reactions to negative advertising. Political Communication, 32(1), 127?151. https://doi.org/10.1080/10584609.2014.914613

9. Friggeri, A., Adamic, L. A., Eckles, D., & Cheng, J. (2014). Rumor cascades. Proceedings of the Eighth International AAAI Conference on Weblogs and Social Media (ICWSM).

10. Gentzkow, M. (2018). "Media and Artificial Intelligence," http://web.stanford.edu.

11. Gentzkow, M., and Shapiro, J. M. (2006). "Media Bias and Reputation." Journal of Political Economy.

12. Guess, A. M., et al.,(2023). "How do social media feed algorithms affect attitudes and behavior in an election campaign?", Science.

13. Kahan, Dan M. The Politically Motivated Reasoning Paradigm, Emerging Trends in Social & Behavioral Sciences.

14. Kahneman, D., (2002). "Maps of bounded rationality: A perspective on intuitive judgement and choice." Nobel prize lecture.

15. Kozyreva, A., Lorenz-Spreen, P., Hertwig, R., Lewandowsky, S., & Herzog, S. M. (2021). Public attitudes towards algorithmic personalization and use of personal data online: Evidence from Germany, Great Britain, and the United States. Humanities and

Social Sciences Communications, 8(1), 117. https://doi.org/10.1057/s41599-021-00760-8

16. Kunda, Z. (1990). The case for motivated reasoning. Psychological Bulletin, 108(3), 480?498. https://doi.org/10.1037/0033-2909.108.3.480.

17. Lazer, D. M. 외. (2020). "Computational social science: Obstacles and opportunities", Science.

18. Levi Boxell 외. (2024). CROSS-COUNTRY TRENDS IN AFFECTIVE POLARIZATION, The Review of Economics and Statistics.

19. Lewandowsky, S., Ecker, U. K. H., & Cook, J. (2017). Beyond misinformation: Understanding and coping with the "post-truth" era. Journal of Applied Research in Memory and Cognition, 6(4).

20. MIT Media Lab. (2023). AI, echo chambers, and the debubbling challenge: Designing resilient public spheres. MIT Press Digital Reports.

21. Nic Newman, (2025). Overview and key findings of the 2025 Digital News Report Reuters Institute for the Study of Journalism

22. Nyhan, B., Porter, E., Reifler, J., & Wood, T. J. (2019). Taking fact-checks literally but not seriously? The effects of journalistic fact-checking on factual beliefs and candidate favorability. Political Behavior, 42(3), 939?960. https://doi.org/10.1007/s11109-019-09528-x

23. Nyhan, B., & Reifler, J. (2010). When corrections fail: The persistence of political misperceptions. Political Behavior, 32(2), 303?330. https://doi.org/10.1007/s11109-010-9112-2.

24. OKSANA N. BERDUYGINA 외, (2019). Trends in the Spread of Fake

News in Mass Medias, Media Watch 10.

25. Pennycook, G., & Rand, D. G. (2021). The psychology of fake news. Trends in Cognitive Sciences, 25(5), 388?402. https://doi.org/10.1016/j.tics.2021.02.007

26. Pennycook, G., & Rand, D. G. (2018). The Implied Truth Effect: Attaching Warnings to a Subset of Fake News Stories Increases Perceived Accuracy of Stories Without Warnings. Management Science, 66(11), 4944?4957. https://doi.org/10.1287/mnsc.2019.3478

27. Pennycook, G., & Rand, D. G. (2019). Fighting misinformation on social media using crowdsourced judgments of news source quality. Proceedings of the National Academy of Sciences, 116(7), 2521?2526. https://doi.org/10.1073/pnas.1806781116

28. Pew Research Center. (2023). Americans' changing relationship with news media and misinformation. https://www.pewresearch.org.

29. Pothitou, Evangelia 외. (2025). Cross-Cultural Perspectives on Fake News: A Comparative Study of Instagram Users in Greece and Portugal.

30. Pretus Clara외. (2023). The Misleading count: an identity-bas intervention to counter partisan misinformation sharing. THE ROYAL SOCIETY.

31. van der Linden, S. 외. (2020). Inoculating against fake news about COVID-19. Frontiers in Psychology, 11, 566790. https://doi.org/10.3389/fpsyg.2020.566790

32. van der Linden 외. (2022). Prebunking interventions based on "inoculation" theory reduce susceptibility to misinformation across cultures. Harvard Kennedy School Misinformation Review, 3(1).

https://doi.org/10.37016/mr-2020-008

33. Rahmanian, Emad. (2021). Fake news: a classification proposal and a future research agenda, Emerald Insight.

34. Ron Evan del Rosario 외. (2024). The Underlying Factors of How Information Sharing on Twitter Could Lead to Fake News during Times of SocioEconomic Crisis, Annals of Applied Sciences.

35. Reuters Institute, Reuters Institute for the Study of Journalism, (2013). "Digital News Report 2013." https://www.digitalnewsreport.org,

36. Schwab, Klaus, The fourth Industrial Revolution, 펭귄랜덤하우스, 2017

37. Saifuddin Ahmed 외. (2025). False failures, real distrust: The impact of an infrastructure failure deepfake on government trust, Frontiers in Psychology

38. Sunstein, C. R. (2001). Echo chambers: Bush v. Gore, impeachment, and beyond. Princeton University Press.

39. Swire-Thompson, B. 외. (2020). Public health and online misinformation: Challenges and recommendations. Annual Review of Public Health, 41, 433?451. https://doi.org/10.1146/annurev-publhealth-040119-094127

40. Taber, C. S., & Lodge, M. (2006). Motivated skepticism in the evaluation of political beliefs. American Journal of Political Science, 50(3), 755?769. https://doi.org/10.1111/j.1540-5907.2006.00214.x

41. Tsfat Yariv 외. (2020). Causes and consequences of mainstream media dissemination of fake news: literature review and synthesis, Annals of the International Communication Association.

42. Vosoughi, S., Roy, D., & Aral, S. (2018). The spread of true and

false news online. Science, 359(6380), 1146?1151. https://doi.org/10.1126/science.aap9559.

43. Wardle, C., & Derakhshan, H. (2017). Information disorder: Toward an interdisciplinary framework for research and policymaking. Council of Europe report DGI(2017)09.

44. XINYI ZHOU 외. (2020). A Survey of Fake News: Fundamental Theories, Detection Methods, and Opportunities, ar Xiv:1812.00315v2 [cs. CL].

45. Zuboff, S. (2019). The age of surveillance capitalism: The fight for a human future at the new frontier of power. PublicAffairs.

[국문]

1. 위르겐 하버마스, 2024. 공론장의 새로운 구조변동. 한승완 옮김, 세창출판사
2. 윌슨 디저드, 1997. 올드미디어 뉴미디어: 정보화시대의 매스커뮤니케이션, 이민규 옮김. 나남
3. J 커런, 미디어 파워, 2005. 김예란 정준희 공역, 커뮤니케이션북스
4. 신디 L. 오티스, 2020. CIA 분석가가 알려 주는 가짜뉴스의 모든 것, 박중서 옮김, 원더박스
5. 리 매킨타이어, 2019. 포스트트루스: 가짜뉴스와 탈진실의 시대, 김재경 옮김, 두리반
6. 크리스 베일, 2023. 소셜미디어 프리즘, 서미나 옮김, 상상스퀘어
7. J 나이, 2018. 국제분쟁의 이해, 양준희 이종삼 옮김, 한울

8. Z. 브레진스키, 2000. 거대한 체스판, 21세기 미국의 세계 전략과 유라시아, 김명섭 옮김, 삼인
9. J 리프킨, 2014. 한계비용 제로 사회, 안진환 옮김, 민음사
10. J 하이먼즈 외, 2019. 뉴파워:새로운 권력의 탄생, 홍지수 옮김, 비즈니스북스
11. R 브레흐만, 2021, 휴먼 카인드, 조현욱 옮김
12. 김정기. 2016. 이용과 충족 연구, 북돋움
13. 이재진, 2024. 품격 저널리즘과 언론윤리, 한양대 출판부
14. 이재진, 2004. 한국 언론 윤리 법제의 현실과 쟁점, 커뮤니케이션북스
15. 김정현, 2022. 설득 커뮤니케이션의 이해와 활용, 커뮤니케이션북스
16. 이형석, 2012. 광고를 사랑하는 101가지 방법, 커뮤니케이션북스
17. 이재국, 2024. 가짜뉴스, 무엇이 문제일까?, 동아엠앤비
18. 최은창, 2022. 가짜뉴스의 고고학, 동아시아
19. 양상우, 2022. 감춰진 언론의 진실, 한울
20. 이진로 외, 2023. 언론의 사회 통합 및 양극화 해소 방안 연구, 인간사랑
21. 설진아, 2011. 소셜미디어와 사회변동, 커뮤니케이션북스
22. 정태연, 2024. 사회심리학, 학지사
23. 이건호 외, 2013. 커뮤니케이션과 사회, 이화여대 출판부
24. 조화순 외, 2012. 소셜네트워크와 정치변동, 한울
25. 한성구 외, 2011. 현대사회와 매스커뮤니케이션, 한울
26. 김영석 외, 2015. 스마트미디어, 나남
27. 양천수, 2016. 빅데이터와 인권, 영남대출판부
28. 이정환 외, 2022. 한국 언론 직면하기, 자유언론실천재단
29. 김경희 외, 2018. 디지털 미디어 리터러시, 한울
30. 이완수, 2019. 사람들은 왜 쉽게 속아 넘어가는가?- 행동경제학 관점에서 살펴본 가짜뉴스의 심리학적 이론을 중심으로, 미디어와 인격권

31. 이완수, 2021. "코로나19 인포데믹" 현상에 대한 이론적 고찰 커뮤니케이션학과 행동과학의 통합 적용, 커뮤니케이션 이론 17권 3호
32. 황용석, 2017. 가짜뉴스 개념 정의의 문제: 형식과 내용 의도적으로 속일 때 '가짜뉴스', 신문과방송
33. 고영신, 2007. 정권의 성격 변화와 언론보도: 대통령 친인척 비리 보도의 뉴스 프레임을 중심으로. 커뮤니케이션이론 3권 1호.
34. 김형준, 2015. 사회 갈등 해결을 위한 국회의 역할과 과제-국회 내 정당 양극화 해소를 중심으로, 대한정치학회보 23집1호.
35. 이주한, 2018. "미 백악관, CNN 기자 보복성 취재 불허 논란". KBS
36. 정혜윤, 2024. AI의 거짓 선동과 인간 설득의 함정AI의 거짓 선동과 인간 설득의 함정, 태재미래전략연구원 〈최신 해외 동향〉
37. 윤성이, 2024. 인식조사를 통해 본 가짜뉴스 문제의 본질과 대응 방안: 구조와 행위자를 중심으로, EAI 워킹페이퍼
38. 이은성, 2024. 언론보도를 통해 본 딥페이크에 관한 사회적 인식: 토픽모델링을 활용해 도출된 딥페이크 관련 주요 의제 및 쟁점을 중심으로, 디지털경제사회연구 제2권 제2호
39. 염정윤 외, 2018. 가짜뉴스에 대한 인식과 팩트체크 효과 연구, 한국언론학보 vol.62, No.2
40. 심재웅 외, 2024. 미디어 리터러시 역량이 가짜뉴스 대응에 미치는 영향에 관한 연구, 횡단인문학 제16호
41. 윤희웅, 2012. 대선의 잔략요충 중원을 공략하라. Economy Insight.
42. 한국언론진흥재단, 2021. 소셜미디어 이용자 조사. 한국언론진흥재단

◇ 당신은 언제나 옳습니다. 그대의 삶을 응원합니다. - **라의눈 출판그룹**

여론 디버블링

초판 1쇄 | 2025년 11월 20일

지은이 | 정위용
펴낸이 | 설응도   편집주간 | 안은주
영업 | 양경희   디자인 | 박성진

펴낸곳 | 라의눈

출판등록 | 2014년 1월 13일(제 2019-000228호)
주소 | 서울시 강남구 테헤란로 78 길 14-12(대치동) 동영빌딩 4층
전화 | 02-466-1283   팩스 | 02-466-1301

문의 (e-mail)
편집 | editor@eyeofra.co.kr
마케팅 | marketing@eyeofra.co.kr
경영지원 | management@eyeofra.co.kr

ISBN 979-11-94835-20-2   03300

이 책의 저작권은 저자와 출판사에 있습니다.
저작권법에 따라 보호를 받는 저작물이므로 무단전재와 복제를 금합니다.
이 책 내용의 일부 또는 전부를 이용하려면
반드시 저작권자와 출판사의 서면 허락을 받아야 합니다.
잘못 만들어진 책은 구입처에서 교환해드립니다.